BIBLIOTHÈQUE CONTEMPORAINE

J. MICHELET

# LA MER

SIXIÈME ÉDITION

PARIS
MICHEL LÉVY FRÈRES ÉDITEURS
RUE AUBER, 3, PLACE DE L'OPÉRA

LIBRAIRIE NOUVELLE
BOULEVARD DES ITALIENS, 15, AU COIN DE LA RUE DE GRAMMONT

1875

# LA MER

MICHEL LÉVY FRÈRES, ÉDITEURS

## OUVRAGES
DE
# J. MICHELET

FORMAT IN-8

| | |
|---|---|
| Précis de l'Histoire moderne, nouvelle édition. . . | 1 vol. |
| Guerres de religion. 3ᵉ édition. . . . . . . . . . | 1 — |
| Henri IV et Richelieu. 2ᵉ édition. . . . . . . . | 1 — |
| Richelieu et la Fronde. 2ᵉ édition. . . . . . . | 1 — |
| Louis XIV et la Révocation de l'Édit de Nantes. 3ᵉ édition. . . | 1 — |
| Louis XIV et le duc de Bourgogne. . . . . . . . | 1 — |
| Louis XV (1724-1757). . . . . . . . . . . . . | 1 — |
| Louis XV et Louis XVI, nouvelle édition. . . . . | 1 — |
| Histoire du XIXᵉ siècle. — Origine des Bonapartes. | 1 — |

FORMAT GRAND IN-18

| | |
|---|---|
| L'Amour. 8ᵉ édition. . . . . . . . . . . . . . | 1 — |
| Bible de l'humanité. 2ᵉ édition. . . . . . . . . | 1 — |
| La Femme. 3ᵉ édition. . . . . . . . . . . . . | 1 — |
| Les Femmes de la Révolution. . . . . . . . . | 1 — |
| La Mer. 4ᵉ édition. . . . . . . . . . . . . . | 1 — |
| Le Prêtre, la Femme et la Famille. Nouvelle édition. | 1 — |

PARIS. — IMP. SIMON RAÇON ET COMP., RUE D'ERFURTH, 1.

J. MICHELET

# LA MER

CINQUIÈME ÉDITION

PARIS
MICHEL LÉVY FRÈRES
RUE AUBER, 3, PLACE DE L'OPÉRA

LIBRAIRIE NOUVELLE,
BOULEVARD DES ITALIENS, 15, AU COIN DE LA RUE DE GRAMMONT

1875

Droits de reproduction et de traduction réservés

# LIVRE PREMIER

UN REGARD SUR LES MERS

I

LA MER VUE DU RIVAGE

Un brave marin hollandais, ferme et froid observateur, qui passe sa vie sur la mer, dit franchement que la première impression qu'on en reçoit, c'est la crainte. L'eau, pour tout être terrestre, est l'élément non respirable, l'élément de l'asphyxie. Barrière fatale, éternelle, qui sépare irrémédiablement les deux mondes. Ne nous étonnons pas si l'énorme masse d'eau qu'on appelle la mer, inconnue et ténébreuse dans sa profonde épaisseur, apparut toujours redoutable à l'imagination humaine.

Les Orientaux n'y voient que le gouffre amer, la *nuit de l'abîme*. Dans toutes les anciennes langues, de l'Inde à l'Irlande, le nom de la mer a pour synonyme ou analogue le *désert* et la *nuit*.

Grande tristesse de voir tous les soirs le soleil, cette joie du monde et ce père de toute vie, sombrer, s'abimer dans les flots. C'est le deuil quotidien du monde, et spécialement de l'Ouest. Nous avons beau voir chaque jour ce spectacle, il a sur nous même puissance, même effet de mélancolie.

Si l'on plonge dans la mer à une certaine profondeur, on perd bientôt la lumière; on entre dans un crépuscule où persiste une seule couleur, un rouge sinistre; puis cela même disparaît et la nuit complète se fait, c'est l'obscurité absolue, sauf peut-être des accidents de phosphorescence effrayante. La masse, immense d'étendue, énorme de profondeur, qui couvre la plus grande partie du globe, semble un monde de ténèbres. Voilà surtout ce qui saisit, intimida les premiers hommes. On supposait que la vie cesse partout où manque la lumière, et qu'excepté les premières couches, toute l'épaisseur insondable, le fond (si l'abime a un fond), était une noire solitude, rien que sable aride et cailloux, sauf des ossements et des débris, tant de biens perdus que l'élément avare prend toujours et ne rend jamais, les cachant jalousement au trésor profond des naufrages.

L'eau de mer ne nous rassure aucunement par

la transparence. Ce n'est point l'engageante nymphe des sources, des limpides fontaines. Celle-ci est opaque et lourde; elle frappe fort. Qui s'y hasarde, se sent fortement soulevé. Elle aide, il est vrai, le nageur, mais elle le maîtrise; il se sent comme un faible enfant, bercé d'une puissante main, qui peut aussi bien le briser.

La barque une fois déliée, qui sait où un vent subit, un courant irrésistible, pourront la porter? Ainsi nos pêcheurs du Nord, malgré eux, trouvèrent l'Amérique polaire et rapportèrent la terreur du funèbre Groënland. Toute nation a ses récits, ses contes sur la mer. Homère, les *Mille et une Nuits*, nous ont gardé un bon nombre de ces traditions effrayantes, les écueils et les tempêtes, les calmes non moins meurtriers où l'on meurt de soif au milieu des eaux, les mangeurs d'hommes, les monstres, le léviathan, le kraken et le grand serpent de mer, etc. Le nom qu'on donne au désert, « *le pays de la peur*, » on aurait pu le donner au grand désert maritime. Les plus hardis navigateurs, Phéniciens et Carthaginois, les Arabes conquérants qui voulaient englober le monde, attirés par les récits du pays de l'or et des Hespérides, dépassent la Méditerranée, se lancent sur la grande mer, mais s'y arrêtent bientôt. La ligne sombre, éternellement couverte de nuages, qu'on rencontre avant l'équateur, leur impose. Ils s'arrêtent. Ils disent : « C'est la *mer des Ténèbres*. » Et ils retournent chez eux.

« Il y aurait de l'impiété à violer ce sanctuaire. Malheur à celui qui suivrait sa curiosité sacrilége ! On a vu, aux dernières îles, un colosse, une menaçante figure qui disait : « N'allez pas plus « loin. »

---

Ces terreurs, un peu enfantines, du vieux monde ne diffèrent en rien de ce qu'on peut voir toujours des émotions du novice, de la simple personne qui, venue de l'intérieur, tout à coup aperçoit la mer. On peut dire que tout être qui en a la surprise, ressent cette impression. Les animaux, visiblement, se troublent. Même au reflux, lorsque, lasse et débonnaire, l'eau traîne mollement au rivage, le cheval n'est pas rassuré ; il frémit et souvent refuse de passer le flot languissant. Le chien recule et aboie, injurie à sa manière la lame dont il a peur. Jamais il ne fait la paix avec l'élément douteux qui lui semble plutôt hostile. Un voyageur nous raconte que les chiens du Kamtchatka, habitués à ce spectacle, n'en sont pas moins effrayés, irrités. En grandes bandes, par milliers, dans les longues nuits, ils hurlent contre la vague hurlante, et font assaut de fureur avec l'océan du Nord.

---

L'introduction naturelle, le vestibule de l'Océan, qui prépare à le bien sentir, c'est le cours mélancolique des fleuves du Nord-Ouest, les vastes sables du Midi, ou les landes de Bretagne. Toute personne qui va à la mer par ces voies est très-frappée de la région intermédiaire qui l'annonce. Le long de ces fleuves, c'est un vague infini de joncs, d'oseraies, de plantes diverses, qui, par les degrés des eaux mêlées et peu à peu saumâtres, deviennent enfin marines. Dans les landes, c'est, avant la mer, une mer préalable d'herbes rudes et basses, fougères et bruyères. Étant encore à une lieue, deux lieues, vous remarquez les arbres chétifs, souffreteux, rechignés, qui annoncent à leur manière par des attitudes, j'allais dire par des gestes étranges, la proximité du grand tyran, et l'oppression de son souffle. S'ils n'étaient pris par les racines, ils fuiraient visiblement; ils regardent vers la terre, tournent le dos à l'ennemi, semblent tout près de partir, en déroute, échevelés. Ils ploient, se courbent jusqu'au sol, et ne pouvant mieux, fixés là se tordent au vent des tempêtes. Ailleurs encore, le tronc se fait petit et étend ses branches indéfiniment dans le sens horizontal. Sur les plages où les coquilles, dissoutes, élèvent une fine poussière, l'arbre en est envahi, englouti. Ses pores se fermant, l'air lui manque; il est étouffé, mais conserve sa forme et reste là arbre de pierre, spectre d'arbre, ombre lugubre qui ne peut disparaître, captive dans la mort même.

Bien avant de voir la mer, on entend et on devine la redoutable personne. D'abord, c'est un bruit lointain, sourd et uniforme. Et peu à peu tous les bruits lui cèdent et en sont couverts. On en remarque bientôt la solennelle alternative, le retour invariable de la même note, forte et basse, qui de plus en plus roule, gronde. Moins régulière l'oscillation du pendule qui nous mesure l'heure! Mais ici le balancier n'a pas la monotonie des choses mécaniques. On y sent, on croit y sentir la vibrante intonation de la vie. En effet, au moment du flux, quand la vague monte sur la vague, immense, électrique, il se mêle au roulement orageux des eaux le bruit des coquilles et de mille êtres divers qu'elle apporte avec elle. Le reflux vient-il, un bruissement fait comprendre qu'avec les sables elle remporte ce monde de tribus fidèles, et le recueille en son sein.

Que d'autres voix elle a encore! Pour peu qu'elle soit émue, ses plaintes et ses profonds soupirs contrastent avec le silence du morne rivage. Il semble se recueillir pour écouter la menace de celle qui le flattait hier d'un flot caressant. Que va-t-elle bientôt lui dire? Je ne veux pas le prévoir. Je ne veux point parler ici des épouvantables concerts qu'elle va donner peut-être, de ses duos avec les rocs, des basses et des tonnerres sourds qu'elle fait au fond des cavernes, ni de ces cris surprenants où l'on croit entendre : Au secours!... Non, prenons-la dans ses jours graves, où elle est forte sans violence.

———

Si l'enfant et l'ignorant ont toujours devant ce sphinx une stupeur admirative et moins de plaisir que de crainte, il ne faut pas s'en étonner. Pour nous-mêmes, par bien des côtés, c'est encore une grande énigme.

Quelle est son étendue réelle? Plus grande que celle de la terre, voilà ce qu'on sait le mieux. Sur la surface du globe, l'eau est la généralité, la terre est l'exception. Mais leur proportion relative: l'eau fait les quatre cinquièmes, c'est le plus probable; d'autres ont dit les deux tiers ou les trois quarts. Chose difficile à préciser. La terre augmente et diminue; elle est toujours en travail; telle partie s'abaisse, et telle monte. Certaines contrées polaires, découvertes et notées du navigateur, ne se retrouvent plus au voyage suivant. Ailleurs, des îles innombrables, des bancs immenses de madrépores, de coraux, se forment, s'élèvent et troublent la géographie.

La profondeur de la mer est bien plus inconnue que son étendue. A peine les premiers sondages, peu nombreux et peu certains, ont-ils été faits encore.

Les petites libertés hardies que nous prenons à la surface de l'élément indomptable, notre audace à courir sur ce profond inconnu, sont peu, et ne peuvent rien faire au juste orgueil que garde la mer. Elle reste, en réalité, fermée, impénétrable. Qu'un monde prodigieux de vie, de guerre et d'amour, de productions de toute sorte, s'y meuve, on le devine bien et déjà on le sait un peu. Mais à peine nous y entrons, nous avons hâte de sortir de cet élément étranger. Si nous avons besoin de lui, lui, il n'a pas besoin de nous. Il se passe de l'homme à merveille. La nature semble tenir peu à avoir un tel témoin. Dieu est là tout seul chez lui.

L'élément que nous appelons fluide, mobile, capricieux, ne change pas réellement ; il est la régularité même. Ce qui change constamment, c'est l'homme. Son corps (dont les quatre cinquièmes ne sont qu'eau, selon Berzélius) sera demain évaporé. Cette apparition éphémère, en présence des grandes puissances immuables de la nature, n'a que trop raison de rêver. Quel que soit son très-juste espoir de vivre en son âme immortelle, l'homme n'en est pas moins attristé de ces morts fréquentes, des crises qui rompent à chaque instant la vie. La mer a l'air d'en triompher. Chaque fois que nous approchons d'elle, il semble qu'elle dise du fond de son immutabilité : « Demain tu passes, et moi jamais. Tes os seront dans la terre, dissous même à force de siècles, que je continuerai encore, majestueuse, indifférente, la grande vie équilibrée qui m'harmonise, heure par heure, à la vie des mondes lointains. »

Opposition humiliante qui se révèle durement, et comme avec risée pour nous, surtout aux violentes plages, où la mer arrache aux falaises des cailloux qu'elle leur relance, qu'elle ramène deux fois par jour, les traînant avec un bruit sinistre comme de chaînes et de boulets. Toute jeune imagination y voit une image de guerre, un combat, et d'abord s'effraye. Puis, observant que cette fureur a des bornes où elle s'arrête, l'enfant rassuré hait plutôt qu'il ne craint la chose sauvage qui semble lui en vouloir. Il lance à son tour des cailloux à la grande ennemie rugissante.

J'observais ce duel au Havre, en juillet 1831. Une enfant que j'amenais là en présence de la mer sentit son jeune courage et s'indigna de ces défis. Elle rendait guerre pour guerre. Lutte inégale, à faire sourire, entre la main délicate de la fragile créature et l'épouvantable force qui en tenait si peu de compte. Mais on ne riait pas longtemps, lorsque venait la pensée du peu que vivrait l'être aimé, de son impuissance éphémère, en présence de l'infatigable éternité qui nous reprend. — Tel fut l'un de mes premiers regards sur la mer. Telles mes rêveries, assombries du trop juste augure que m'inspirait ce combat entre la mer que je revois et l'enfant que je ne vois plus.

## II

PLAGES, GRÈVES ET FALAISES

On peut voir l'Océan partout. Partout il apparaîtra imposant et redoutable. Tel il est autour des caps qui regardent de tous côtés. Tel, et parfois plus terrible, aux lieux vastes, mais circonscrits, où l'encadrement des rivages le gêne et l'indigne, où il entre violent avec des courants rapides qui souvent heurtent aux écueils. On ne le voit pas infini, mais on le sent, on l'entend, on le devine infini, et l'impression n'en est que plus profonde.

C'est celle que j'avais à Granville, sur cette plage tumultueuse de grand flot et de grand vent, qui finit la Normandie et va commencer la Bretagne. La gaieté riche et aimable, quelquefois un peu vulgaire, des belles campagnes normandes, disparaît, et par Granville, par le dangereux Saint-Michel-en-Grève, on se trouve entré dans un monde tout autre. Granville est normand de race, breton d'aspect. Il oppose fièrement son rocher à l'assaut épouvantable des vagues, qui tantôt apportent du Nord les fureurs discordantes des courants de la Manche, tantôt roulent de l'Ouest un long flot toujours grossi dans sa course de mille lieues, qui frappe de toute la force accumulée de l'Atlantique.

J'aimais cette petite ville singulière et un peu triste qui vit de la pêche lointaine la plus dangereuse. La famille sait qu'elle est nourrie des hasards de cette loterie, de la vie, de la mort de l'homme. Cela met en tout un sérieux harmonique au caractère sévère de cette côte. J'y ai bien souvent goûté la mélancolie du soir, soit que je me promenasse en bas sur la grève déjà obscurcie, soit que, de la haute ville qui couronne le rocher, je visse le soleil descendre dans l'horizon un peu brumeux. Son énorme mappemonde, souvent rayée durement de raies noires et de raies rouges, s'abîmait, sans s'arrêter à faire au ciel les fantaisies, les paysages de lumière, qui souvent ailleurs égayent la vue. En août, c'était déjà l'automne. Il n'y avait guère de crépuscule. Le soleil à peine disparu, le vent fraîchissait, les vagues couraient rapides, vertes et sombres. On ne voyait guère que quelques ombres de femmes dans leurs capes noires doublées de blanc. Les moutons attardés aux maigres pâturages des glacis, qui surplombent la grève de quatre-vingts ou de cent pieds, l'attristaient de bêlements plaintifs.

La haute ville, fort petite, a sa face du nord bâtie à pic sur le bord de l'abîme, noire, froide, battue d'un vent éternel, faisant front à la grande mer. Il n'y a là que de pauvres logis. On m'y mena chez un bonhomme dont l'art était de faire des tableaux de coquilles. Monté par une sorte d'échelle dans une obscure petite chambre, je vis, encadrée dans l'étroite fenêtre, cette vue tragique. Elle me fut aussi saisissante que l'avait été en Suisse, prise aussi dans une fenêtre, et par une vive surprise, celle du glacier du Grindelwald. Le glacier me fit voir un monstre énorme de glaces pointues qui marchaient à moi. Et cette mer de Granville, une armée de flots ennemis qui venaient d'ensemble à l'assaut.

Mon homme, sans être vieux, était souffreteux, fiévreux. Il tenait, en ce mois d'août, sa fenêtre calfeutrée. En regardant ses ouvrages et causant, je vis qu'il avait la tête un peu faible. Elle avait été ébranlée par un événement de famille. Son frère avait péri sur cette grève dans une cruelle aventure. La mer lui restait sinistre, elle lui semblait garder contre lui une mauvaise volonté. L'hiver, infatigablement, elle flagellait sa vitre de neige ou de vents glacés. Elle ne le laissait pas dormir. Elle frappait sous lui son roc, sans trêve ni repos, dans les longues nuits. L'été, elle lui montrait d'incommensurables orages, des éclairs d'un monde à l'autre. Aux grandes marées, c'était bien pis. Elle monte à soixante pieds, et son écume furieuse, sautant bien plus haut encore, outrageusement venait lui frapper dans sa fenêtre. Il n'était pas même sûr que la mer s'en tînt toujours là. Elle pouvait dans sa haine, lui jouer quelque mauvais tour. Mais il n'avait pas le moyen de chercher un meilleur abri, et peut-être aussi était-il retenu, à son insu, par je ne sais quel magnétisme. Il n'eût pas osé se brouiller tout à fait avec la terrible fée. Il avait pour elle un certain respect. Il en parlait peu, et plus souvent la désignait sans la nommer, comme l'Islandais en mer n'ose nommer l'Ourque, de peur qu'elle n'entende et ne vienne. Je vois encore sa mine pâle lorsqu'il regardait la grève, et disait : « Cela me fait peur. »

Était-ce un fou ? Nullement, il parlait de fort bon sens. Il me parut distingué et intéressant. C'était un être nerveux, très-finement organisé, trop pour de telles impressions.

La mer fait beaucoup de fous. Livingstone avait

emmené d'Afrique un homme intelligent, courageux, qui bravait les lions. Mais il n'avait pas vu la mer. Quand il monta sur un vaisseau, et qu'il eut à la fois cette double surprise et du redoutable élément, et de tous les arts inconnus, ce fut trop fort pour son cerveau. Il délira ; quoi qu'on fît, il trouva moyen d'échapper, et se jeta aveuglément dans ces flots qui l'effrayaient et qui l'attiraient cependant.

D'autre part, la mer attache tellement les hommes qui se sont confiés longtemps à elle, qui ont vécu avec elle et dans sa familiarité, qu'ils ne peuvent la quitter jamais. J'ai vu, dans un petit port, de vieux pilotes qui, devenus trop faibles, résignaient leur office. Mais ils ne s'en consolaient point, ils traînaient misérablement, et leurs têtes s'égaraient.

---

Au plus haut de Saint-Michel, on vous montre une plate-forme qu'on appelle celle des *Fous*. Je ne connais aucun lieu plus propre à en faire que cette maison de vertige. Représentez-vous tout autour une grande plaine comme de cendre blanche, qui est toujours solitaire, sable équivoque dont la fausse douceur est le piége le plus dangereux. C'est et ce n'est pas la terre, c'est et ce n'est pas la mer, l'eau douce non plus, quoiqu'en dessous des ruisseaux travaillent le sol incessamment. Rarement, et pour de courts moments, un bateau s'y hasarderait. Et, si l'on passe quand l'eau se retire, on risque d'être englouti. J'en puis parler, je l'ai été presque moi-même. Une voiture fort légère, dans laquelle j'étais, disparut en deux minutes avec le cheval; par miracle, j'échappai. Mais, moi-même à pied, j'enfonçais. A chaque pas, je sentais un affreux clapotement, comme un appel de l'abîme qui me demandait doucement, m'invitait et m'attirait, et me prenait par dessous. J'arrivai pourtant au roc, à la gigantesque abbaye, cloître, forteresse et prison, d'une sublimité atroce, vraiment digne du paysage. Ce n'est pas ici le lieu de décrire un tel monument. Sur un gros bloc de granit, il se dresse, monte et monte encore indéfiniment, comme une babel d'un titanique entassement, roc sur roc, siècle sur siècle, mais toujours cachot sur cachot. Au plus bas, l'*in pace* des moines; plus haut, la cage de fer qu'y fit Louis XI; plus haut, celle de Louis XIV; plus haut, la prison d'aujourd'hui. Tout cela dans un tourbillon, un vent, un trouble éternel. C'est le sépulcre moins la paix.

Est-ce la faute de la mer si cette plage est perfide ? point du tout. Elle arrive là, comme ailleurs, bruyante et forte, mais loyale. La vraie faute est à la terre, dont l'immobilité sournoise paraît toujours innocente, et qui en dessous filtre sous la plage les eaux des ruisseaux, un mélange douceâtre et blanchâtre qui ôte toute solidité. La faute est surtout à l'homme, à son ignorance, à sa négligence. Dans les longs âges barbares, pendant qu'il rêve à la légende et fonde le grand pèlerinage de l'archange vainqueur du diable, le diable prit possession de cette plaine délaissée. La mer en est fort innocente. Loin de faire mal, au contraire, elle apporte, cette furieuse, dans ses flots si menaçants, un trésor de sel fécond, meilleur que le limon du Nil, qui enrichit toute culture et fait la charmante beauté des anciens marais de Dol, de nos jours transformés en jardins. C'est une mère un peu violente, mais enfin, c'est une mère. Riche en poissons, elle entasse sur Cancale qui est en face, et sur d'autres bancs encore, des millions, des milliards d'huîtres, et de leurs coquilles brisées elle donne cette riche vie qui se change en herbe, en fruits, et couvre les prairies de fleurs.

Il faut entrer dans la vraie intelligence de la mer, ne pas céder aux idées fausses que peut donner la terre voisine, ni aux illusions terribles qu'elle nous ferait elle-même par la simple grandeur de ses phénomènes, par des fureurs apparentes qui souvent sont des bienfaits.

# III

SUITE. — PLAGES, GRÈVES ET FALAISES

Les plages, les grèves et les falaises montrent la mer par trois aspects et toujours utilement. Elles l'expliquent, la traduisent, la mettent en rapport avec nous, cette grande puissance, sauvage au premier aspect, — mais divine au fond, donc, amie.

L'avantage des falaises, c'est qu'au pied de ces hauts murs bien plus sensiblement qu'ailleurs on apprécie la marée, la respiration, disons-le, le pouls de la mer. Insensible sur la Méditerranée, il est marqué dans l'Océan. L'Océan respire comme moi, il concorde à mon mouvement intérieur, à celui d'en haut. Il m'oblige de compter sans cesse avec lui, de supporter les jours, les heures, de regarder au ciel. Il me rappelle et à moi et au monde.

Que je m'assoie aux falaises, à celle d'Antifer, par exemple, je vois ce spectacle immense. La mer, qui semblait morte tout à l'heure, a frissonné. Elle frémit. Signe premier du grand mouvement. La marée a dépassé Cherbourg et Barfleur, tourné violemment la pointe du phare; ses eaux divisées suivent le Calvados, s'exhaussent au Havre; voilà qu'elles viennent à moi, vers Étretat, Fécamp, Dieppe, pour s'enfoncer dans le canal, malgré les courants du Nord. A moi de me mettre en garde, et d'observer bien son heure. Sa hauteur, presque indifférente aux dunes ou collines de sable qu'on peut remonter partout, ici, au pied des falaises, impose une grande attention. Ce long mur de trente lieues n'a pas beaucoup d'escaliers. Ses étroites percées, qui font nos petits ports, s'ouvrent à d'assez grandes distances.

D'autant plus curieusement, observe-t-on à la mer basse les assises superposées où se lit l'histoire du globe, en gigantesques registres où les siècles accumulés offrent tout ouvert le livre du temps. Chaque année en mange une page. C'est un monde en démolition, que la mer mord toujours en bas, mais que les pluies, les gelées, attaquent encore bien plus d'en haut. Le flot en dissout le calcaire, emporte, rapporte, roule incessamment le silex qu'il arrondit en galets.—Ce rude travail fait de cette côte, si riche du côté de la terre, un vrai désert maritime. Peu, très-peu de plantes de mer échappent au broiement éternel du galet froissé, refroissé. Les mollusques et les coquilles en ont peur. Les poissons mêmes se tiennent à distance. Grand contraste d'une campagne douce et tellement humanisée et d'une mer si inhospitalière.

On ne la voit guère que d'en haut. En bas la nécessité dure de marcher sur un sol croulant, roulant, de boulets, rend l'étroite plage impossible, fait de la moindre promenade une violente gymnastique. Il faut rester sur les sommets où les splendides villas, les beaux bois, les cultures magnifiques, les blés, les jardins, avancent jusqu'aux bords du grand mur, et regardent à plaisir cette majestueuse rue de la Manche, pleine de barques et de vaisseaux, qui sépare les deux rivages et les deux grands empires du monde.

---

La terre et la mer! quoi de plus! Toutes deux ont ici un charme. Cependant celui qui aime la mer pour elle-même, son ami, son amant, ira plutôt la chercher dans un lieu moins varié. Pour entrer en relation suivie avec elle, les grandes plages sablonneuses (si le sable n'est trop mou) sont bien plus commodes. Elles permettent des promenades infinies. Elles laissent rêver. Elles souffrent, entre l'homme et la mer, des épanchements mystérieux. Jamais je ne me suis plaint de ces vastes et libres arènes où d'autres trouvent un grand ennui. Je ne m'y trouve pas seul. Je vais, je viens, je le sens. Il est là le grand compagnon. Pour peu qu'il ne soit pas trop ému, de mauvaise humeur, je me hasarde à lui parler, et il ne dédaigne pas de répondre. Que de choses nous nous sommes dites aux paisibles mois où la foule est absente sur les plages illimitées de Scheveningen et d'Ostende, de Royan et de Saint-Georges! C'est là qu'en un long tête-à-tête, quelque intimité s'établit. On y prend comme un sens nouveau pour comprendre la grande langue.

On trouve triste l'Océan, lorsque des tours d'Amsterdam, le Zuiderzée apparaît terreux et d'un flot de plomb, lorsqu'aux dunes de Scheveningen on voit ses eaux surplombantes, toujours prêtes à franchir la digue. Moi, ce combat m'intéresse; cette terre m'attache, toute sérieuse qu'elle peut être; c'est l'effort, la création, l'invention de l'homme. Et la mer aussi me plaît, par les trésors de vie féconde que je lui sais dans son sein. C'est une des plus peuplées du monde. Vienne la nuit de la Saint-Jean, où s'ouvre la pêche, vous allez voir surgir des profondeurs l'ascension d'une autre mer, la mer des harengs. La plaine indéfinie des eaux ne sera pas assez grande pour ce déluge vivant, une des révélations les plus triomphantes de la fécondité sans bornes de la nature. Voilà ce que je sens d'avance dans cette mer, et dans les tableaux où le génie en a marqué le caractère profond. La sombre *Estacade* de Ruysdaël, plus qu'aucun tableau, m'a toujours attiré au Louvre. Pourquoi? Dans les teintes roussâtres de ces eaux électrisées, je ne sens aucunement le froid de la mer du Nord; au contraire, la fermentation, le flot de la vie.

---

Si l'on me demandait néanmoins quelle côte de l'Océan donne la plus haute impression, je dirais : celle de Bretagne, spécialement aux sauvages et sublimes promontoires de granit qui finissent l'ancien monde, à cette pointe hardie qui défie les tempêtes, domine l'Atlantique. Nulle part, je n'ai mieux senti les nobles et hautes tristesses, qui sont les meilleures impressions de la mer. J'ai besoin d'expliquer ceci.

Il y a tristesse et tristesse, — celle des femmes,

celle des forts, — celle des âmes trop sensibles qui pleurent sur elles-mêmes, et celle des cœurs désintéressés, qui pour eux acceptent le sort et bénissent toujours la nature, mais sentent les maux du monde, et puisent dans la tristesse même les forces pour agir ou créer. — Combien les nôtres ont besoin de retremper souvent leur âme dans cet état qu'on peut nommer la mélancolie héroïque !

Lorsqu'il y a près de trente ans je visitais ce pays, je ne me rendais pas compte de l'attrait sérieux qu'il avait pour moi. Au fond, c'est sa grande harmonie. Ailleurs, sans qu'on se l'explique, on sent une discordance entre le sol et l'habitant. La très-belle race normande, dans les cantons où elle est pure, où elle a gardé le rouge, le roux singulier de la Scandinavie, n'a nul rapport avec la terre qu'elle occupe par hasard. Au contraire, en Bretagne, sur le sol géologique le plus ancien du globe, sur le granit et le silex, marche la race primitive, un peuple aussi de granit. Race rude, de grande noblesse, d'une finesse de caillou. Autant la Normandie progresse, autant la Bretagne est en décadence. Imaginative et spirituelle, elle n'en aime pas moins l'absurde, l'impossible, les causes perdues. Mais si elle perd en tant de choses, une lui reste, la plus rare, c'est le caractère.

Si l'on veut sortir un peu de l'anglicisme insipide et de la vulgarité qui se prétend positive, enfin des sottes joies si tristes, qu'on aille s'asseoir sur ces rocs, à la baie de Douarnenez, au promontoire de Penmark. Ou, si le vent est trop fort, qu'on se mette dans une barque aux basses îles du Morbihan. La mer y apporte un flot tiède que l'on n'entend même pas. La Bretagne, où elle est douce, est très-douce. Dans ses archipels vous diriez l'onde de la mort. Où elle est forte, elle est sublime.

Je n'en sentis que les tristesses en 1831; elles ont passé dans mon histoire. Je ne connaissais pas alors le vrai caractère de cette mer. C'est aux anses les plus solitaires, entre ses rocs les plus sauvages, qu'elle est vraiment gaie, je veux dire vivante et joyeuse d'une grande vie. Ces rocs, vous les voyez couverts comme d'une couche d'aspérités grises, mais ce sont des êtres animés, c'est tout un monde établi là, qui, au reflux, laissé à sec, se clôt et s'enferme. Il ouvre ses petites fenêtres quand la bonne mer, sa nourrice, lui rapporte ses aliments. Là travaille encore en foule cette population estimable des petits piqueurs de pierre, les oursins, observés et si bien décrits par M. Caillaud. Tout ce monde juge exactement au rebours de nous. La belle Normandie les effraye; ils ont horreur et terreur des rudes galets des falaises, sous lesquels ils seraient broyés. Les calcaires croulants de Saintonge, avec leurs plages aimables, ne les rassurent pas davantage. Ils n'ont garde de s'établir sur ce qui doit tomber demain. Au contraire, ils sont heureux de sentir sous eux le sol immuable des rochers bretons.

Apprenons d'eux à n'en pas croire l'apparence, mais la vérité. Les rivages enchanteurs de la Flore la plus séduisante sont ceux que fuit la vie marine; ils sont riches, mais en fossiles; curieux pour le géologue, ils l'instruisent par les os des morts. L'âpre granit au contraire voit sous lui la mer poissonneuse, sur lui une autre vie encore, le peuple intéressant, modeste, des mollusques travailleurs, pauvres petits ouvriers dont la vie laborieuse fait le charme sérieux, la moralité de la mer.

« Profond silence pourtant. Ce peuple infini est muet, il ne me dit rien. Sa vie est de lui à lui, sans rapport à moi, et pour moi elle vaut la mort. Solitude! (dit un cœur de femme) grande et triste solitude!... Je ne suis pas rassurée... »

A tort. Tout est ami ici. Ces petits êtres ne parlent pas au monde, mais ils travaillent pour lui. Ils se remettent du discours à leur sublime père, l'Océan, qui parle à leur place. Ils s'expliquent par sa grande voix.

Entre la terre silencieuse et les tribus muettes de la mer, il fait aussi le dialogue, grand, fort et grave, sympathique, — l'harmonique concordance du grand Moi avec lui-même, ce beau débat qui n'est qu'Amour.

# IV

CERCLE DES EAUX, CERCLE DE FEUX. — FLEUVES DE LA MER

La terre a jeté à peine un regard sur elle-même qu'elle s'est comparée, préférée au ciel. La géologie, toute jeune, contre son aînée l'astronomie, reine orgueilleuse des sciences, a poussé un cri de Titan. « Nos montagnes, a-t-elle dit, ne sont pas jetées *au hasard, comme les étoiles dans le ciel*; elles forment des systèmes où l'on trouve les éléments d'une ordonnance générale *dont les constellations célestes ne présentent aucune trace.* » Ce mot hardi, passionné, a échappé à un homme aussi modeste qu'illustre, M. Élie de Beaumont.

Sans doute, on n'a pas démêlé encore l'ordre (probablement très-grand) qui règne dans le pêle-mêle apparent de la Voie lactée; mais l'ordonnance plus visible de la superficie du globe, résultant des révolutions insondables de son intérieur, garde cependant, gardera pour la plus ingénieuse science des ombres et des mystères.

Les formes de la grande montagne émergée des eaux qu'on appelle proprement la terre, offrent plusieurs dispositions assez symétriques sans pouvoir être ramenées encore à ce qui semblerait un système total. Ces parties sèches et élevées apparaissent plus ou moins, selon ce que l'eau en découvre. C'est la mer, comme limite, qui trace, en réalité, la forme des continents. C'est par la mer qu'il convient de commencer toute géographie.

Ajoutez une grande chose, révélée depuis peu d'années. Tandis que la terre nous offre tels traits qui semblent discordants (exemple, *le Nouveau monde étendu du nord au sud et l'Ancien d'est en ouest*), la mer au contraire présente une très-grande harmonie, une correspondance exacte entre les deux hémisphères. C'est dans la partie fluide, qu'on croyait si capricieuse, qu'existe la régularité. Ce que ce globe a de plus ordonné, de plus symétrique, c'est ce qui paraît le plus libre, le jeu de la circulation. L'ossature et les vertèbres du grand animal ont leurs singularités dont nous ne pouvons encore bien nous rendre compte. Mais son mouvement vital qui fait les courants de la

mer, qui de l'eau salée fait l'eau douce, bientôt
convertie en vapeur pour retourner à l'eau salée,
cet admirable mécanisme est aussi parfait que
celui de la circulation sanguine dans les animaux
les plus élevés. Rien qui ressemble davantage à la
transformation constante de notre sang veineux
et artériel.

---

La face du globe paraît bien autrement compré-
hensible, si l'on en classe les régions, non par
chaînes de montagnes, mais *par bassins maritimes*.

L'Espagne du Sud ressemble au Maroc plus qu'à
la Navarre, la Provence à l'Algérie plus qu'au Dauphiné ; la Sénégambie aux régions de l'Amazone
plus qu'à la mer Rouge, et l'Amazone a plus d'ana-
logie avec les régions humides de l'Afrique qu'avec
ses voisins qui lui sont adossés, le Chili et le
Pérou, etc.

La symétrie de l'Atlantique est encore bien plus
frappante dans les courants en dessous, dans les
vents et brises en dessus. Leur action aide puissamment à créer ces analogies et à former ce
qu'on peut dire : la fraternité des rivages.

Le principe d'unité géographique, l'élément
classificateur sera de plus en plus cherché dans le

*bassin maritime*, où les eaux, les vents messagers fidèles créent la relation, l'assimilation des bords opposés. On demandera moins cette idée d'unité géographique aux montagnes, dont les deux versants, souvent en contradiction, vous offrent sous même latitude des flores et des populations absolument opposées, ici l'invariable été, à deux pas l'éternel hiver selon les expositions. La montagne donne rarement l'unité de la contrée, plus souvent sa dualité, son divorce et ses discordances.

Cette vue de génie appartient à Bory de Saint-Vincent. Les découvertes récentes de Maury et les lois qu'il a posées la confirment de mille manières.

---

Dans l'immense vallée de la mer, sous la double montagne des deux continents, il n'y a, à proprement parler, que deux bassins :

1° *Le bassin de l'Atlantique;*

2° *Le grand bassin de la mer Indienne et Pacifique.*

On ne peut appeler bassin la ceinture indéterminée de l'énorme océan Austral, qui n'a ni borne, ni rivage, qui vers le nord seulement vient envelopper la mer de l'Inde, la Mer de Corail et le Pacifique.

L'océan Austral, à lui seul, est plus grand que toutes les mers. Il couvre presque la moitié de la surface du globe. Selon toute apparence, à l'étendue répond la profondeur. Tandis que les sondages récents de l'Atlantique indiquent 10 ou 12,000 pieds, dans l'océan Austral, Ross et Denham ont trouvé 14,000, 27,000, et jusqu'à 46,000 pieds. Ajoutez-y la masse des glaces antarctiques, infiniment plus vastes que nos glaces boréales. On n'est pas loin du vrai, si l'on simplifie en disant : L'hémisphère Austral est le monde des eaux, et le Boréal celui de la terre.

---

Celui qui part d'Europe et veut traverser l'Atlantique, étant sorti heureusement de nos ports, trop souvent fermés par le vent d'Ouest, après avoir franchi la zone variable de nos changeantes mers, entre bientôt dans le beau temps, la sérénité éternelle que les vents de N.-E., les doux vents alizés mettent sur la mer et dans le ciel. Tout sourit; nulle inquiétude. Mais en avançant vers la Ligne, la brise vivifiante cesse, l'air devient étouffant. On entre dans la zone des calmes qui dominent sous l'équateur, et séparent immuablement les Alizés de notre hémisphère boréal et les Alizés de l'hémisphère Sud. De lourds nuages pèsent ; de grandes pluies fondent à chaque instant. On s'attriste, on se plaint, mais sans ce rideau sombre, de quelles flèches de feu le soleil frapperait les têtes ébranlées sur le miroir de l'Atlantique ! Sans les déluges qui assaillent l'autre face du globe, la mer Indienne et la Mer de corail, quelle serait leur fermentation aux cratères de leurs vieux volcans ! Cette masse noire de nuages, jadis la terreur, la barrière de la navigation, cette nuit subite étendue sur les eaux, c'est précisément le salut, la facilité protectrice qui nous adoucit le passage, et nous fait bientôt retrouver au sud le beau soleil et le ciel pur, la douceur des vents réguliers.

Tout naturellement la chaleur de la Ligne élève l'eau en vapeurs, et forme cette bande sombre.

L'observateur qui, d'une autre planète, regarderait la nôtre, verrait planer sur elle un anneau de nuages, à peu près comme on voit l'anneau de Saturne. S'il en cherchait l'usage, on pourrait lui répondre : C'est le régulateur qui, absorbant et rendant tour à tour, équilibre l'évaporation, la précipitation des eaux, distribue les pluies, les rosées, modifie la chaleur de chaque contrée, échange les vapeurs des deux mondes, emprunte au monde Austral de quoi faire les rivières, les fleuves de notre monde Boréal. Solidarité merveilleuse. L'Amérique du sud, dans ses grandes forêts, de leur respiration, condensée en nuages, abreuve fraternellement les fleurs et les fruits de l'Europe. L'air qui nous renouvelle, c'est le tribut que cent îles d'Asie, que la puissante flore de Java ou de Ceylan exhala, confia au grand messager des nuages qui roule avec la terre et lui verse la vie.

---

Posez-vous (j'entends en esprit) sur une des îles volcaniques que la mer Pacifique offre en si grand nombre et regardez au sud. Derrière la Nouvelle-Hollande, vous verrez l'océan Austral assiéger d'un flot circulaire les deux pointes extrêmes de l'ancien et du nouveau continent. Point de terre au monde Antarctique, ou de petites îles, ou de prétendues terres polaires que les découvreurs ne marquent que pour les voir disparaître, et qui peut-être ne sont que des glaces. Des eaux sans fin, toujours des eaux.

Du même observatoire où je vous place, en contraste avec le cercle des eaux Antarctiques, vous pouvez voir vers l'est, vers l'hémisphère Arctique, ce que Ritter nomme le cercle de feu. Pour parler plus exactement, c'est un anneau détendu, une chaîne lâche que forment les volcans, d'abord aux Cordillères, puis sur les hauteurs de l'Asie; enfin dans ces groupes innombrables d'îles basaltiques dont fourmille l'océan Oriental. Les premiers volcans, ceux de l'Amérique, offrent sur mille lieues de long une succession de soixante phares gigantesques dont les éruptions constantes dominent la côte abrupte et les eaux lointaines. Les autres, de la Nouvelle-Zélande jusqu'au nord des Philippines, en ont quatre-vingts qui brûlent, d'innombrables qui sont éteints. Si l'on pousse vers le nord (du Japon au Kamtchatka), cinquante cratères qui flamboient, illuminent de leurs lueurs jusqu'aux îles Aléoutiennes, et les sombres mers arctiques (Léopold de Buch, Ritter, Humboldt). Au total, trois cents volcans actifs dominent circulairement le monde oriental.

Sur l'autre face du globe, notre océan Atlantique offrait un aspect analogue avant les révolutions qui éteignirent la plupart des volcans d'Europe, et d'autre part anéantirent le continent de l'Atlantide. Humboldt croit que cette grande ruine, si fortement attestée par la tradition, n'a été que trop réelle. J'ose ajouter que l'existence de ce continent fut logique dans la symétrie générale du monde, pour que cette face du globe fût harmonique à l'autre. Là s'élevaient avec le volcan de Ténériffe qui en est resté, avec nos volcans éteints d'Auvergne, du Rhin, d'Hereford, etc., ceux qui durent miner l'Atlantide. Tous ensemble ils constituaient le vis-à-vis des volcans des Antilles et autres cratères américains.

———

De ces volcans enflammés ou éteints, de l'Inde et des Antilles, de la mer de Cuba, de la mer de Java, partent deux énormes fleuves d'eau chaude, qui s'en vont réchauffer le nord, et qu'on pourrait appeler les deux aortes du globe. Ils sont munis, ou de côté ou en dessous, de leurs contre-courants qui, venant du nord, amènent l'eau froide, compensent l'effusion d'eau chaude et font l'équilibre. Aux deux courants chauds, très-salés, les courants froids administrent une masse d'eau plus douce, qui retourne à l'équateur, au grand foyer électrique qui doit la chauffer, la saler.

Ces fleuves d'eau chaude, d'abord étroits, de quelque vingt lieues de large, gardant longtemps leur vigueur et leur puissante identité, peu à peu cependant se coupent, s'attiédissent, mais s'étendent et prennent une largeur de mille lieues.

Maury estime que celui qui part des Antilles et qui pousse au nord vers nous déplace et modifie le quart des eaux de l'Atlantique.

Ces grands traits de la vie des mers, observés récemment, étaient pourtant visibles autant que les continents mêmes. Notre grosse artère Atlantique, sa sœur, l'artère Indienne, s'annoncent assez par leur couleur. Des deux côtés également, c'est un grand torrent bleu qui court sur les eaux vertes, très-bleu, d'un indigo si sombre, que les Japonais appellent le leur : le *fleuve noir*.

On voit très-bien sourdre le nôtre, entre Cuba et la Floride; il sort brûlant de sa chaudière, le golfe du Mexique. Il court, chaud, salé, très-distinct entre ses deux murs verts. L'Océan a beau faire; il le serre, il le comprime, mais il ne peut le pénétrer. Je ne sais quelle densité intrinsèque, quelle attraction moléculaire tient ces eaux bleues liées ensemble, si bien que, plutôt que d'admettre l'eau verte, elles s'accumulent, forment un dos, une voûte, qui a sa pente à droite et à gauche; tout objet qu'on y jette en dérive et en glisse, étant plus haut que l'Océan.

Rapide et fort, il court d'abord au nord, en suivant les États-Unis; mais quand il arrive à la pointe du grand banc de Terre-Neuve, son bras droit pousse à l'Est, son bras gauche se subordonne, comme courant sous-marin, s'en va consoler le pôle, y créer la mer tiède (je veux dire non glacée) qu'on vient de découvrir. Quant au bras droit, épandu dans une largeur immense, lorsque affaibli, fatigué, il arrive enfin en Europe, il trouve l'Irlande et l'Angleterre qui divisent encore ses eaux divisées à Terre-Neuve. Défaillant, perdu dans la mer, il tiédit pourtant un peu la Norvége, et trouve moyen encore d'apporter aux côtes d'Islande des bois américains, sans lesquels cette pauvre île, neigeuse sous son volcan, mourrait.

---

Ces deux frères, l'Indien, l'Américain, ont ceci de commun que, partis de la Ligne, du foyer électrique du globe, ils emportent des puissances prodigieuses de création, d'agitation. D'une part, ls semblent la matrice profonde d'un monde d'êtres vivants, leur tiède et doux berceau. D'autre part, ils sont le centre et le véhicule des tempêces ; les vents, les trombes voyagent à la surface. Tant de douceur, tant de fureur, n'est-ce pas une contradiction ? Non, ceci prouve seulement que la fureur ne trouble que le dehors, les couches extérieures, peu profondes. Dans l'épaisseur, on n'en sait rien. Les plus faibles des créatures, les atomes à coquille, les méduses microscopiques, êtres fluides qu'un rien dissout, profitant du même courant, naviguent en pleine paix sous l'orage.

Peu arrivent jusqu'à nous ; ils vont jusqu'à Terre-Neuve, où le froid courant du pôle les atteint, les saisit, les tue. Terre-Neuve n'est autre chose que le grand ossuaire de ces voyageurs frappés par le froid. Les plus légers, quoique morts, restent en suspension, mais finissent par pleuvoir, comme neige, au fond de l'Océan. Ils y déposent ces bancs de coquilles microscopiques qui, de l'Irlande à l'Amérique, occupent ce fond.

Maury appelle les deux fleuves d'eau chaude, l'Indien, l'Américain, les *deux voies lactées de la mer*.

———

Semblables de chaleur, de couleur, de direction, décrivant précisément la même courbe, ils n'ont pas même destinée. L'Américain tout d'abord entre dans une rude mer, ouverte au nord, l'Atlantique, qui lâche et envoie contre lui l'armée flottante des glaces du pôle. Il y dépense sa chaleur. Au contraire, le courant indien, circulant d'abord par les îles, arrive dans une mer fermée et mieux gardée du Nord. Il se maintient longtemps le même, chaud, électrique et créateur, et trace sur le globe une énorme traînée de vie.

Son centre est l'apogée de l'énergie terrestre en trésors végétaux, en monstres, en épices, en poisons. Des courants secondaires qui s'en échappent et vont au sud, résulte encore un autre monde, celui de la mer de Corail. Là, sur un espace, dit Maury, *grand comme les quatre continents*, les polypes consciencieusement bâtissent les milliers d'îles, les bancs et les récifs qui coupent peu à peu cette mer; écueils aujourd'hui dangereux et maudits du navigateur, mais qui montent, se lient à la longue, feront un continent, et qui sait? dans un cataclysme, le refuge de l'espèce humaine.

V

LE POULS DE LA MER

Notre terre n'est point solitaire, comme l'observe Jean Reynaud, dans le bel article de l'*Encyclopédie*. La courbe infiniment compliquée qu'elle décrit exprime les forces, les influences diverses qui agissent sur elle, témoigne de ses rapports et de ses communications avec le grand peuple des cieux.

Ses relations hiérarchiques sont particulièrement visibles avec son chef le soleil, et la lune, qui, pour être sa servante, n'en a que plus de puissance sur elle. De même que les fleurs de la terre se tournent vers le soleil, la terre elle-même qui les porte le regarde, aspire vers lui. En ce qu'elle a de plus mobile, sa masse fluide, elle se soulève et fait signe qu'elle ressent son attraction. Elle déborde d'elle-même, elle monte (selon qu'elle peut), et, vers les astres amis, deux fois par jour gonfle son sein, leur adresse au moins un soupir.

---

Ne sent-elle pas l'attraction d'autres globes encore? ses marées ne sont-elles gouvernées que par la lune et le soleil? Tout le monde savant le disait, tout le monde marin le croyait. On s'en tenait aux résultats très-incomplets de la Place. De là des erreurs terribles qui se résolvaient en naufrages. Aux dangereux bas-fonds de Saint-Malo, on se trompait de dix-huit pieds. C'est en 1839 que Chazallon, qui avait failli périr par suite de ces erreurs, commença à découvrir et calculer les ondulations secondaires, mais très-considérables, qui modifient la marée générale sous des influences diverses. Des astres moins dominants que le soleil et la lune ont sans doute aussi leur part d'action sur ce balancement des eaux de la terre.

Sous quelle loi? Chazallon le dit : « L'ondulation de la marée dans un port *suit la loi des cordes vibrantes.* » Mot grave et de grande portée qui nous mène à comprendre que les rapports des astres entre eux sont les rapports mathématiques de la musique céleste, comme l'avait dit l'antiquité.

La terre, par sa grande marée et par les marées partielles, parle aux planètes ses sœurs. Répondent-elles? On doit le penser. De leurs éléments fluides, elles doivent aussi se soulever, sensibles à l'élan de la terre. L'attraction mutuelle, la tendance de chaque astre à sortir de son égoïsme, doit créer à travers les cieux de sublimes dialogues. Malheureusement, l'oreille humaine en entend la moindre partie.

---

Autre point à considérer. Ce n'est point au moment du passage de l'astre influent que la mer lui cède. Elle n'a pas l'empressement d'une obéissance servile. Il lui faut du temps pour sentir et suivre l'ébranlement. Il faut qu'elle appelle à elle les eaux paresseuses, qu'elle vainque leur force d'inertie, qu'elle attire, entraîne les plus éloignées. La rotation de la terre, si terriblement rapide, déplace incessamment les points soumis à l'attraction. Ajoutez que l'armée des flots, dans son mouvement d'ensemble, a toutes les contrariétés des obstacles naturels, îles, caps, détroits, directions si variées des rivages, les obstacles non moins résistants des vents, des courants, les rivalités des fleuves de la terre, qui, tombés des monts, emportés par leurs pentes rapides, selon les fontes de neige et cent accidents imprévus, viennent se jeter au travers et changer le mouvement régulier en luttes terribles. L'Océan ne cède pas. Le déploiement de forces que font les grandes rivières n'est pas pour l'intimider. Les eaux qu'on pousse sur lui, il les rembarre, les ramasse, les roule en montagne, jusqu'à Rouen, jusqu'à Bordeaux, dans une si grande violence, qu'on dirait qu'il va leur faire remonter les montagnes mêmes.

Des obstacles si divers créent aux marées d'apparentes irrégularités qui frappent, embarrassent l'esprit. Rien ne surprend plus que leurs heures contradictoires entre des ports très-voisins. Une marée du Havre, par exemple, en vaut deux de Dieppe (Chazallon, Baude, etc.). C'est une gloire du génie humain d'avoir soumis au calcul des phénomènes si complexes.

---

Mais sous ce mouvement extérieur la mer en a d'autres au dedans, ceux des courants qui la traversent à telle ou telle profondeur. Superposés à des étages différents, ou coulant latéralement en sens opposés, courants chauds, contre-courants froids, ils exécutent entre eux la circulation de la mer, l'échange des eaux douces et salées, la *pulsation* alternative qui en est le résultat. Le chaud *bat* de la ligne au pôle, le froid du pôle à l'équateur.

Est-ce à dire que ces courants, assez distincts et peu mêlés, puissent se comparer strictement, comme on l'a fait quelquefois, aux vaisseaux, veines et artères, des animaux supérieurs? Non pas sans doute à la rigueur. Mais ils ont quelque ressemblance avec la circulation moins déterminée que les naturalistes ont trouvée récemment chez quelques êtres inférieurs, mollusques, annélides. Cette circulation *lacunaire* supplée, prépare la *vasculaire;* le sang s'épanche en courants avant de se faire des canaux précis.

Telle est la mer. Elle semble un grand animal arrêté à ce premier degré d'organisation.

———

Qui a révélé les courants, ces fluctuations régulières de l'abîme où nous ne descendons jamais? qui nous a enseigné la géographie des eaux ténébreuses? Ceux qui y vivent ou qui y flottent, des animaux, des végétaux.

Nous verrons comment la baleine, comment les atomes à coquilles (foraminifères), comment les bois américains, transportés jusqu'en Islande, ont concouru à révéler le fleuve d'eaux chaudes qui va des Antilles à l'Europe, et le contre-courant froid qui vient le joindre à Terre-Neuve, et passe à côté ou dessous, résolvant ses glaces en vastes brouillards.

Une nuée rouge d'animalcules, transportée par une tempête de l'Orénoque à la France, a expliqué le grand courant aérien du Sud-Ouest qui rafraîchit notre Europe avec les pluies des Cordillères.

Sans l'échange constant des eaux qui se fait par les courants dans les profondeurs de la mer, elle se comblerait par place de sels et de détritus. Il en serait comme de la mer Morte, qui, n'ayant ni écoulement ni mouvement, voit ses bords chargés de sel, ses plantes incrustées de cristaux. A passer seulement sur elle, les vents se font brûlants, arides, portent la famine et la mort.

---

Tant d'observations dispersées sur les courants

de l'air, de l'eau, les saisons, les vents, les tempêtes, restaient dans la tradition, dans la mémoire des pêcheurs, des marins, se perdaient souvent, mouraient avec eux. Le guide de la navigation, la météorologie, non centralisée, semblait vaine, et on en vint à la nier. L'illustre M. Biot lui demandait un compte sévère du peu qu'elle avait fait encore. Cependant, sur les deux rivages, européen, américain, des hommes persévérants fondaient cette science niée sur la base de l'observation.

Le dernier et le plus célèbre, Maury, l'Américain, courageusement entreprit ce qui eût fait reculer toute une administration, le dépouillement et la mise en ordre de je ne sais combien de *livres de bord*, de ces informes documents, souvent tronqués, que rapportent les capitaines. Ces extraits, rédigés en tables où ressortent les faits concordants, ont donné, en résultat, des règles, des généralités. Un congrès des marins du globe, réuni à Bruxelles, a décidé que les observations, désormais écrites avec soin, seraient centralisées dans un même dépôt, l'Observatoire de Washington.

Noble hommage de l'Europe à la jeune Amérique, au patient et ingénieux Maury, le savant poëte de la mer, qui en a résumé les lois, et qui a fait plus encore ; car par la force du cœur et par l'amour de la nature, autant que par le positif de ses résultats, il a enlevé le monde. Ses cartes et son premier ouvrage, tiré à cent cinquante mille, sont libéralement donnés aux marins de toute nation par la république des États-Unis. Nombre d'hommes éminents, en France et en Hollande, Jansen, Tricaut, Julien, Margollé, Zurcher et autres, se sont faits les interprètes, les éloquents missionnaires de cet apôtre de la mer.

Pourquoi l'Amérique, en cela, a-t-elle fait plus que nous? L'Amérique c'est le désir. Elle est jeune, et elle brûle d'être en rapport avec le globe. Sur son superbe continent, et au milieu de tant d'États, elle se croit pourtant solitaire. Si loin de sa mère l'Europe, elle regarde vers ce centre de la civilisation, comme la terre vers le soleil, et tout ce qui la rapproche du grand luminaire la fait palpiter. Qu'on en juge par l'ivresse, par les fêtes si touchantes auxquelles donna lieu là-bas le télégraphe sous-marin qui mariait les deux rivages, promettait le dialogue et la réplique par minutes, de sorte que les deux mondes n'auraient plus qu'une pensée !

## LE POULS DE LA MER.

Maury nous a démontré avec un génie véritable l'harmonie de l'air et de l'eau. Tel l'Océan maritime, tel l'Océan aérien. Ses mouvements alternatifs, l'échange de ses éléments, sont tout à fait analogues. Il distribue la chaleur sur le monde, et fait la sécheresse ou l'humidité. Celle-ci, il la prend sur les mers, sur l'infini de l'océan Central, aux tropiques surtout, aux grands bouilleurs de la chaudière universelle. Il se fait sec, au contraire, en passant sur les déserts brûlés, les grands continents, les glaciers (vrais pôles intermédiaires du globe) qui lui pompent jusqu'à sa dernière goutte. L'échauffement de l'équateur et le refroidissement du pôle, alternant la densité et la légèreté des vapeurs, les font voyager en courants et contre-courants horizontaux qui s'échangent. Sous la ligne, la chaleur qui allége les vapeurs et les fait monter crée des courants de bas en haut. Avant de se distribuer, elles planent en ce réservoir sombre qui (nous l'avons dit) fait autour du globe comme un anneau de nuages.

Voilà donc des pulsations et maritimes et aériennes, autres que le pouls de la marée. Celui-ci était extérieur, imprimé par d'autres astres au nôtre. Mais ce pouls des courants divers est intrinsèque à la terre, il est sa vie elle-même.

Dans le livre de Maury, le coup de génie, selon moi, est d'avoir dit : « L'agent le plus apparent de la circulation maritime, la chaleur, n'y suffirait pas. Il en est un autre, non moins important, et plus encore, c'est le sel. »

Le sel est si abondant dans la mer, que, si on le réunissait sur l'Amérique, il la couvrirait d'une montagne de 4,500 pieds d'épaisseur.

La salure de la mer, sans varier beaucoup, augmente ou diminue pourtant selon les localités, les courants, le voisinage de l'équateur ou des pôles. Dessalée ou ressalée, la mer est par cela même lourde, ou légère, plus ou moins mobile. Ce mélange continuel, avec ses variations, fait courir l'eau plus ou moins vite, c'est-à-dire *produit des courants*, — et des courants *horizontaux*, au sein de la mer, — et des courants *verticaux* de la mer des eaux à celle de l'air.

---

Un Français, M. Lartigue, a ingénieusement relevé plusieurs des lacunes et des inexactitudes que présente la géographie de Maury. (*Annales marit.*) Mais l'auteur américain, le prévenant en cela, ne cache nullement ce qu'il pense de l'incomplet de sa science. Sur quelques points il déclare ne donner que des hypothèses. Parfois il est manifestement incertain, rêveur, inquiet. Son livre, honnête et loyal, laisse surprendre aisément le combat intérieur que s'y livrent deux esprits : le *littéralisme biblique*, qui fait de la mer une chose, créée de Dieu en une fois, une machine tournant sous sa main, — et le sentiment moderne, la *sympathie de la nature*, pour qui la mer est animée, est une force de vie et presque une personne, où l'âme aimante du monde continue de créer toujours.

Il est curieux de voir, dans ce livre, l'auteur approcher peu à peu du dernier point de vue par une invincible pente. Tout ce qu'il peut, il l'explique d'abord mécaniquement, physiquement (par la pesanteur, la chaleur, la densité, etc.). Mais cela ne suffit pas. Il ajoute, en certains cas, telle attraction moléculaire, telle action magnétique. Cela ne suffit pas encore. Alors franchement il a recours aux lois physiologiques qui régissent la vie. Il donne à la mer un pouls, des artères, un cœur même. Sont-ce de simples formes de style, des comparaisons? Point du tout. Il a (et c'est son génie), il a en lui un sentiment impérieux, invincible, de la personnalité de la mer.

Voilà le secret de sa puissance, voilà ce qui a ravi. Avant lui, c'était une chose pour tant de marins qui traînaient sur ses eaux. Par lui, c'est une personne ; ils y sentent tous une violente et redoutable maîtresse qu'on adore, qu'on veut dompter.

Il aime, il aime la mer. Mais, d'autre part, à chaque instant, il se contient et s'arrête, craignant de dépasser le cadre où il voudrait s'enfermer. Comme Swammerdam, Bonnet, et tant de savants illustres d'âme religieuse, il craint qu'en expliquant trop la Nature par elle-même, on ne fasse tort à Dieu. Timidité peu raisonnable. Plus on montre partout la vie, plus on fait sentir la grande Ame, adorable unité des êtres par qui ils s'engendrent et se créent. Où donc serait le péril si l'on trouvait que la mer, dans son aspiration constante à l'existence organisée, est la forme la plus énergique de l'éternel Désir qui jadis évoqua ce globe et toujours enfante en lui?

Cette mer salée comme du sang, qui a sa circulation, qui a un pouls et un cœur (Maury nomme ainsi l'équateur), où elle échange ses deux sangs, un être qui a tout cela est-il sûr qu'il soit une chose, un élément inorganique?

Voilà une grande horloge, une grande machine à vapeur qui imite à s'y méprendre le mouvement des forces vitales. Est-ce un jeu de la nature? ou bien ne faut-il pas croire qu'il y a dans ces masses un mélange d'animalité?

Un fait énorme, qu'il pose, mais secondairement, de profil, c'est que l'infini vivant de la mer, les milliards de milliards d'êtres qu'elle fait et défait sans cesse, absorbent le lait de vie, l'écume mêlée à ses eaux, leur ôtent leurs sels divers, dont ils se font, eux et leurs coquilles, etc., etc. Par là, ils rendent cette eau dessalée, donc plus légère, partant mobile et courante. Aux laboratoires puissants d'organisation animale, comme celui de la mer des Indes, celui de la mer de Corail, cette force, ailleurs moins remarquée, apparait ce qu'elle est, immense.

« Chacun de ces imperceptibles, dit Maury, change l'équilibre de l'Océan ; ils l'harmonisent, et sont ses compensateurs. » — Est-ce assez dire? ne seraient-ils pas ses moteurs essentiels, qui ont créé ses grands courants, mis la machine en mouvement? Qui sait si ce *circulus* vital de l'animalité marine n'est pas le point de départ de tout le *circulus* physique, si la mer animalisée ne donne pas le branle éternel à la mer animalisable, non organisée encore, mais ne demandant qu'à l'être et fermentant de vie prochaine?

# VI

### LES TEMPÊTES

« Il se fait de temps en temps des commotions dans la mer qui semblent avoir pour but d'assurer les époques de ses travaux. Ces phénomènes peuvent être considérés comme les *spasmes* de la mer. » (Maury.)

Il entend par là spécialement les brusques mouvements qui paraissent venir du dessous, et qui, dans les mers d'Asie, équivalent à de véritables tempêtes. Les causes qu'il leur assigne sont diverses : 1° la rencontre violente de deux marées, de deux courants; 2° la surabondance subite des eaux de pluie à la surface; 3° la rupture et la fonte rapide des glaces, etc. D'autres ajoutent l'hypothèse des mouvements électriques, des soulèvements volcaniques, qui peuvent se faire au fond.

Il est pourtant vraisemblable que le fond et la grande masse des eaux sont assez paisibles. Autrement, la mer serait impropre à remplir sa grande fonction de mère et nourrice des êtres. Maury l'appelle quelque part une grande *nourricerie*. Un monde d'êtres délicats, plus fragiles que ceux de la terre, sont bercés, allaités de ses eaux. Cela donne de son intérieur une idée très-douce, et porte à croire que ces agitations si violentes ne sont pas communes.

---

De sa nature, elle est généralement régulière, soumise à de grands mouvements uniformes, périodiques. Les tempêtes sont des violences passagères que lui font les vents, les forces électriques ou certaines crises violentes d'évaporation. Ce sont des accidents qui se passent à la surface, et qui ne révèlent nullement la vraie, la mystérieuse personnalité de la mer.

Juger d'un tempérament humain sur quelques accès de fièvre, ce serait chose insensée. Combien plus de juger la mer sur ces mouvements momentanés, extérieurs, qui paraissent n'affecter que des couches de quelques centaines de pieds?

Partout où la mer est profonde, sa vie continue équilibrée, parfaitement balancée, calme et féconde, toute à ses enfantements. Elle ne s'aperçoit pas de ces petits accidents qui ne se passent qu'en haut. Les grandes légions de ses enfants qui vivent (quoi qu'on ait dit) au fond de sa paisible nuit et ne remontent tout au plus qu'une fois par an vers la lumière et les tempêtes doivent aimer leur grande nourrice comme l'harmonie elle-même.

---

Quoi qu'il en soit, ces accidents intéressent trop la vie de l'homme pour qu'il ne mette pas tous ses soins à les observer. Cela ne lui est pas facile. Il y garde peu son sang-froid. Les descriptions les plus sérieuses donnent des traits vagues et généraux, fort peu ce qui fait pour chaque tempête son originalité, ce qui l'individualise comme résultante imprévue de mille circonstances obscures, impossibles à démêler. L'observateur en sûreté qui regarde du rivage voit mieux sans doute, n'étant pas occupé de son péril. Mais peut-il juger de l'ensemble autant que celui qui est au centre du tourbillon et qui jouit de tous côtés du terrible panorama?

Nous devons aux navigateurs, nous autres hommes de terre, ce respect de tenir grand compte des faits qu'ils attestent, de ce qu'ils ont vu et souffert. Je trouve de très-mauvais goût la légèreté sceptique que des savants de cabinet ont montrée relativement à ce que les marins nous disent, par exemple de la hauteur des vagues. Ils plaisantent les navigateurs qui la portent à cent pieds. Des ingénieurs ont cru pouvoir prendre mesure à la tempête, et calculer précisément que l'eau ne monte guère à plus de vingt pieds. Un excellent observateur nous assure tout au contraire avoir vu fort nettement, du rivage, en sécurité, des entassements de vagues plus élevés que les tours de Notre-Dame et plus que Montmartre même.

Il est trop évident qu'on parle de choses différentes. De là la contradiction. S'il s'agit de ce qui fait comme le champ de la tempête, son lit inférieur, si l'on parle des longues rangées de vagues qui roulent en ligne et gardent dans leur fureur quelque régularité, le rapport des ingénieurs est exact. Avec leurs crêtes arrondies et les vallées alternatives qu'elles présentent tour à tour, elles déferlent au plus dans une hauteur de vingt à vingt-cinq pieds. Mais les vagues qui se contrarient et qui ne vont pas ensemble s'élèvent à bien d'autres hauteurs. Dans leur choc elles prennent des forces prodigieuses d'ascension, se lancent, et retombent d'un poids d'une incroyable lourdeur, à assommer, enfoncer, briser le vaisseau. Rien de lourd comme l'eau de mer. Ce sont ces jets de vagues en lutte, ces retombées épouvantables dont les marins parlent, phénomènes dont on ne peut nullement calculer la grandeur réelle.

Dans un jour, non de tempête, mais d'émotion, où l'Océan préludait par des gaietés sauvages, j'étais tranquillement assis sur un beau promontoire d'environ quatre-vingts pieds. Je m'amusais à le voir, sur une ligne d'un quart de lieue, faire l'assaut de mon rocher, arrondir la verte crinière de sa longue vague, la pousser comme à la course. Elle frappait vaillamment, faisait trembler le promontoire ; j'avais le tonnerre sous mes pieds. Mais cette régularité se démentit tout à coup. Je ne sais quelle vague d'ouest vint par le travers, frapper outrageusement ma grande vague régulière qui me venait du midi. Dans le conflit, tout à coup le soleil me fut caché ; sur mon promontoire si haut, ce fut, non une vapeur irisée d'écume légère, mais bien une grosse lame noire, qui bondit, tomba lourdement, m'enveloppa, me baigna ; j'en restai fortement mouillé. J'aurais voulu avoir là MM. les académiciens et MM. les ingénieurs qui mesurent si précisément les combats de l'Océan.

---

Il ne faut pas, assis chez soi, mettre en doute légèrement la véracité de tant d'hommes intrépides, endurcis et résignés, qui voient trop souvent la mort pour avoir la vanité puérile d'exagérer leurs dangers. Il ne faut pas non plus opposer les calmes récits des navigateurs ordinaires, qui suivent les grandes routes connues, aux tableaux, parfois émus, des audacieux découvreurs qui les visitèrent les premiers, qui relevèrent, décrivirent les récifs, les écueils, attentifs à voir de près et étudier le péril, autant que le vulgaire marin, le roulier de la mer, cherche à l'éviter. Les Cook, les Perron, les d'Urville, et autres chercheurs, coururent de très-réels dangers dans les eaux, moins fréquentées alors, de la mer de Corail, de l'Australie, etc., obligés d'affronter de près des bancs qui changent sans cesse, des courants contrariés qui se croisent et qui produisent d'affreuses luttes intérieures aux passages étroits.

« Sans tempête, par le roulis seul, le vent étant droit de l'arrière, une lame qui vient de travers fait des secousses si dures, que la cloche du vaisseau se met à tinter d'elle-même, et, si ces grands roulis duraient, avec leurs mouvements à faux, il en serait détraqué, démembré et démoli.

« Aux Açores du banc des Aiguilles, dit encore d'Urville, les lames atteignaient quatre-vingts, cent pieds de hauteur. Jamais je ne vis une mer si monstrueuse. Ces vagues ne déferlaient sur nous heureusement que de leurs sommités; autrement la corvette était engloutie... Dans cet horrible combat, elle resta immobile, ne sachant à qui entendre. Par moments, les marins, sur le pont, étaient submergés. Affreux chaos qui ne dura pas moins de quatre heures de nuit... un siècle à blanchir les cheveux!... — Telles sont les tempêtes australes, si terribles, que, même sur terre, les naturels qui les pressentent en sont épouvantés d'avance et se cachent dans leurs cavernes. »

---

Quelque exactes, intéressantes, que soient ces descriptions, je n'ai garde de les copier. Encore moins m'enhardirais-je à imaginer, arranger les choses que je n'aurais pas vues. Je ne dirai qu'un mot des tempêtes que j'ai observées. J'y ai du moins saisi, je crois, les caractères différents qui distinguent l'Océan et la Méditerranée.

Pendant la moitié d'une année passée à deux lieues de Gênes, sur la plus jolie mer du monde, la plus abritée, à Nervi, je n'eus qu'une petite tempête de caprice qui dura peu, mais, dans ce court moment, *ragea* avec une furie singulière. La voyant mal de ma fenêtre, je sortis, et, par des ruelles tortueuses, entre les hauts palazzi, je me hasardai à descendre, non sur la plage (il n'y en a point), mais sur une corniche de noires roches volcaniques qui bordent le rivage, étroit sentier qui souvent n'a pas trois pieds de large, et qui, montant, descendant, souvent surplombant la mer, la domine de trente pieds, parfois de quarante ou soixante. On ne découvrait pas bien loin. Des tourbillons continuels tiraient le rideau. On voyait peu ; ce qu'on voyait était borné et affreux. L'âpreté, les angles cassants de cette côte de cailloux, ses pointes et ses pics, ses rentrées subites et dures, imposaient à la tempête des sauts, des bonds, des efforts incroyables, des tortures d'enfer. Elle grinçait d'écume blanche, et comme d'exécrables sourires, à la férocité des laves qui, sans pitié, la brisaient. C'étaient des bruits insensés, absurdes ; jamais rien de suivi ; c'étaient des tonnerres discordants, de si aigres sifflements comme ceux des machines à vapeur, qu'on se bouchait les oreilles. Abasourdi d'un spectacle qui hébétait tous les sens, j'essayai de me ravoir ; m'appuyant bien à un mur qui rentrait et n'eût pas permis à la furieuse de me prendre, je compris mieux ce tapage. Rude et courte était la lame, et le plus dur du combat tenait à cette côte étrange, découpée si sèchement, à ces angles cruels qui pointaient dans la tempête, déchiraient le flot. La corniche par-dessous, ici et là, l'enfonçait dans ses profondeurs tonnantes.

L'œil aussi était blessé autant que l'oreille au contraste diabolique de cette neige éblouissante fouettant dans ces laves si noires.

Au total, je le sentis, la mer, bien moins que la terre, rendait la chose terrible. C'est le contraire sur l'Océan.

# VII

## LA TEMPÊTE D'OCTOBRE 1859

La tempête que j'ai le mieux vue, c'est celle qui sévit dans l'Ouest, le 24 et le 25 octobre 1859, qui reprit plus furieuse et dans une horrible grandeur, le vendredi 28 octobre, dura le 29, le 30 et le 31, implacable, infatigable, six jours et six nuits, sauf un court moment de repos. Toutes nos côtes occidentales furent semées de naufrages. Avant, après, de très-graves perturbations barométriques eurent lieu; les fils télégraphiques furent brisés ou pervertis, les communications rompues. Des années chaudes avaient précédé. On entra par cette tempête dans une série fort différente de temps froids et pluvieux. L'année 1860 elle-même, jusqu'au jour où j'écris ceci, est livrée à la noyade obstinée des vents d'ouest et de sud, qui semblent vouloir nous jeter toutes les pluies de l'Atlantique et du grand Océan austral.

---

J'observai cette tempête d'un lieu aimable et paisible, dont le caractère très-doux ne faisait rien attendre de tel. C'est le petit port de Saint-Georges, près Royan, à l'entrée de la Gironde. Je venais d'y passer cinq mois en grande tranquillité, me recueillant, interrogeant mon cœur, y cherchant de quoi répondre au sujet que j'ai traité en 1859, sujet si délicat, si grave. Le lieu, le livre, se mêlent agréablement dans mes souvenirs. Aurais-je pu l'écrire ailleurs? je ne sais. Ce qui est sûr, c'est que le parfum sauvage du pays, sa douceur sévère, les senteurs d'amertume vivifiante dont ses bruyères sont charmées, la flore des landes, la flore des dunes, ont fait beaucoup pour ce livre et s'y retrouveront toujours.

La population du lieu allait bien à cette nature. Rien de vulgaire, nulle grossièreté. Les agriculteurs y sont graves, de mœurs sérieuses. Les marins sont des pilotes, une petite tribu protestante, échappée aux persécutions. Une honnêteté primitive (la ser-

rure n'est pas encore inventée dans ce village).
Point de bruit. Une modestie rare chez les hommes
de mer, la discrétion et le tact qu'on ne trouve pas
toujours dans les classes les plus élevées. Bien vu,
et bien voulu d'eux, je n'en eus pas moins la solitude nécessaire au travail. D'autant plus m'inté-
ressais-je à ces hommes et à leurs périls. Sans leur
parler, chaque jour je les suivais de mes vœux
dans leur métier héroïque. J'étais inquiet du
temps, et me demandais souvent, en observant le
dangereux passage, si la mer, longtemps belle et
douce, n'aurait pas de cruels retours.

Ce lieu de danger n'est point triste. Chaque matin,
de ma fenêtre, je voyais en face les voiles blanches,
légèrement rosées de l'aurore, d'une foule de vaisseaux de commerce qui attendent le vent pour sortir. La Gironde, à cet endroit, n'a pas moins de
trois lieues de large. Avec la solennité des grandes
rivières d'Amérique, elle a la gaieté de Bordeaux.
Royan est un lieu de plaisir où l'on vient de tous
ces pays de Gascogne. Sa baie et celle de Saint-
Georges sont gratuitement régalées du spectacle
des jeux folâtres auxquels les marsouins se livrent
dans la chasse aventureuse qu'ils viennent faire en
pleine rivière et jusqu'au milieu des baigneurs. Ils
bondissent et se jettent en l'air à cinq ou six pieds
de l'eau. Il semble qu'ils sachent à merveille que

personne, en ce pays, ne se livre à la pêche, qu'à ce lieu de grand combat où il s'agit à chaque heure de diriger et sauver les vaisseaux, on ne songe guère à convoiter l'huile d'un marsouin.

A cette gaieté des eaux joignez la belle et unique harmonie des deux rivages. Les riches vignes du Médoc regardent les moissons de la Saintonge, son agriculture variée. Le ciel n'a pas la beauté fixe, quelquefois un peu monotone, de la Méditerranée. Celui-ci est très-changeant. Des eaux de mer et des eaux douces s'élèvent des nuages irisés qui projettent, sur le miroir d'où ils viennent, d'étranges couleurs, verts clairs, roses et violets. Des créations fantastiques, qu'on ne voit un moment que pour les regretter, décorent de monuments bizarres, d'arcades hardies, de ponts sublimes, parfois d'arcs de triomphe, la porte de l'Océan.

Les deux plages demi-circulaires, de Royan et de Saint-Georges, sur leur sable fin, donnent aux pieds les plus délicats la plus douce promenade qu'on prolonge sans se lasser dans la senteur des pins qui égayent la dune de leur jeune verdure. Les beaux promontoires qui séparent ces plages, et les landes de l'intérieur vous envoient, même de loin, de salubres émanations. Celle qui domine aux dunes est quelque peu médicale, c'est l'odeur miellée des immortelles, où semblent se concentrer tout le soleil et la chaleur des sables. Aux landes, fleurissent les amers, avec un charme pénétrant qui réveille le cerveau, ravive le cœur. C'est le thym et le serpolet, c'est la marjolaine amoureuse, c'est la sauge bénie de nos pères pour ses grandes vertus. La menthe poivrée, et surtout le petit œillet sauvage, ont les parfums les plus fins des épices de l'Orient.

Il me semblait que, sur ces landes, les oiseaux chantaient mieux qu'ailleurs. Jamais je ne trouvai une alouette comme celle que j'entendis en juillet sur le promontoire de Vallière. Elle montait dans l'esprit des fleurs, montait dorée du soleil qui se couchait sur l'Océan. Sa voix qui venait de si haut (elle était peut-être à mille pieds), pour être tellement puissante, n'était pas moins modeste et douce. C'est au nid, à l'humble sillon, aux petits qui la regardaient, qu'elle adressait visiblement ce chant agreste et sublime ; on eût dit qu'elle interprétait en harmonie ce beau soleil, cette gloire où elle planait sans orgueil, les encourageant et disant : « Montez, mes petits ! »

De tout cela, chants et parfums, air doux et mer adoucie par l'eau de la belle rivière, se compose une harmonie infiniment agréable, toutefois sans grand éclat. La lune m'y paraissait lumineuse sans vive clarté, les étoiles très-visibles, mais peu scintillantes. Climat heureux tout humain, et qui serait voluptueux, s'il ne s'y mêlait je ne sais quoi qui fait réfléchir, éloigne de la rêverie et ramène à la pensée!

———

Pourquoi? Sont-ce les sables mouvants, les dunes changeantes, les calcaires croulants et pleins de fossiles, qui vous avertissent de la mobilité universelle? Est-ce le souvenir silencieux, mais nullement effacé, des persécutions protestantes? C'est aussi, et bien plus encore, la solennité du passage, la fréquence des naufrages, la proximité d'une mer terrible entre toutes, qui rend l'intérieur sérieux.

Un grand mystère se passe à ce point solennel, un traité, un mariage, mais bien autrement important qu'aucun hymen royal. Mariage, il est vrai, de raison entre époux peu assortis. La dame des eaux du Sud-Ouest, doublée de Tarn et de Dordogne, poussée de ses violents frères les torrents des Pyrénées, elle vient, cette aimable et souveraine Gironde, s'offrir à son époux gigantesque, le vieil Océan. Mais nulle part il n'est plus dur, plus rébarbatif. La triste barrière des boues de Charente, puis la longue ligne des sables qui l'arrêtent cinquante lieues, le mettent de mauvaise humeur. Quand il n'amoncelle pas sa fureur contre Bayonne et Saint-Jean-de-Luz, il bat la pauvre Gironde. Elle ne sort pas, comme la Seine, abritée de plusieurs côtés. Elle tombe tout droit en face de l'Océan illimité. Le plus souvent il la rembarre. Elle recule ; elle se jette à droite, à gauche. Elle se cache et dans les marais de Saintonge, et jusque sous les vignes du Médoc, communiquant à ses vins les qualités sobres et froides qui sont l'esprit de ses eaux.

Maintenant, imaginez des hommes assez hardis pour se jeter, au grand débat, entre ces époux, pour aller dans une barque, affrontant les coups qu'ils se portent, chercher le vaisseau timide qui attend à l'embouchure et n'ose s'aventurer. C'est la vie de mes pilotes, modeste, mais si glorieuse, quand on saura la raconter.

Il est facile à comprendre que le vieux roi des naufrages, l'antique thésauriseur de tant de biens submergés, ne sait nul gré aux indiscrets qui viennent lui disputer sa proie. Si parfois il les laisse faire, souvent aussi, malicieux, sournois, il les atteint, se venge, charmé de noyer un pilote plus que d'engloutir deux vaisseaux.

Il y avait pourtant quelque temps qu'on ne parlait point d'accident. L'été, fort chaud, de 1859, ne présenta guère de sinistres en ces parages qu'une barque brisée en juin. Mais je ne sais quelle agitation faisait prévoir des malheurs. Septembre vint, et octobre. Le monde brillant des visiteurs, qui ne veut de la mer que ses sourires, déjà s'était éclipsé. Je restai, attaché là par mon travail inachevé, et aussi par l'attrait étrange qu'ont ces saisons intermédiaires.

On remarquait des vents changeants, bizarres, et qu'on ne voit guère : exemple, un vent brûlant de l'est, un souffle d'orage venant du côté toujours serein. Les nuits étaient parfois chaudes (et plus en septembre qu'en août), sans sommeil, agitées, nerveuses ; le pouls était fort, ému sans cause apparente, l'humeur inégale.

Un jour que nous étions assis dans les pinadas, battus par le vent, un peu garantis pourtant par la dune, nous entendîmes une jeune voix, singulièrement claire et perçante; d'un fin et fort timbre d'acier. C'était pourtant une très-jeune fille, fort petite, de profil austère. Elle passait avec sa mère, et chantait de toutes ses forces des paroles d'une vieille chanson. Nous les priâmes de s'asseoir et de la chanter tout du long.

Ce petit poëme rustique disait merveilleusement le double esprit de la contrée. La Saintonge est agricole, aime le foyer. Ce ne sont pas là les Basques, leur esprit d'aventures. Mais, malgré ses goûts sédentaires, elle se fait maritime, se lance dans les hasards. Pourquoi? La légende l'explique:

La jolie fille d'un roi, qui s'amuse à laver son linge, comme la Nausicaa de l'Odyssée, a laissé aller son anneau à la mer ; le fils de la côte s'y jette pour le chercher, mais se noie. Elle pleure et elle est changée dans le romarin du rivage, si amer et si parfumé.

Cette ballade du naufrage, chantée à ce temps critique dans cette forêt gémissante d'orage imminent, m'émut, me charma, mais en fortifiant mon pressentiment intérieur.

———

Chaque fois que j'allais à Royan, je pouvais attendre qu'en ce petit voyage, qui n'est que de quelques heures, l'orage me surprendrait sur la route sans abri. Il pesait sur moi dans les vignes de Saint-Georges et la lande du promontoire que je gravissais d'abord. Il pesait, plus lourd encore, dans la grande plage circulaire de Royan que je suivais. La lande, quoiqu'en octobre, avait tous ses parfums sauvages, et ils me semblaient par moments plus pénétrants que jamais. Sur la plage, encore paisible, le vent me soufflait au visage, tiède et doux, et, non moins douce, de ses caresses suspectes, la mer venait lécher mes pieds. Je ne m'y laissais pas prendre, et je me doutais assez de ce que tous deux préparaient.

Pour prélude, après des soirées fort belles, éclataient dans la nuit d'effroyables coups de vent. Cela revint plusieurs fois, et spécialement le 26. Cette nuit-là, je ne doutai pas qu'il n'y eût de grands sinistres. Nos marins étaient sortis. Dans ces longues fluctuations de la crise équinoxiale, on attend d'abord un peu; puis, les choses se prolongeant, le devoir et le métier parlent; on passe outre et l'on se hasarde, au risque d'un coup subit. J'en eus l'impression très-forte. Je me dis : « Quelqu'un périt. »

Cela n'était que trop vrai.

Sur une barque de pilote qui allait, malgré le gros temps, tirer un vaisseau du danger de la passe, un malheureux fut enlevé, et la barque, près de périr elle-même, ne put jamais le reprendre. Il laissait trois enfants et une femme enceinte. Ce qui le rendait encore particulièrement regrettable, c'est que cet homme excellent, par un amour généreux qui n'est pas rare chez les marins, avait justement épousé une pauvre fille incapable de travail, qui par accident avait perdu plusieurs phalanges des doigts. Terrible situation : elle est infirme, enceinte et veuve.

On faisait une collecte, et j'allai porter à Royan ma petite offrande. Un pilote que je rencontrai parla de l'événement avec une vraie douleur : « Tel est notre métier, monsieur ; c'est surtout quand la mer est mauvaise que nous devons sortir. » Le commissaire de la marine, qui a en main les registres des vivants et des morts, et connaît mieux que personne la destinée de ces familles, me parut aussi triste et inquiet. On sentait bien que ceci n'était qu'un commencement.

Je me remis en route par la plage, et j'eus le loisir, dans ce trajet assez long, d'observer, d'étudier, dans une zone de nuages qui, je crois, pouvait s'étendre, en tous sens, à huit ou dix lieues. A ma gauche, la Saintonge, dont je suivais le rivage, attendait morne et passive. A ma droite, le Médoc, dont le fleuve me séparait, était dans un calme sombre. Derrière moi, venant de l'ouest, de l'Océan, montait un monde de nuages noirs. Mais, devant moi, un vent de terre soufflait contre eux (de Bordeaux). Ce vent descendait la Gironde, et l'on eût pu espérer que la puissante rivière, par ce grand courant protecteur, repousserait le rideau lugubre que l'Océan élevait.

Encore dans l'incertitude, je regardai derrière moi, et consultai Cordouan. Il me parut, sur son écueil, d'une pâleur fantastique. Sa tour semblait un fantôme qui disait : « Malheur ! malheur ! »

———

Je calculai mieux la situation. Je vis très-bien que le vent de terre non-seulement serait vaincu, mais qu'il était l'auxiliaire de son ennemi. Ce vent de terre soufflait très-bas sur la Gironde, enfonçait, abattait tout obstacle inférieur, aplanissait par-dessous la voie aux hauts nuages sombres qui partaient de l'Océan ; il leur faisait comme un rail glissant, sur lequel montés ils venaient d'autant plus vite. En peu de temps, tout fut fini du côté de la terre, tout souffle cessa, tout s'éteignit en teintes grises ; sans obstacle régnèrent les vents supérieurs.

Quand j'arrivai dans les vignes de Vallière, près de Saint-Georges, beaucoup de gens étaient aux champs, achevant en hâte ce qu'ils avaient à faire, et pensant que de longtemps on ne pourrait travailler. Les premières gouttes de pluie tombaient, mais en un moment il fallut fuir à la maison.

J'avais bien vu des orages. J'avais lu mille descriptions de tempêtes, et je m'attendais à tout. Mais rien ne faisait prévoir l'effet que celle-ci eut par sa longue durée, sa violence soutenue, par son implacable uniformité. Dès qu'il y a du plus ou du moins, une halte, un *crescendo* même, enfin une variation, l'âme et les sens y trouvent quelque chose qui détend, distrait, qui répond à ses besoins impérieux de changement. Mais ici, cinq jours et cinq nuits, sans trêve, sans augmentation ni diminution, ce fut la même fureur et rien ne changea dans l'horrible. Point de tonnerre, point de combats de nuages, point de déchirement de la mer. Du premier coup, une grande tente grise ferma l'horizon en tous sens ; on se trouva enseveli dans ce linceul d'un morne gris de cendre, qui n'ôtait pas toute lumière, et laissait découvrir une mer de plomb et de plâtre, odieuse et désolante de monotonie furieuse. Elle ne savait qu'une note. C'était toujours le hurlement d'une grande chaudière qui bout. Aucune poésie de terreur n'eût agi comme cette prose. Toujours, toujours le même son ; *Heu! heu! heu!* ou *Uh! uh! uh!*

Nous habitions sur la plage. Nous étions plus que spectateurs de cette scène ; nous y étions mêlés. La mer par moments venait à vingt pas. Elle ne frappait pas un coup que la maison ne tremblât. Nos fenêtres recevaient (heureusement un peu de côté) l'immense vent du sud-ouest qui apportait un torrent, non, mais un déluge, l'Océan soulevé en pluie. Du premier jour, en grande hâte, et non sans beaucoup de peine, il fallut fermer les volets, allumer les bougies si l'on voulait voir en plein jour. Dans les pièces qui regardaient la campagne, le bruit, la commotion, étaient tout aussi sensibles. Je persistais à travailler, curieux de voir si cette force sauvage réussirait à opprimer, entraver un libre esprit. Je maintins ma pensée active, maîtresse d'elle-même. J'écrivais et je m'observais. A la longue seulement la fatigue et la privation de sommeil blessaient en moi une puissance, la plus délicate de l'écrivain, je crois, le sens du rhythme. Ma phrase venait inharmonique. Cette corde, dans mon instrument, la première se trouva cassée.

Le grand hurlement n'avait de variante que les voix bizarres, fantasques, du vent acharné sur nous. Cette maison lui faisait obstacle; elle était pour lui un but qu'il assaillait de cent manières. C'était parfois le coup brusque d'un maître qui frappe à la porte ; des secousses, comme d'une main forte pour arracher le volet ; c'étaient des plaintes aiguës par la cheminée, des désolations de ne pas entrer, des menaces si l'on n'ouvrait pas, enfin des emportements, d'effrayantes tentatives d'enlever le toit. Tous ces bruits étaient couverts pourtant par le grand Heu ! heu ! Tant celui-ci était immense, puissant, épouvantable ! Le vent nous semblait secondaire. Cependant il réussissait à faire pénétrer la pluie. Notre maison (j'allais dire notre vaisseau) faisait eau. Le grenier, percé par places, versait des ondées.

Chose plus sérieuse ! la furie de l'ouragan, par un effort désespéré réussit à desceller le gond d'un volet, qui, dès lors, quoique fermé encore, frémit, branla, s'agita. Il fallut le consolider en le liant fortement par ses ferrures à celui qui tenait mieux, et pour cela on dut hasarder d'ouvrir la fenêtre. Au moment où je l'ouvris, quoique abrité par les volets, je me sentis comme dans un tourbillon, demi sourd par l'horrible force d'un bruit égal au canon, d'un coup de canon permanent qu'on m'eût, sans interruption, tiré sous l'oreille. J'apercevais, par les fentes, une chose qui donnait la mesure de ces forces incalculables. C'est que les vagues, croisées et brisées contre elles-mêmes, souvent ne pouvaient retomber. La rafale, par-dessous, les enlevait comme une plume, ces pesantes masses, les faisait fuir par la campagne. Qu'eût-ce été si, nos volets s'arrachant, la fenêtre s'enfonçant, le vent eût embarqué chez nous ces grosses lames qu'il soutenait, poussait avec la roideur d'une trombe, qu'il portait à travers les champs, terribles et toutes brandies?...

Nous avions la chance bizarre de faire naufrage sur terre. Notre maison, si avancée, pouvait voir son toit emporté, ou tout un étage peut-être. C'était l'inquiétude des gens du village, comme ils nous le dirent, leur pensée de chaque nuit. On nous conseillait de quitter. Mais nous supposions toujours que cette tempête si longue aurait une fin pourtant, et nous disions toujours : « Demain. »

Les nouvelles qui venaient par terre ne nous apprenaient que naufrages. Tout près de nous, le 30 octobre, un navire qui venait de la mer du Sud avec une trentaine d'hommes périt à la passe même. Après avoir évité les rocs, les écueils, il était venu en face d'une petite plage de fin sable, où les femmes se baignent. Eh bien, sur cette douce plage, enlevé par le tourbillon et sans doute à grande hauteur, il retomba d'un poids épouvantable, fut assommé, éreinté, disloqué. Il resta là comme un corps mort. Qu'étaient devenus les hommes? on n'en trouva aucune trace. On supposa que peut-être tous avaient été balayés du pont.

Ce tragique événement en faisait supposer bien d'autres, et l'on ne rêvait que malheurs. Mais la mer n'avait pas l'air d'en avoir encore assez. Tout le monde était à bout; elle, non. Je voyais nos pilotes se hasarder derrière un mur qui les couvrait du sud-ouest, observer soucieusement, secouer la tête. Nul vaisseau, par bonheur pour eux, n'osa entreprendre d'entrer et ne réclama leur secours. Autrement, ils étaient là, prêts à donner leurs vies.

Moi aussi, je regardais insatiablement cette mer, je la regardais avec haine. N'étant pas en danger réel, je n'en avais que davantage l'ennui et la désolation. Elle était laide, d'affreuse mine. Rien ne rappelait les vains tableaux des poëtes. Seulement, par un contraste étrange, moins je me sentais vivant, plus, elle, elle avait l'air de vivre. Toutes ces vagues électrisées par un si furieux mouvement avaient pris une animation, et comme une âme fantastique. Dans la fureur générale, chacun avait sa fureur. Dans l'uniformité totale (chose vraie, quoique contradictoire), il y avait un diabolique fourmillement. Était-ce la faute de mes yeux et de mon cerveau fatigué? ou bien en était-il ainsi? Elles me faisaient l'effet d'un épouvantable *mob*, d'une horrible populace, non d'hommes, mais de chiens aboyants, un million, un milliard de dogues acharnés, ou plutôt fous... Mais que dis-je? des chiens, des dogues? ce n'était pas cela encore. C'étaient des apparitions exécrables et innomées, des bêtes sans yeux ni oreilles, n'ayant que des gueules écumantes.

Monstres, que voulez-vous donc? n'êtes-vous pas soûls des naufrages que j'apprends de tous côtés : que demandez-vous? — « Ta mort et la mort universelle, la suppression de la terre, et le retour au chaos. »

## VIII

### LES PHARES

Impétueuse est la Manche, dans son détroit où s'engouffre le flux de l'océan du Nord. Apre est la mer de Bretagne, dans les remous violents de ses découpures basaltiques. Mais le golfe de Gascogne, de Cordouan à Biarritz, est une mer de contradictions, une énigme de combats. En allant vers le midi, elle devient tout à coup extraordinairement profonde, un abîme où l'eau s'engouffre. Un ingénieux naturaliste la compare à un gigantesque entonnoir qui absorberait brusquement. Le flot, échappé de là sous une pression épouvantable, remonte à des hauteurs dont nos mers ne donnent aucun autre exemple.

La houle du Nord-Ouest est le moteur de la machine. Si elle est un peu plus nord, elle pousse au fond du golfe, va écraser Saint-Jean-de-Luz. Et, si elle est plus ouest, elle refoule la Gironde ; elle coiffe d'horribles lames l'infortuné Cordouan.

On ne connaît pas assez ce respectable personnage, ce martyr des mers. Il est, entre tous les phares, je crois, l'aîné de l'Europe. Un seul peut disputer avec lui d'antiquité, la célèbre Lanterne de Gênes. Mais la différence est grande. Celle-ci, qui couronne un fort, assise bien tranquillement sur un bon et ferme roc, peut sourire de tous les orages. Cordouan est sur un écueil que l'eau ne quitte jamais. L'audace, en vérité, fut grande de bâtir dans le flot même, que dis-je? dans le flot violent, dans le combat éternel d'un tel fleuve et d'une telle mer.

Il en reçoit à chaque instant ou de tranchants coups de fouet, ou de lourds soufflets qui tonnent sur lui comme ferait le canon. C'est un assaut éternel. Il n'est pas jusqu'à la Gironde, qui, poussée par le vent de terre, par les torrents des Pyrénées ne vienne aussi par moments battre ce portier du passage, comme s'il était responsable des obstacles que lui oppose l'Océan qui est au delà.

Il est cependant lui seul la lumière de cette mer. Celui qui manque Cordouan, poussé par le vent du Nord, a à craindre; il pourra manquer encore

Arcachon. Cette mer, la plus terrible, est aussi la mer ténébreuse. La nuit, nul signe qui guide, nul point de repère.

Pendant six mois de séjour que nous fîmes sur cette plage, notre contemplation ordinaire, je dirai presque notre société habituelle, était Cordouan. Nous sentîmes combien cette position de gardien des mers, de veilleur constant du détroit, en faisait une personne. Debout sur le vaste horizon du couchant, il apparaissait sous cent aspects variés. Parfois, dans une zone de gloire, il triomphait sous le soleil; parfois, pâle et indistinct, il flottait dans le brouillard et ne disait rien de bon. Au soir, quand il allumait brusquement sa rouge lumière et lançait son regard de feu, il semblait un inspecteur zélé qui surveillait les eaux, pénétré et inquiet de sa responsabilité. Quoi qu'il arrivât de la mer, toujours on s'en prenait à lui. En éclairant la tempête, il en préservait souvent, et on la lui attribuait. C'est ainsi que l'ignorance traite trop souvent le génie, l'accusant des maux qu'il révèle. Nous-mêmes, nous n'étions pas justes. S'il tardait à s'allumer, s'il venait du mauvais temps, nous l'accusions, nous le grondions. « Ah! Cordouan, Cordouan, ne sauras-tu donc, blanc fantôme, nous amener que des orages? »

Ce fut lui pourtant, je crois, qui dans la tempête d'octobre sauva nos trente hommes. Le vaisseau fut brisé, mais ils échappèrent.

C'est beaucoup de voir son naufrage, d'échouer en pleine lumière, en connaissance du lieu, des circonstances et des ressources qui restent. « Grand Dieu, s'il faut périr, fais-nous périr au jour ! »

Quand le vaisseau, emporté de la haute mer par cette houle furieuse, arriva la nuit près des côtes, il avait mille chances pour une de ne pas entrer en Gironde. A sa droite, la pointe lumineuse de Grave lui dit d'éviter le Médoc ; à sa gauche, le petit phare de Saint-Palais lui fit voir le dangereux roc de la Grand'Caute du côté de la Saintonge. Entre ces feux blancs et fixes éclatait sur l'écueil central le rouge éclair de Cordouan, qui, de minute en minute, montre le passage.

Par un effort désespéré, il passa, mais ce fut tout. Le vent, la lame, le courant, l'accablèrent à Saint-Palais. La trinité secourable des trois feux s'y réverbérait ; les trente virent où ils étaient, qu'ils allaient tomber sur le sable, et qu'ils avaient chance de vie s'ils quittaient à temps le vaisseau. Ils se tinrent prêts à s'élancer, se fièrent à l'ouragan, à la fureur même du vent. Il les traita en effet précisément comme ces lames qu'il emporte dans les terres sans leur permettre le retour.

Heurtés, froissés, ils allèrent tomber je ne sais où, mais enfin ils tombèrent vivants.

---

Qui peut dire combien d'hommes et de vaisseaux sauvent les phares? La lumière, vue dans ces nuits horribles de confusion, où les plus vaillants se troublent, non-seulement montre la route, mais elle soutient le courage, empêche l'esprit de s'égarer. C'est un grand appui moral de se dire dans le danger suprême : « Persiste ! encore un effort !... Si le vent, la mer, sont contre, tu n'es pas seul ; l'Humanité est là qui veille pour toi. »

Les anciens qui suivaient les côtes et les regardaient sans cesse, avaient, encore plus que nous, besoin de les éclairer. Les Étrusques, dit-on, commencèrent à entretenir les feux de nuit sur les pierres sacrées. Le phare était un autel, un temple, une colonne, une tour. Les Celtes en élevèrent aussi ; de très-importants dolmens existent précisément aux points favorables d'où l'on peut le mieux voir des feux. L'empire romain avait illuminé, de promontoire en promontoire, toute la Méditerranée.

La grande terreur des pirates du Nord, la vie tremblante du sombre moyen âge, font éteindre tout cela. On n'a garde d'aider aux descentes. La mer est un objet de crainte. Tout vaisseau est un ennemi, et, s'il échoue, une proie. Le pillage du naufragé est un revenu du seigneur : c'est le noble *droit de bris*. On sait ce comte de Léon enrichi par son écueil, « pierre précieuse, disait-il, plus que celles qu'on admire aux couronnes des rois. »

De nos jours, innocemment, les pêcheurs ont souvent causé des naufrages en allumant au rivage des feux qu'on voyait de la mer. Les phares mêmes en ont causé tant qu'on put les confondre entre eux. Un feu pris pour un feu voisin provoqua parfois d'horribles méprises.

C'est la France, après ses grandes guerres, qui prit l'initiative des nouveaux arts de la lumière et de leur application au salut de la vie humaine. Armée du rayon de Fresnel (une lampe forte comme quatre mille, et qu'on voit à douze lieues), elle se fit une ceinture de ces puissantes flammes qui entre-croisent leurs lueurs, les pénètrent l'une par l'autre. Les ténèbres disparurent de la face de nos mers.

Pour le marin qui se dirige d'après les constellations, ce fut comme un ciel de plus qu'elle fit descendre. Elle créa à la fois les planètes, étoiles fixes et satellites, mit dans ces astres inventés les nuances et les caractères différents de ceux de là-haut. Elle varia la couleur, la durée, l'intensité de leur scintillation. Aux uns, elle donna la lumière tranquille, qui suffit aux nuits sereines; aux autres, une lumière mobile tournante, un regard de feu qui perce aux quatre coins de l'horizon. Ceux-ci, comme les mystérieux animaux qui illuminent la mer, ont la palpitation vivante d'une flamme qui flamboie et pâlit, qui jaillit et qui se meurt. Dans les sombres nuits de tempêtes, ils s'émeuvent, semblent prendre part aux convulsions de l'Océan, et, sans s'étonner, ils rendent feu pour feu aux éclairs du ciel.

---

Il faut songer qu'à cette époque (1826), et en 1830 encore, toute la mer était ténébreuse. Très-peu de phares en Europe. Nul en Afrique que celui du Cap. Nul en Asie que Bombay, Calcutta, Madras. Pas un dans l'énorme étendue de l'Amérique du Sud. Depuis, toutes les nations ont suivi, imité la France. Peu à peu la lumière se fait.

Je voudrais pouvoir ici accomplir avec vous en une nuit la circumnavigation de notre Océan, entre Dunkerque et Biarritz, et la revue des grands phares. Mais elle serait bien longue.

Calais, de ses quatre phares de feux de couleurs différentes, qu'on doit voir de Douvres même, fait à l'Angleterre, au monde qui passe par l'Angleterre, des signes hospitaliers. Le beau golfe de la Seine, entre la Hève et Barfleur, illuminé de phares amis, ouvre le Havre à l'Amérique et la reçoit directement au foyer, au cœur de la France.

Elle-même s'avance en mer pour recueillir les vaisseaux, éclairant d'un soin admirable toutes les pointes de la Bretagne. A l'avant-garde de Brest, à Saint-Matthieu, à Penmark, à l'île de Sen, tout est couronné de feux, — tous différents, par éclairs de minutes ou de secondes, — qui disent au navigateur : « Gare ! Observe ce rocher... Fuis cet écueil... Tourne ici... Bon ! te voilà dans le port. »

---

Notez que toutes ces tours, élevées aux lieux dangereux, bâties souvent sur les brisants et dans les tempêtes mêmes, posaient à l'art le problème de l'absolue solidité. Plusieurs s'élèvent à des hauteurs immenses. L'architecture du moyen âge, dont on parle tant, ne se hasardait à bâtir si haut qu'en donnant à l'édifice des soutiens extérieurs, contre-forts, arcs-boutants, et, vers la pointe des tours, elle ne se fiait plus à la pierre, mais appelait le secours peu artiste des crampons de fer qui reliaient les pierres entre elles. C'est ce qu'on peut voir aisément à la flèche de Strasbourg. Nos constructeurs méprisent ces moyens. Le phare des Héaux, récemment bâti par M. Reynaud sur le dangereux écueil des Épées de Tréguier, a la simplicité sublime d'une gigantesque plante de mer. Il n'a que faire des contre-forts. Il enfonce dans la roche vive ses fondements taillés au ciseau. Sur une base de soixante pieds en largeur, il dresse sa colonne de vingt-quatre pieds de diamètre. Ses larges pierres de granit sont encastrées l'une dans l'autre. De plus, pour les parties basses, les assises sont reliées par des dés (aussi de granit) qui pénètrent à la fois dans des pierres superposées. Le tout est taillé si juste, que le ciment est superflu. Du bas au haut, toute pierre mordant ainsi dans sa voisine, le phare n'est qu'un bloc unique, plus un que son rocher même. La lame ne sait où se prendre. Elle bat, elle rage, elle glisse. Dans ses grands coups de tonnerre, tout ce qu'elle gagne, c'est que le phare branle et s'incline quelque peu.

Mais cela n'a rien d'alarmant. On retrouve cette ondulation dans les plus anciennes, les plus solides tours.

---

Donc, au lieu de tristes bastions qui jadis menaçaient la mer, comme ceux que j'ai vus encore élevés contre les Barbaresques, la civilisation moderne bâtit les tours de la paix, de la bienveillante hospitalité. Beaux et nobles monuments, parfois sublimes aux yeux de l'art, et toujours touchants pour le cœur. Leurs feux de toutes couleurs, où se retrouvent l'or, l'argent des étoiles, offrent un firmament secourable qu'une Providence humaine a organisé sur la terre. Lorsque nul astre ne paraît, le marin voit encore ceux-ci et reprend courage, en y revoyant son étoile, l'étoile de la Fraternité.

---

On aime à s'asseoir près des phares, sous ces feux amis, vrai foyer de la vie marine. Tel d'entre eux, et des moins anciens, est vénérable déjà pour les hommes qu'il a sauvés. Plus d'un souvenir s'y rattache; des traditions les entourent, de belles légendes, mais vraies. Deux générations sont assez pour qu'ils deviennent antiques, sacrés du temps. La mère dira souvent à la jeune famille : « Celui-ci sauva votre aïeul, et, sans lui, vous n'étiez pas nés. »

Que de visites ils reçoivent de la femme inquiète qui épie le retour! Le soir, et même la nuit, vous la trouveriez là assise, attendant et demandant que la secourable lumière qui brille là-haut ramène l'absent, le mette au port.

Les anciens, fort justement, dans ces pierres sacrées, honoraient l'autel des dieux sauveurs de l'homme. Pour le cœur en pleine tempête, qui tremble et espère, la chose n'a pas changé, et dans l'obscurité des nuits, celle qui pleure et qui prie y voit l'autel et le dieu même.

# LIVRE DEUXIÈME

## LA GENÈSE DE LA MER

# I

## FÉCONDITÉ

Dans la nuit de la Saint-Jean (du 24 au 25 juin), cinq minutes après minuit, la grande pêche du hareng s'ouvre dans les mers du Nord. Des lueurs phosphorescentes ondulent ou dansent sur les flots. « Voilà les *éclairs* du hareng, » c'est le signal consacré qui s'entend de toutes les barques. Des profondeurs à la surface un monde vivant vient de monter, suivant l'attrait de la chaleur, du désir et la lumière. Celle de la lune, pâle et douce, plaît à la gent timide; elle est le rassurant fanal qui semble les enhardir à leur grande fête d'amour. Ils montent, ils montent tous d'ensemble, pas un ne reste en arrière. La sociabilité est la loi de cette race; on ne les voit jamais qu'ensemble. Ensemble ils vivent ensevelis aux ténébreuses profondeurs; ensemble ils viennent au printemps prendre leur petite part du bonheur universel, voir le jour, jouir et mourir. Serrés, pressés, ils ne sont jamais assez près l'un de l'autre; ils naviguent en bancs compactes. « C'est (disaient les Flamands) comme si nos dunes se mettaient à voguer. » Entre l'Écosse, la Hollande et la Norvége, il semble qu'une île immense se soit soulevée, et qu'un continent soit près d'émerger. Un bras s'en détache à l'est et s'engage dans le Sund, emplit l'entrée de la Baltique. A certains passages étroits, on ne peut ramer; la mer est solide. Millions de millions, milliards de milliards, qui osera hasarder de deviner le nombre de ces légions? On conte que jadis, près du Havre, un seul pêcheur en trouva un matin dans ses filets huit cent mille. Dans un port d'Écosse, on en fit onze mille barils dans une nuit.

Ils vont comme un élément aveugle et fatal, et nulle destruction ne les décourage. Hommes, poissons, tout fond sur eux; ils vont, ils voguent toujours. Il ne faut pas s'en étonner: c'est qu'en naviguant ils aiment. Plus on en tue, plus ils produisent et multiplient chemin faisant. Les colonnes épaisses, profondes, dans l'électricité commune, flottent livrées uniquement à la grande œuvre du bonheur. Le tout va à l'impulsion du flot et du flot électrique.

Prenez dans la masse au hasard, vous en trouvez de féconds, vous en trouvez qui le furent et d'autes qui voudraient l'être. Dans ce monde, qui ne connaît pas l'union fixe, le plaisir est une aventure, l'amour une navigation. Sur toute la route, ils épanchent des torrents de fécondité.

A deux ou trois brasses d'épaisseur, l'eau disparaît sous l'abondance incroyable du flux maternel où nagent les œufs du hareng. C'est un spectacle, au lever du soleil, de voir aussi loin qu'on peut voir, à plusieurs lieues, la mer blanche de la laitance des mâles.

Épaisses, grasses et visqueuses ondes, où la vie fermente dans le levain de la vie. Sur des centaines de lieues, en long et en large, c'est comme un volcan de lait, et de lait fécond qui a fait son éruption, et qui a noyé la mer.

---

Pleine de vie à la surface, la mer en serait comble si cette puissance indicible de production n'était violemment combattue par l'âpre ligue de toutes les destructions. Qu'on songe que chaque hareng a quarante, cinquante, jusqu'à soixante-dix mille œufs! Si la mort violente n'y portait remède, chacun d'eux se multipliant en moyenne par cinquante mille, et chacun de ces cinquante mille se multipliant de même à son tour, ils arriveraient en fort peu de générations à combler, solidifier l'Océan, ou à le putréfier, à supprimer toute race et à faire du globe un désert. La vie impérieusement réclame ici l'assistance, l'indispensable secours de sa sœur, la mort. Elles se livrent un combat, une lutte immense qui n'est qu'harmonie et fait le salut.

Dans la grande chasse universelle sur la race condamnée, ceux qui se chargent de rabattre, d'empêcher la masse de se disperser, ceux qui la poussent aux rivages, ce sont les géants de la mer. La baleine et les cétacés ne dédaignent pas ce gibier ; ils le suivent, plongent dans les bancs, entrent dans l'épaisseur vivante ; de leurs gueules immenses ils absorbent par tonnes la proie infinie qui n'en est pas diminuée et fuit vers les côtes. Là s'opère une bien autre et plus grande destruction. D'abord les petits des petits, les moindres poissons avalent le frai et les œufs du hareng, se gorgent de laite, mangent l'avenir. Pour le présent, pour le hareng tout venu, la nature a fait un genre glouton qui, de ses yeux écartés, ne voit guère, n'en mange que mieux, qui n'est qu'estomac, la gourmande tribu des gades (merlan, morue, etc.). Le merlan

s'emplit, se comble de harengs, et devient gras. La
morue s'emplit, se comble de merlans, et devient
grasse. Si bien que le danger des mers, l'excès de la
fécondité, recommence ici, plus terrible. La morue
est bien autre chose que le hareng ; elle a jusqu'à
neuf millions d'œufs ! Une morue de cinquante livres
en a quatorze livres pesant ! le tiers de son poids !
Ajoutez que cette bête, de maternité redoutable, est
en amour neuf mois sur douze. C'est celle-ci qui
mettrait le monde en péril. Au secours ! lançons
des vaisseaux, équipons des flottes. L'Angleterre
seule y envoie vingt ou trente mille matelots. Combien l'Amérique et combien la France, la Hollande,
toute la terre ? La morue, à elle seule, a créé des
colonies, fondé des comptoirs et des villes. Sa préparation est un art. Et cet art a une langue, tout un
idiome technique propre aux pêcheurs de morue.

Mais qu'est-ce que l'homme peut faire ? La nature sait que nos petits efforts, nos flottes et
nos pêcheries ne seraient rien pour son but, que
la morue vaincrait l'homme. Elle ne se fie point
à lui. Elle appelle des forces de mort bien autrement énergiques. Du fond des fleuves à la
mer arrive l'un des plus actifs, des plus déterminés mangeurs, l'esturgeon. Venu aux fleuves
pour faire paisiblement l'amour, il en sort maigri

et âpre; il rentre, d'un appétit immense, dans le banquet de la mer. Grande douceur pour l'affamé de trouver la grasse morue qui a assimilé en elle les légions du hareng. Bonheur infini pour lui de trouver là concentrée la substance, de mordre en chair pleine. Ce vaillant mangeur de morue, quoique moins fécond, l'est encore; il a quinze cent mille œufs. Un esturgeon de quatorze cents livres a cent livres de laite, ou quatre cent cinquante livres d'œufs. Le danger se représente. Le hareng a menacé de sa fécondité terrible; la morue a menacé; l'esturgeon menace encore.

Il faut que la nature invente un suprême dévorateur, mangeur admirable et producteur pauvre, de digestion immense et de génération avare. Monstre secourable et terrible qui coupe ce flot invincible de fécondité renaissante par un grand effort d'absorption, qui avale toute espèce indifféremment, les morts, les vivants, que dis-je? tout ce qu'il rencontre. *Le beau mangeur* de la nature, mangeur patenté : le requin.

Mais ces destructeurs terribles sont vaincus d'avance. Quelle que soit leur furie de manger, ils produisent peu. L'esturgeon, comme on a vu, est moins fécond que la morue, et le requin est stérile, si on le compare à tout autre poisson. Il ne se verse pas comme eux en torrents par toute la mer.

Vivipare, il élabore dans son sein le jeune requin, son héritier féodal, qui naît terrible et tout armé.

---

Dans ses fécondes ténèbres, la mer peut sourire elle-même des destructeurs qu'elle suscite, bien sûre d'enfanter encore plus. Sa richesse principale défie toutes les fureurs de ces êtres dévorants, est inaccessible à leurs prises. Je parle du monde infini d'atomes vivants, d'animaux microscopiques, véritable abîme de vie qui fermente dans son sein.

On a dit que l'absence de la lumière solaire excluait la vie, et cependant aux dernières profondeurs le sol est jonché d'étoiles de mer. Les flots sont peuplés d'infusoires et de vers microscopiques. Des mollusques innombrables y traînent leurs coquilles. Crabes bronzés, actinies rayonnantes, porcelaines neigeuses, cyclostomes dorés, volutes ondulées, tout vit et se meut. Là pullulent les animalcules lumineux qui, par moments attirés à la surface, y apparaissent en traînées, en serpents de feu, en guirlandes étincelantes. La mer, dans son épaisseur transparente, doit en être, ici et là fortuitement illuminée. Elle-même a un certain éclat, je ne sais quelle demi-lueur qu'on observe sur les poissons et vivants et morts. Elle est sa propre lumière, son fanal à elle-même, son ciel, sa lune et ses étoiles.

Chacun peut voir dans nos salines la fécondité de la mer. Les eaux que l'on y concentre y laissent des dépôts violets qui ne sont rien qu'infusoires. Tous les navigateurs racontent que, dans tel trajet assez long, ils n'ont traversé que des eaux vivantes. Freycinet a vu soixante millions de mètres carrés couverts d'un rouge écarlate qui n'est qu'un animal plante, si petit qu'un mètre carré en contient quarante millions. Dans le golfe du Bengale, en 1854, le capitaine Kingman navigua pendant trente milles dans une énorme tache blanche qui donnait à la mer l'aspect d'une plaine couverte de neige. Pas un nuage, et pourtant un ciel gris de plomb, en contraste avec la mer brillante. Vue de près, cette eau blanche était une gélatine, et, observée à la loupe, une masse d'animalcules qui s'agitant produisaient de bizarres effets lumineux.

Péron raconte de même qu'il navigua, vingt lieues durant, à travers une sorte de poudre grise. Vue au microscope, ce n'était qu'une couche d'œufs d'espèce inconnue qui, sur cet espace immense, couvraient et cachaient les eaux.

Aux côtes désolées du Groënland, où l'homme

se figure que la nature expire, la mer est énormément peuplée. On navigue jusqu'à deux cents milles en longueur ou quinze en largeur sur des eaux d'un brun foncé, qui sont ainsi colorées d'une méduse microscopique. Chaque pied cube de cette eau en contient plus de cent dix mille (Schleiden).

Ces eaux nourrissantes sont denses de toutes sortes d'atomes gras, appropriés à la molle nature du poisson, qui paresseusement ouvre la bouche et aspire, nourri comme un embryon au sein de la mère commune. Sait-il qu'il avale? A peine. La nourriture microscopique est comme un lait qui vient à lui. La grande fatalité du monde, la faim, n'est que pour la terre; ici, elle est prévenue, ignorée. Aucun effort de mouvement, nulle recherche de nourriture. La vie doit flotter comme un rêve. Que fera l'être de sa force? Toute dépense en est impossible. Elle est réservée pour l'amour.

---

C'est l'œuvre réelle, le travail de ce grand monde des mers : aimer et multiplier. L'amour emplit sa nuit féconde. Il plonge dans la profondeur, et semble plus riche encore chez les infiniment petits. Mais qui est vraiment l'atome? Lorsque vous croyez tenir le dernier, l'indivisible, vous voyez qu'il aime encore et divise son existence pour en tirer un autre être. Aux plus bas degrés de la vie où tout autre organisme manque, vous trouvez déjà au complet toutes les formes de générations.

Telle est la mer. Elle est, ce semble, la grande femelle du globe, dont l'infatigable désir, la conception permanente, l'enfantement, ne finit jamais.

## II

### LA MER DE LAIT

L'eau de mer, même la plus pure, prise au large, loin de tout mélange, est légèrement blanchâtre et un peu visqueuse. Retenue entre les doigts, elle *file* et passe lentement. Les analyses chimiques n'expliquent pas ce caractère. Il y a là une substance organique qu'elles n'atteignent qu'en la détruisant, lui ôtant ce qu'elle a de spécial, et la ramenant violemment aux éléments généraux.

Les plantes, les animaux marins, sont vêtus de cette substance, dont la mucosité, consolidée autour d'eux, a un effet de gélatine, parfois fixe et parfois tremblante. Ils apparaissent à travers comme sous un habit diaphane. Et rien ne contribue davantage aux illusions fantastiques que nous donne le monde des mers. Les reflets en sont singuliers, souvent bizarrement irisés, sur les écailles des poissons, par exemple, sur les mollusques, qui semblent en tirer tout le luxe de leurs coquilles nacrées.

C'est ce qui saisit le plus l'enfant qui voit pour la première fois un poisson. J'étais bien petit quand cela m'arriva, mais je m'en rappelle parfaitement la vive impression. Cet être brillant, glissant, dans ses écailles d'argent, me jeta dans un étonnement, un ravissement qu'on ne peut dire. J'essayai de le saisir, mais je le trouvai aussi difficile à prendre que l'eau qui fuyait dans mes petits doigts. Il me parut identique à l'élément où il nageait. J'eus l'idée confuse qu'il n'était rien autre chose que l'eau, l'eau animale, organisée.

Longtemps après, devenu homme, je ne fus guère moins frappé en voyant sur une plage je ne sais quel rayonné. A travers son corps transparent, je distinguais les cailloux, le sable. Incolore comme du verre, légèrement consistant, tremblant dès qu'on le remuait, il m'apparut comme aux anciens et comme à Réaumur encore, qui appelait simplement ces êtres une *eau gélatinisée*.

Combien plus a-t-on cette impression quand on trouve en leur formation première les rubans d'un blanc jaunâtre où la mer fait l'ébauche molle de ses solides fucus, les laminaires, qui, brunissant, arriveront à la solidité des peaux et des cuirs. Mais, tout jeunes, à l'état visqueux, dans leur élasticité, ils ont comme la consistance d'un flot solidifié, d'autant plus fort qu'il est plus mou.

Ce que nous savons aujourd'hui de la génération et de l'organisation compliquée des êtres inférieurs, végétaux ou animaux, nous interdit l'explication des anciens et de Réaumur. Mais tout cela n'empêche pas de revenir à la question que posa le premier Bory de Saint-Vincent : « Qu'est-ce que le *mucus* de la mer? la viscosité que présente l'eau en général? N'est-ce pas l'élément universel de la vie? »

---

Préoccupé de ces pensées, j'allai voir un chimiste illustre, esprit positif et solide, novateur prudent autant que hardi, et, sans préface, je lui posai *ex abrupto* ma question : « Monsieur, qu'est-ce, à votre avis, que cet élément visqueux, blanchâtre, qu'offre l'eau de la mer?

— Rien autre chose que la vie. »

Puis, revenant sur ce mot trop simple et trop absolu, il ajouta : « Je veux dire une matière à demi organisée et déjà tout organisable. Elle n'est en certaines eaux qu'une densité d'infusoires, en d'autres ce qui va l'être, ce qui peut le devenir. — Du reste, cette étude est à faire ; elle n'a pas été encore commencée sérieusement. » (17 mai 1860.)

En le quittant, j'allai tout droit chez un grand physiologiste dont l'opinion n'a pas moins d'autorité sur mon esprit. Je lui pose la même question. Sa réponse fut très-longue, très-belle. En voici le sens : « On ne sait pas plus la constitution de l'eau qu'on ne sait celle du sang. Ce qu'on entrevoit le mieux pour le *mucus* de l'eau de mer, c'est qu'il est tout à la fois une fin et un commencement. Résulte-t-il des résidus innombrables de la mort qui les céderait à la vie? Oui, sans doute, c'est une loi ; mais, en fait, dans ce monde marin, d'absorption rapide, la plupart des êtres sont absorbés vivants ; ne traînent pas à l'état de mort comme il en advient sur la terre, où les destructions sont plus lentes. La mer est l'élément très-pur ; la guerre et la mort y pourvoient et n'y laissent rien de rebutant.

« Mais la vie, sans arriver à sa dissolution suprême, mue sans cesse, exsude de soi tout ce qui est de trop pour elle. Chez nous autres, animaux terrestres, l'épiderme perd incessamment. Ces mues qu'on peut appeler la mort quotidienne et partielle, remplissent le monde des mers d'une richesse gélatineuse dont la vie naissante profite à l'instant. Elle trouve en suspension la surabondance huileuse de cette exsudation commune, les parcelles animées encore, les liquides encore vivants, qui n'ont pas le temps de mourir. Tout cela ne retombe pas à l'état inorganique, mais entre rapidement dans les organismes nouveaux. C'est, de toutes les hypothèses, la plus vraisemblable ; en sortir, c'est se jeter dans d'extrêmes difficultés. »

―――

Ces idées des hommes les plus avancés et les plus sérieux d'aujourd'hui ne sont point inconciliables avec celles que professait, il y a près de trente ans, Geoffroy Saint-Hilaire sur le *mucus* général où il semble que la nature puise toute vie. « C'est, dit-il, la substance animalisable, le premier degré des corps organiques. Point d'êtres, animaux, végétaux, qui n'en absorbent et n'en produisent au premier temps de la vie, et quelque faibles qu'ils soient. Son abondance augmente plutôt en raison de leur débilité. »

Ce dernier mot ouvre une vue profonde sur la vie de la mer. Ses enfants pour la plupart semblent des fœtus à l'état gélatineux qui absorbent et qui produisent la matière muqueuse, en comblent les eaux, leur donnent la féconde douceur d'une matrice infinie où sans cesse de nouveaux enfants viennent nager comme en un lait tiède.

---

Assistons à l'œuvre divine. Prenons une goutte dans la mer. Nous y verrons recommencer la primitive création. Dieu n'opère pas de telle façon aujourd'hui, et d'autre demain. Ma goutte d'eau, je n'en fais pas doute, va dans ses transformations me raconter l'univers. Attendons et observons.

Qui peut prévoir, deviner l'histoire de cette goutte d'eau? — Plante-animal, animal-plante, qui le premier doit en sortir?

Cette goutte, sera-ce l'infusoire, la *monade* primitive qui, s'agitant et vibrant, se fait bientôt *vibrion?* qui, montant de rang en rang, polype, corail ou perle, arrivera peut-être en dix mille ans à la dignité d'insecte?

Cette goutte, ce qui va en venir, sera-ce le fil végétal, le léger duvet soyeux qu'on ne prendrait pas pour un être, et qui déjà n'est pas moins que le cheveu premier-né d'une jeune déesse, cheveu sensible, amoureux, dit si bien : *cheveu de Vénus?*

Ceci n'est point de la fable, c'est de l'histoire

naturelle. Ce cheveu de deux natures (végétale et animale) où s'épaissit la goutte d'eau, c'est bien l'aîné de la vie.

———

Regardez au fond d'une source, vous ne voyez rien d'abord; puis, vous distinguez des gouttes un peu troubles. Avec une bonne lunette, ce trouble est un petit nuage, gélatineux, ou floconneux. Au microscope, ce flocon devient multiple, comme un groupe de filaments, de petits cheveux. On croit qu'ils sont mille fois plus fins que le plus fin cheveu de femme. Voilà la première et timide tentative de la vie qui voudrait s'organiser. Ces conferves, comme on les appelle, se trouvent universellement dans l'eau douce, et dans l'eau salée quand elle est tranquille. Elles commencent la double série des plantes originaires de mer et de celles qui sont devenues terrestres quand la mer a émergé. Hors de l'eau monte la famille des innombrables champignons, dans l'eau celles des conferves, algues et autres plantes analogues.

C'est l'élément primitif, indispensable de la vie, et on le trouve déjà où elle semble impossible. Dans les sombres eaux martiales chargées et surchargées de fer, dans des eaux thermales très-chaudes, vous trouvez ce léger mucus et ces petites créatures qui ont l'air d'en être des gouttes à peine fixées, mais qui oscillent et se meuvent. Peu importe comme on les classe, que Candolle les honore du nom d'animaux, que Dujardin les repousse au dernier rang des végétaux. Ils ne demandent qu'à vivre, à commencer par leur modeste existence la longue série des êtres qui ne deviennent possibles que par eux. Ces petits, vivants ou morts, les nourrissent d'eux-mêmes et leur administrent d'en bas la gélatine de vie qu'ils puisent incessamment dans l'eau maternelle.

———

C'est sans aucune vraisemblance qu'on montre comme spécimen de la création première des fossiles ou des empreintes d'animaux, de végétaux compliqués : des animaux (les trilobites) qui ont déjà des sens supérieurs, des yeux, par exemple ; des végétaux gigantesques de puissante organisation. Il est infiniment probable que des êtres bien plus simples précédèrent, préparèrent ceux-là, mais leur molle consistance n'a pas laissé trace. Comment ces faibles auraient-ils pu ne pas disparaître, lorsque les plus dures coquilles sont percées, dissoutes? On a vu dans la mer du Sud des poissons à dents acérées brouter le corail, comme un mouton broute l'herbe. Les molles ébauches de la vie, les gélatines animées, mais à peine encore solides, ont fondu des millions de fois avant que la nature pût faire son robuste trilobite, son indestructible fougère.

Restituons à ces petits (conferves, algues microscopiques, êtres flottants entre deux règnes, atomes indécis encore qui convolent par moments du végétal à l'animal, de l'animal au végétal), restituons-leur le droit d'aînesse, qui, selon toute apparence, doit leur revenir.

Sur eux et à leurs dépens, commence à s'élever l'immense, la merveilleuse flore marine.

A ce point où elle commence, je ne puis m'empêcher de dire ma tendre sympathie pour elle.

Pour trois raisons, je la bénis.

Petites ou grandes, ces plantes ont trois caractères aimables :

Leur innocence d'abord. Pas une ne donne la mort. Il n'y a nul poison végétal dans la mer. Tout, dans les plantes marines, est santé et salubrité, bénédiction de la vie.

Ces innocentes ne demandent qu'à nourrir l'animalité. Plusieurs (comme les laminaires) ont un sucre doux. Plusieurs ont une amertume salutaire (comme la belle céramie pourpre et violette, qu'on appelle mousse de Corse). Toutes concentrent un mucilage nourrissant, spécialement plusieurs fucus, la céramie des salanganes dont on mange les nids à la Chine, le capillaire, ce sauveur des poitrines fatiguées. Pour tous les cas où l'on ordonne l'iode aujourd'hui, jadis l'Angleterre faisait des confitures de varech.

Le troisième caractère qui frappe dans cette végétation, c'est qu'elle est la plus amoureuse. On est tenté de le croire quand on voit ses étranges métamorphoses d'hymen. L'amour est l'effort de la vie pour être au delà de son être et pouvoir plus que sa puissance. On le voit par les lucioles et autres petits animaux qui s'exaltent jusqu'à la flamme, mais on ne le voit pas moins dans les plantes par les conjuguées, les algues, qui, au moment sacré, sortent de leur vie végétale, en usurpent une plus haute et s'efforcent d'être animaux.

―――――

Où commencèrent ces merveilles ? Où se firent les premières ébauches de l'animalité ? Quel dut être le théâtre primitif de l'organisation ?

Jadis on en disputait fort. Aujourd'hui il y a sur ces choses un certain accord dans l'Europe savante. Je puis prendre la réponse dans nombre de livres acceptés, autorisés, mais j'aime mieux l'emprunter à un Mémoire récemment couronné par l'Académie des sciences et couvert par conséquent de sa haute autorité.

On trouve des êtres vivants dans les eaux chaudes de quatre-vingts à quatre-vingt-dix degrés. C'est quand le globe refroidi descendit à cette température que la vie devint possible. L'eau alors avait absorbé en partie l'élément de mort, le gaz acide carbonique. On put respirer.

Les mers furent d'abord semblables à ces parties de l'océan Pacifique qui n'ont que peu de profondeur et sont semées de petits îlots bas. Ces îlots sont d'anciens volcans, des cratères éteints. Les voyageurs ne les connaissent que par le sommet qu'ils montrent et que les travaux des polypes exhaussent. Mais le fond, entre ces volcans, est probablement non moins volcanique, et dut être, pour les essais de la création primitive, un réceptacle de vie.

La tradition populaire a fait longtemps des volcans les *gardiens* des trésors souterrains qui, par moments, laissent échapper l'or caché dans les profondeurs. Fausse poésie qui a du vrai. Les régions volcaniques ont en elles le trésor du globe, de puissantes vertus de fécondité. Elles douèrent la terre stérile. De la poussière de leurs laves, de leurs cendres toujours tièdes, la vie dut s'épanouir.

On sait la richesse des flancs du Vésuve, des vals de l'Etna dans les longues racines qu'il pousse à la mer. On sait le paradis que forme sous l'Himalaya le beau cirque volcanique de la vallée de Cachemire. Cela se répète à chaque pas pour les îles de la mer du Sud.

Dans les circonstances les moins favorables, le voisinage des volcans et les courants chauds qui les accompagnent continuent la vie animale aux lieux les plus désolés. Sous l'horreur du pôle antarctique, non loin du volcan Érèbe, James Ross a trouvé des coraux vivants à mille brasses sous la mer glacée.

---

Aux premiers âges du monde, les innombrables volcans avaient une action sous-marine bien plus puissante qu'aujourd'hui. Leurs fissures, leurs vallées intermédiaires permirent au mucus marin de s'accumuler par places, de s'électriser des courants. Là sans doute prit la gélatine, elle se fixa,

## LA MER DE LAIT.

s'affermit, se travailla et fermenta de toute sa jeune puissance.

Le levain en fut l'attrait de la substance pour elle-même. Des éléments créateurs, nativement dissous dans la mer, se firent des combinaisons, j'allais dire des mariages. Des vies élémentaires parurent, d'abord pour fondre et mourir. D'autres, enrichis de leurs débris, durèrent, êtres préparatoires, lents et patients créateurs qui, dès lors, commencèrent sous l'eau le travail éternel de fabrication et le continuent sous nos yeux.

La mer, qui les nourrissait tous, distribuait à chacun ce qui lui allait davantage. Chacun la décomposant à sa manière, à son profit, les uns (polypes, madrépores, coquilles) absorbèrent du calcaire, d'autres (comme les tuniciers du Tripoli, les prêles rugueuses, etc.) concentrèrent de la silice. Leurs débris, leurs constructions, vêtirent la sombre nudité des roches vierges, filles du feu, qui les avait arrachées du noyau planétaire, les lançait brûlantes et stériles.

Quartz, basaltes et porphyres, cailloux demi-vitrifiés, tout cela reçut de nos petits créateurs une enveloppe moins inhumaine, des éléments doux et féconds qu'ils tiraient du lait maternel (j'appelle ainsi le mucus de la mer), qu'ils élaboraient, déposaient, dont ils firent la terre habitable. Dans ces milieux plus favorables put s'accomplir l'amélioration, l'ascension des espèces primitives.

Ces travaux durent se faire d'abord entre les îles volcaniques, au fond de leurs archipels, dans ces méandres sinueux, ces paisibles labyrinthes où la vague ne pénètre que discrètement, tièdes berceaux pour les premiers-nés.

Mais la fleur épanouie fleurit en toute plénitude dans les enfoncements profonds, par exemple des golfes indiens. La mer fut là un grand artiste. Elle donna à la terre les formes adorées, bénies, où se plaît à créer l'amour. De ses caresses assidues, arrondissant le rivage, elle lui donna les contours maternels, et j'allais dire la tendresse visible du sein de la femme, ce que l'enfant trouve si doux, abri, tiédeur et repos.

# III

## L'ATOME

Un pêcheur m'avait donné un jour le fond de son filet, trois créatures presque mourantes, un oursin, une étoile de mer, et une autre étoile, une jolie ophiure, qui agitait encore et perdit bientôt ses bras délicats. Je leur donnai de l'eau de mer, et les oubliai deux jours, occupé par d'autres soins. Quand j'y revins, tout était mort. Rien n'était reconnaissable : la scène était renouvelée.

Une pellicule épaisse et gélatineuse s'était formée à la surface. J'en pris un atome au bout d'une aiguille, et l'atome, sous le microscope, me montra ceci :

Un tourbillon d'animaux, courts et forts, trapus, ardents (des *kolpodes*), allaient, venaient, ivres de vie, — j'oserais dire, ravis d'être nés, faisant leur fête de naissance par une étrange bacchanale.

Au second plan fourmillaient de tout petits serpentaux ou anguilles microscopiques qui nageaient moins qu'ils ne vibraient pour se darder en avant (on les nomme *vibrions*).

Las d'un si grand mouvement, l'œil pourtant remarquait bientôt que tout n'était pas mobile. Il y avait des vibrions encore roides qui ne vibraient pas. Il y en avait de liés entre eux, enlacés, groupés en grappes, en essaims, qui ne s'étaient pas détachés et qui avaient l'air d'attendre le moment de la délivrance.

Dans cette fermentation vivante d'êtres immobiles encore, se ruait, *rageait*, fourrageait, la meute désordonnée de ces gros trapus (les *kolpodes*), qui semblaient en faire pâture, s'en régaler, s'y engraisser, vivre là à discrétion.

Notez que ce grand spectacle se déployait dans l'enceinte d'un atome pris à la pointe d'une aiguille sur la pellicule. Combien de scènes pareilles aurait offertes cet océan gélatineux, si promptement venu sur le vase ! Le temps avait été merveilleusement mis à profit. Les mourants ou morts, de leur vie échappée, avaient sur-le-champ fait un monde. Pour trois animaux perdus, j'en avais gagné des millions ; ceux-ci si jeunes et si vivants, emportés d'un mouvement si violent, si absorbant, d'une vraie furie de vivre !

---

Ce monde infini, tellement mêlé au nôtre, qui est partout autour de nous-mêmes, en nous, était à peu près inconnu jusqu'à ce temps. Swammerdam et autres, qui jadis l'avaient entrevu, furent arrêtés au premier pas. Bien tard, en 1830, le magicien Ehrenberg l'évoqua, le révéla, le classa. Il étudia la figure de ces invisibles, leur organisation, leurs mœurs, les vit absorber, digérer, naviguer, chasser, combattre. Leur génération lui resta obscure. Quels sont leurs amours? ont-ils des amours? Chez des êtres si élémentaires, la nature fait-elle les frais d'une génération compliquée? Ou naîtraient-ils spontanément, comme telle moisissure végétale? la foule dit « comme un champignon. »

Grande question où plus d'un savant sourit et secoue la tête. On est si sûr de tenir dans sa main le mystère du monde, d'avoir invariablement fixé les lois de la vie! C'est à la nature d'obéir. Lorsqu'on dit à Réaumur, il y a cent ans, que la femelle du ver à soie pouvait produire seule et sans mâle, il nia, dit : « Rien ne vient de rien. » Le fait, toujours démenti, et toujours prouvé, vient de l'être enfin décidément et admis, non-seulement pour le ver à soie, mais pour l'abeille et certain papillon, pour d'autres animaux encore.

———

De tout temps, chez toute nation, chez les sages et dans le peuple, on disait : « La mort fait la vie. » On supposait spécialement que la vie des imperceptibles surgit immédiatement des débris que la mort lui lègue. Harvey même, qui le premier formula la loi de génération, n'osa démentir cette ancienne croyance. En disant : Tout vient de l'œuf, il ajouta : *ou des éléments dissous de la vie précédente.*

C'est justement la théorie qui vient de renaître avec tant d'éclat par les expériences de M. Pouchet. Il établit que des débris d'infusoires et autres êtres se crée la gelée féconde, « la membrane prolifère, » d'où naissent non pas de nouveaux êtres, mais les germes, les ovules d'où ils pourront naître ensuite.

Nous sommes dans un temps de miracles. Il faut en prendre son parti. Celui-ci n'a rien qui étonne.

On aurait ri autrefois si quelqu'un eût prétendu que des animaux, indociles aux lois établies, se donnent la licence de respirer par la patte. Les beaux

travaux de Milne Edwards ont mis cela en lumière.
De même Cuvier et Blainville avaient, dit-on, observé que d'autres êtres, qui n'ont pas d'organes réguliers de circulation, y suppléent par les intestins ; mais ces grands naturalistes trouvèrent la chose si énorme, qu'ils n'osèrent la dire. Elle est établie aujourd'hui par le même Milne Edwards, par M. de Quatrefages, etc.

---

Quoi qu'on pense de leur naissance, nos atomes nés une fois offrent un monde infiniment, admirablement varié. Toutes les formes de vie y sont déjà représentées honorablement. S'ils se connaissent, ils doivent croire qu'ils composent entre eux une harmonie complète qui laisse peu à désirer.

Ce ne sont pas des espèces dispersées, créées à part. C'est visiblement un règne, où les genres divers ont organisé une grande division du travail vital. Ils ont des êtres collectifs comme nos polypes et nos coraux, engagés encore, subissant les servitudes d'une vie commune. Ils ont de petits mollusques qui s'habillent déjà de mignonnes coquilles. Ils ont des poissons agiles et de frétillants insectes, de fiers crustacés, miniature des crabes futurs, comme eux, armés jusqu'aux dents, guerriers atomes qui chassent des atomes inoffensifs.

Tout cela dans une richesse énorme et épouvantable qui humilie la pauvreté du monde visible. Sans parler de ces rhizopodes qui de leurs petits manteaux ont fait leur part des Apennins, surexhaussé les Cordillères, les seuls foraminifères, cette tribu si nombreuse d'atomes à coquilles, comptent jusqu'à deux mille espèces (Charles d'Orbigny). On les trouve contemporains de tous les âges de la terre. Ils se représentent toujours à diverses profondeurs dans nos trente crises du globe, variant quelque peu de formes, mais persistant comme genre, restant témoins identiques de la vie de la planète. Aujourd'hui le froid courant du pôle austral que la pointe de l'Amérique divise entre ses deux rivages en envoie impartialement quarante espèces vers la Plata, quarante vers le Chili. Mais la grande manufacture où ils se créent et s'organisent paraît être le fleuve chaud de la mer qui part des Antilles. Les courants du Nord les tuent. Le grand torrent paternel les charrie morts à Terre Neuve et dans tout notre océan, dont ils composent le fond.

---

Quand l'illustre père des atomes, j'entends leur

parrain, Ehrenberg, les baptisa, les patrona, les introduisit dans la science, on l'accusa de faiblesse pour eux, on dit qu'il faisait trop valoir ses petites créatures. Il les déclarait compliqués, très-élevés d'organisation. Sa libéralité était telle pour eux, qu'il allait jusqu'à leur donner cent vingt estomacs. Le monde visible se piqua, et, par une réaction violente, Dujardin les réduisit à la dernière simplicité. Ces organes prétendus pour lui ne sont qu'apparence. Cependant, ne pouvant nier leur puissance d'absorption, il leur accorde le don d'improviser, à chaque instant, des estomacs d'à propos, à la mesure des morceaux qu'il s'agit d'avaler. Cette opinion n'a gagné nullement M. Pouchet (qui penche pour Ehrenberg).

---

Ce qui est incontestable et admirable chez eux, c'est la vigueur du mouvement.

Plusieurs ont toute l'apparence d'une précoce individualité. Ils ne restent pas longtemps asservis à la vie communiste et polypière où traînent leurs supérieurs immédiats, les vrais polypes. Beaucoup de ces invisibles, de prime saut, sont individus, c'est-à-dire des êtres capables d'aller, venir seuls, à leur fantaisie, de libres citoyens du monde qui ne dépendent que d'eux-mêmes dans la direction de leurs mouvements.

Tout ce qui pourra s'imaginer de locomotions différentes, de manières d'aller dans le monde supérieur, est égalé, surpassé d'avance par les infusoires. Le tourbillon impétueux d'un astre puissant, d'un soleil qui entraîne comme ses planètes les faibles qu'il a rencontrés, la course moins régulière de la comète échevelée qui traverse ou qui disperse des mondes vagues sur son passage, la gracieuse ondulation de la svelte couleuvre qui suit l'eau ou nage à terre, la barque oscillante qui sait tourner à propos, dériver pour passer plus loin ; enfin la reptation lente et circonspecte de nos tardigrades, qui s'appuient, s'attachent à tout, toutes ces allures diverses se trouvent chez les imperceptibles. Mais avec quelle merveilleuse simplicité de moyens! Tel n'est lui-même qu'un fil qui, pour avancer, se darde, comme un tire-bouchon élastique. Tel, pour rame et gouvernail, n'a qu'une queue ondulante ou de petits cils qui vibrent. Les charmantes vorticelles comme des urnes de fleurs s'amarrent ensemble sur une île (une petite plante, un petit crabe), puis s'isolent en détachant leur délicat pédoncule.

Ce qui frappe bien plus encore que les organes de mouvement, c'est ce qu'on pourrait appeler les expressions, les attitudes, les signes originaux de l'humeur et du caractère. Il y a des êtres apathiques, d'autres très-vifs et fantasques, d'autres agités pour la guerre, d'autres empressés sans cause (ce semble) et dans une vaine agitation. Parfois, à travers une masse de gens tranquilles et paisibles, un étourdi, sourd et aveugle, renverse ou écarte tout.

Prodigieuse comédie! Ils ont l'air de faire entre eux la répétition du drame que jouera notre monde, le noble et sérieux monde des gros animaux visibles.

A la tête des infusoires, nommons avec quelque respect les géants majestueux, les deux chefs d'ordre, le haut type du mouvement, celui de la force, lente, mais redoutable, armée.

Prenez de la mousse d'un toit, mettez-la quelques jours dans l'eau, regardez au microscope. Un puissant animal, qui est, faut-il dire, l'éléphant, la baleine des infusoires, se meut avec une vigueur et une grâce de jeune vie que n'ont pas toujours ces colosses. Respect! c'est le roi des atomes, le rotifère, ainsi nommé, parce qu'aux deux côtés de la tête il porte deux roues, organes de locomotion qui l'assimileraient au bateau à vapeur, ou peut-être armes de chasse qui l'aident à atteindre de petites proies.

Tout fuit, tout cède, un seul résiste, ne craint rien, se fie à ses armes. C'est un monstre, mais déjà pourvu de sens supérieurs. Il a deux grands yeux de pourpre. Peu mobile, et vrai *tardigrade*, en revanche, il voit et il est armé. Il a, à ses fortes pattes, des ongles fort accentués, qui lui servent à s'amarrer, au besoin, sans doute, à combattre.

---

Puissant début de la nature, qui, dans cette économie de substance et de matière, avec rien commence à créer de façon si majestueuse! Sublime coup d'archet d'ouverture! Ceux-ci (qu'importe la taille!) ont une puissance colossale d'absorption et de mouvement que seront bien loin d'avoir les énormes animaux qu'on classe beaucoup plus haut dans la série animale.

L'huître, fixée sur son rocher, la limace marchant sur le ventre, sont au rotifère ce que me seraient, à moi, les Alpes, les Cordillères, des êtres si disproportionnés, qu'on ne peut les mesurer du regard, à peine du calcul et de la pensée.

Cependant qu'est devenue chez ces montagnes

animales la prestesse et l'ardeur de vie que déployait le rotifère? Quelle chute nous faisons en montant!... Mes atomes étaient trop vivants, mobiles jusqu'à éblouir, et ces gigantesques bêtes sont frappées de paralysie.

Que serait-ce si le rotifère pouvait concevoir l'être collectif où sommeille un infini, par exemple, la superbe, la colossale éponge étoilée que vous voyez au Muséum? Elle est à lui ce qu'est à l'homme le globe même de la terre avec ses neuf mille lieues de tour. Eh bien, je suis convaincu que dans cette comparaison, loin d'en être humilié, l'atome aurait un accès d'orgueil et dirait : « Je suis grand. »

---

Ah! rotifère, rotifère ! Il ne faut mépriser personne.

Je sens bien tes avantages et ta supériorité. — Mais qui sait si cette vie captive dont tu ris n'est pas un progrès? Ta liberté étourdie d'agitation vertigineuse serait-elle le terme des choses? Pour prendre son point de départ vers des destinées plus hautes, la nature aime mieux subir un immobile enchantement. Elle entre au sépulcre obscur de ce triste communisme où chaque élément compte peu. Elle apprend à dominer l'inquiétude individuelle, à concentrer la substance au profit des vies supérieures.

Elle sommeille là quelque temps, comme la *Belle au bois dormant*. Mais, sommeil ou captivité, ensorcellement, quoi que ce soit, cet état n'est pas la mort. Elle vit, cette âpre matière de l'éponge, feutrée de silex. Sans se mouvoir, sans respirer, sans organes de circulation, sans aucun appareil des sens, elle vit. Comment le sait-on?

Elle enfante deux fois par an. Elle a l'amour à sa manière, et même plus richement que bien d'autres. Au jour venu, de petites sphères échappent de la mère éponge, armées de faibles nageoires qui leur donnent quelques moments de mouvement et de liberté. Bientôt fixées, elles se montrent des spongilles délicates qui vont à leur tour grandir.

Ainsi, dans l'absence apparente des sens et de tout organisme, dans cette mystérieuse énigme, au seuil douteux de la vie, la génération la révèle et fait l'ouverture du monde visible par lequel nous allons monter. Rien n'est encore, et dans ce rien apparaît déjà la maternité. Comme chez les dieux d'Égypte, Isis, Osiris, qui engendrent avant leur naissance, l'Amour ici naît avant l'être.

## IV

FLEUR DE SANG

Au cœur du globe, dans les eaux chaudes de la ligne et sur leur fond volcanique, la mer surabonde de vie à ce point de ne pouvoir, ce semble, équilibrer ses créations. Elle dépasse la vie végétale. Ses enfantements du premier coup vont jusqu'à la vie animée.

Mais ces animaux se parent d'un étrange luxe botanique, des livrées splendides d'une flore excentrique et luxuriante. Vous voyez à perte de vue des fleurs, des plantes et des arbustes; vous les jugez tels aux formes, aux couleurs. Et ces plantes ont des mouvements, ces arbustes sont irritables, ces fleurs frémissent d'une sensibilité naissante, où va poindre la volonté.

Oscillation pleine de charme, équivoque toute gracieuse ! Aux limites des deux règnes, l'esprit, sous ces apparences flottantes d'une fantastique féerie, témoigne de son premier réveil. C'est une aube, c'est une aurore. Par les couleurs éclatantes, les nacres ou les émaux, il dit le songe de la nuit et la pensée du jour qui vient.

Pensée! Osons-nous dire ce mot? Non, c'est un songe, un rêve encore, mais qui peu à peu s'éclaircit, comme les rêves du matin.

---

Déjà au nord de l'Afrique, ou de l'autre côté sur le Cap, le végétal qui régnait seul dans la zone tempérée se voit des rivaux animés qui végètent aussi, fleurissent, l'égalent, le surpassent bientôt.

Le grand enchantement commence, et il va toujours augmenter, en s'avançant vers l'équateur.

Des arbustes singuliers, élégants, les gorgones, les isis, étendent leur riche éventail. Le corail rougit sous les flots.

A côté des brillants parterres d'une iris de toute couleur commencent les plantes de pierres, les madrépores où toutes branches (faut-il dire leurs mains et leurs doigts?) fleurissent d'une neige rosée comme celle des pêchers, des pommiers. Sept cents lieues avant l'équateur, et sept cents lieues au delà, continue cette magie d'illusion.

Il est des êtres incertains, les corallines, par exemple, que les trois règnes se disputent. Elles tiennent de l'animal, elles tiennent du minéral; finalement elles viennent d'être adjugées aux végétaux. Peut-être est-ce le point réel où la vie obscurément se soulève du sommeil de pierre, sans se détacher encore de ce rude point de départ, comme pour nous avertir, nous si fiers et placés si haut, de la fraternité ternaire, du droit que l'humble minéral a de monter et s'animer, et de l'aspiration profonde qui est au sein de la Nature.

« Nos prairies, nos forêts de terre, dit Darwin, paraissent désertes et vides, si on les compare à celles de la mer. » Et, en effet, tous ceux qui courent sur les transparentes mers des Indes sont saisis de la fantasmagorie que leur offre le fond. Elle est surtout surprenante par l'échange singulier que les plantes et les animaux font de leurs insignes naturels, de leur apparence. Les plantes molles et gélatineuses, avec des organes arrondis qui ne semblent ni tiges ni feuilles, affectant le gras, la douceur des courbes animales, semblent vouloir qu'on s'y trompe, et qu'on les croie animaux. Les vrais animaux ont l'air de s'ingénier pour être plantes et ressembler aux végétaux. Ils imitent tout de l'autre règne. Les uns ont la solidité, la quasi-éternité de l'arbre. Les autres sont épanouis, puis se fanent, comme la fleur. Ainsi l'anémone de mer s'ouvre en pâle marguerite rose, ou comme un aster grenat orné d'yeux d'azur. Mais, dès qu'elle a de sa corolle laissé échapper une fille, une anémone nouvelle, vous la voyez fondre et s'évanouir.

Bien autrement variable, le protée des eaux, l'alcyon, prend toute forme et toute couleur. Il joue la plante, il joue le fruit; il se dresse en éventail, devient une haie buissonneuse ou s'arrondit en gracieuse corbeille. Mais tout cela fugitif, éphémère, de vie si craintive, qu'au moindre frémissement tout disparaît, rien ne reste; tout en un moment est rentré au sein de la mère commune. Vous retrouvez la sensitive dans une de ces formes légères; la cornulaire, au toucher, se replie sur elle-même, ferme son sein, comme la fleur sensible à la fraîcheur du soir.

Lorsque d'en haut vous vous penchez au bord des récifs, des bancs de coraux, vous voyez sous l'eau le fond du tapis, vert d'astrées et de tubipores, les fungies moulées en boules de neige, les méandrines historiées de leur labyrinthe, dont les vallées, les collines, se marquent en vives couleurs. Les cariophylles (ou œillets) de velours vert, nué d'orange, au bout de leur rameau calcaire, pêchent leurs petits aliments en remuant doucement dans l'eau leurs riches étamines d'or.

Sur la tête de ce monde d'en bas, comme pour l'abriter du soleil, ondulant en saules, en lianes, ou se balançant en palmiers, les majestueuses gorgones de plusieurs pieds font, avec les arbres nains de l'isis, une forêt. D'un arbre à l'autre, la plumaria enroule sa spirale qu'on croirait une vrille de vigne et les fait correspondre ensemble par ses fins et légers rameaux, nuancés de brillants reflets.

Cela charme, cela trouble; c'est un vertige et comme un songe. La fée aux mirages glissants, l'eau, ajoute à ces couleurs un prisme de teintes fuyantes, une mobilité merveilleuse, une inconstance capricieuse, une hésitation, un doute.

Ai-je vu? Non, ce n'était pas... Était-ce un être ou un reflet?... Oui pourtant, ce sont bien des êtres! car je vois un monde réel qui s'y loge et qui s'y joue. Les mollusques y ont confiance, y traînent leur coquille nacrée. Les crabes y ont confiance, y courent, y chassent. D'étranges poissons, ventrus et courts, vêtus d'or et de cent couleurs, y promènent leur paresse. Des anélides pourpres, violettes, serpentent et s'agitent près de la délicate étoile, l'ophiure, qui, sous le soleil, tend, détend, roule et déroule tour à tour ses bras élégants.

Dans cette fantasmagorie, avec plus de gravité, le madrépore arborescent montre ses couleurs moins vives. Sa beauté est dans la forme.

Elle est dans l'ensemble surtout, dans le noble aspect de la cité commune ; l'individu est modeste, et la république imposante. Ici, elle a l'assise forte de l'aloès et du cactus. Ailleurs, c'est la tête du cerf, sa superbe ramure. Ailleurs encore l'extension des vigoureux rameaux d'un cèdre qui a d'abord tendu des bras horizontaux et qui va monter toujours.

Ces formes, aujourd'hui dépouillées des milliers de fleurs vivantes qui les animaient, les couvraient, ont peut-être, en cet état sévère, un plus vif attrait pour l'esprit. J'aime à voir les arbres l'hiver, quand leurs fins rameaux, dégagés du luxe encombrant des feuilles, nous disent ce qu'ils sont en eux-mêmes, révèlent délicatement leur personnalité cachée. Il en est ainsi de ces madrépores. Dans leur nudité actuelle, de peintures devenus sculptures, plus abstraits pour ainsi dire, il semble qu'ils vont nous apprendre le secret de ces petits peuples dont ils sont le monument. Plusieurs ont l'air de nous parler par d'étranges caractères. Ils ont des enlacements, des enroulements compliqués qui visiblement diraient quelque chose. Qui saura les interpréter? et quel mot pourrait les traduire?

On sent bien qu'aujourd'hui encore il y a une pensée là dedans. On ne s'en détache pas aisément. On y revient, et l'on y reste. On épèle, on croit comprendre. Puis, cette lueur vous fuit, et l'on se frappe le front.

Combien les ruches d'abeilles dans leur froide géométrie sont moins significatives! Elles sont un produit de la vie. Mais ceci, c'est la vie même. La pierre ne fut pas simplement la base et l'abri de ce peuple ; elle fut un peuple antérieur, la génération primitive qui, peu à peu supprimée par les jeunes qui venaient dessus, a pris cette consistance. Donc, tout le mouvement d'alors, l'allure de la cité première, sont là visibles et saisissants, d'une vérité flagrante, comme tel détail vivant d'Herculanum ou Pompeï. Mais ici tout s'est fait sans violence et sans catastrophe, par un progrès naturel ; il y a une paix sereine, un attrait singulier de douceur.

Tout sculpteur y admirerait les formes d'un art merveilleux qui, dans les mêmes motifs, a trouvé d'infinies variantes, à changer et renouveler tous nos arts d'ornementation.

Mais il y a à considérer bien autre chose que la forme. Les riches arborescences où s'épancha l'activité de ces laborieuses tribus, les ingénieux labyrinthes qui semblent chercher un fil, ce profond jeu symbolique de vie végétale et de toute vie, c'est l'effort d'une pensée, d'une liberté captive, ses tâtonnements timides vers la lumière promise, — éclair charmant de la jeune âme engagée dans la vie commune, mais qui doucement, sans violence, avec grâce s'en émancipait.

J'ai chez moi deux de ces petits arbres, d'espèce analogue, pourtant différente. Nul végétal n'est comparable. L'un de blancheur immaculée, comme d'un albâtre sans éclat, d'une richesse amoureuse qui de chaque branche, elle-même ramifiée, donne à flot boutons, bourgeons, petites fleurs, sans jamais pouvoir dire : Assez.—L'autre, moins blanc et plus serré, dont tout rameau comprend un monde. Adorables tous les deux par la ressemblance et la dissemblance, l'innocence, la fraternité. Oh! qui me dirait le mystère de l'âme enfantine et charmante qui a fait cette féerie! On la sent circuler encore, cette âme libre et captive, mais d'une captivité aimée, qui rêve la liberté et n'en voudrait pas tout à fait.

Les arts n'ont pas su jusqu'ici s'emparer de ces merveilles, qui les auraient tant servis. La belle statue de la Nature (à la porte du Jardin des Plantes) eût dû en être entourée. On ne devait montrer la Nature que dans la féerie triomphale qui ne la quitte jamais. Il fallait, sans ménager, exhausser de tous ses dons à la hauteur d'une montagne le trône majestueux où on la fait asseoir. Ses premiers-nés, les madrépores, heureux de s'enterrer dessous, en auraient fourni les assises, y mettant leurs rameaux d'albâtre, leurs méandres et leurs étoiles. Au-dessus leurs sœurs onduleuses, de leurs corps, de leurs fins cheveux, auraient fait un doux lit vivant pour embrasser mollement de leur caressant amour la divine Mère en son rêve de l'éternel enfantement.

La peinture n'a pas réussi à ces choses mieux que la sculpture. Elle a peint les fleurs animées comme elle aurait fait des fleurs. Ce sont, au fond, des couleurs extraordinairement différentes. Les gravures coloriées dont on se contente en donnent la plus pauvre idée. Leurs teintes plates, pâles, quoi qu'on fasse, n'en rendent jamais l'onctueuse douceur, la souplesse, la tiède émotion. Les émaux, si l'on s'en servait, comme l'a essayé Palissy, y seraient toujours durs et froids; admirables pour les reptiles, pour les écailles de poissons, ils sont trop luisants pour rendre ces molles et tendres créatures qui n'ont pas même de peau. Les petits poumons extérieurs que montrent les annélides, les légers filets nuageux que font flotter certains polypes, les cheveux mobiles et sensibles qui ondoient sous la méduse, sont des objets non-seulement délicats mais attendrissants. Ils sont de toutes nuances, fines et vagues, et pourtant chaudes. C'est comme une haleine devenue visible. Vous y voyez une iris pour l'amusement des yeux. Pour eux, c'est chose sérieuse, c'est leur sang, leur faible vie traduite en teintes, en reflets, en lueurs changeantes qui s'animent ou pâlissent, tour à tour aspirent, expirent.... Prenez garde. N'étouffez pas la petite âme flottante, muette, qui pourtant vous dit tout, et livre son mystère intime dans ces palpitantes couleurs.

---

Les couleurs survivent peu. La plupart fondent et disparaissent. Eux-mêmes, les madrépores, ne laissent d'eux que leur base, qu'on croirait inorganique, et qui n'est pourtant que la vie condensée, solidifiée.

Les femmes, qui ont ce sens bien plus fin que nous, ne s'y sont pas trompées; elles ont senti confusément qu'un de ces arbres, le corail, était une chose vivante. De là une juste préférence. La science eut beau leur soutenir que ce n'était qu'une pierre ; puis, que ce n'était qu'un arbuste. Elles y sentaient autre chose.

« Madame, pourquoi préférez-vous à toutes les pierres précieuses cet arbre d'un rouge douteux? — Monsieur, il va à mon teint. Les rubis pâlissent. Celui-ci, mat et moins vif, relève plutôt la blancheur. »

Elle a raison. Les deux objets sont parents. Dans le corail, comme sur sa lèvre et sur sa joue, c'est le fer qui fait la couleur (Vogel). Il rougit l'un et rose l'autre.

« Mais, madame, ces pierres brillantes ont un poli incomparable. — Oui, mais celui-ci est doux. Il a la douceur de la peau, et il en garde la tiédeur. Dès que je l'ai deux minutes, c'est ma chair et c'est moi-même. Et je ne m'en distingue plus.

« — Madame, il est de plus beaux rouges. — Docteur, laissez-moi celui-ci. Je l'aime. Pourquoi? Je n'en sais rien... Ou, s'il y a une raison, celle qui en vaut bien une autre, c'est que son nom oriental et le vrai, c'est : « Fleur de sang. »

V

LES FAISEURS DE MONDES

Notre Muséum d'histoire naturelle, dans sa trop étroite enceinte, est un palais de féerie. Le génie des métamorphoses, de Lamarck et de Geoffroy, semble y résider partout. Dans la sombre salle d'en bas les madrépores, en silence, fondent le monde de plus en plus vivant, qui s'élève au-dessus d'eux. Plus haut le peuple des mers, ayant atteint sa complète énergie d'organisation dans ses animaux supérieurs, prépare les vies de la terre. Au sommet, les mammifères. — Sur lesquels la tribu divine des oiseaux déploie ses ailes et semble chanter encore.

La foule ne regarde guère les premiers. Elle passe vite devant ces aînés du globe. Il fait froid, humide chez eux. Elle monte vers la lumière, vers tant de choses brillantes. Nacre, ailes de papillons, plumes d'oiseaux, c'est ce qui la charme. Moi qui m'arrête plus en bas, je me suis souvent vu seul dans l'obscure petite galerie.

J'aime cette crypte de la grande église. J'y sens mieux l'âme sacrée, l'esprit présent de nos maîtres, leur grand, leur sublime effort, et aussi l'audace immortelle des voyageurs partis de là. Quelque part que soient leurs os, eux-mêmes restent au Muséum par les trésors qu'ils lui donnèrent et qu'ils ont payés de leur vie.

---

L'autre jour, 1<sup>er</sup> octobre, m'y étant un peu attardé, j'y lisais non sans peine l'étiquette de quelques madrépores. L'une, placée tout près de la porte, me montra ce nom : « Lamarck. »

Une chaleur me passa au cœur, un mouvement religieux.

Grand nom et déjà antique ! C'est comme si, aux tombeaux de Saint-Denis, on voyait le nom de Clovis. La gloire de ses successeurs, leur royauté, leurs débats, ont obscurci, reculé dans le temps celui par lequel pourtant on passa d'un siècle à l'autre. C'est lui, cet aveugle Homère du Muséum, qui, par l'instinct du génie, créa, organisa, nomma, ce qu'on ne savait guère encore, la classe des *Invertébrés*.

Une classe? mais c'est un monde, c'est l'abîme de la vie molle et demi-organisée à qui manque encore la vertèbre, la centralisation osseuse, le soutien essentiel de la personnalité. Ils intéressent d'autant plus, car visiblement ils commencent tout. Humbles tribus, jusque-là négligées! Réaumur, dans les insectes, avait mis les crocodiles. Le glorieux comte de Buffon ne daigna savoir les noms de cette populace infime ; il les laissa hors du Versailles olympien qu'il élevait à la Nature. Ils attendirent jusqu'à Lamarck, ces grands peuples obscurs, confus, ces exilés de la science, qui pourtant remplissent tout, ont tout préparé. C'étaient justement les aînés qu'on avait empêchés d'entrer. Les admis, à les compter, auraient été peu de chose. Si l'on veut juger par le nombre, on pouvait dire que l'exclue, oubliée, laissée à la porte, c'était la Nature elle-même.

―――

Le génie des métamorphoses venait d'être émancipé par la botanique et par la chimie. Ce fut une chose hardie, mais féconde, de prendre Lamarck dans la botanique où il avait passé sa vie et de lui imposer d'enseigner les animaux. Ce génie ardent et fait aux miracles pour les transformations des plantes, plein de foi dans l'unité de la vie, fit sortir et les animaux, et le grand animal, le globe, de l'état pétrifié où on les tenait. Il rétablit de forme en forme la circulation de l'esprit. Demi-aveugle, à tâtons, il toucha intrépidement mille choses dont les clairvoyants n'osaient approcher encore. Du moins, il y mettait sa flamme. Geoffroy, Cuvier et Blainville les ont trouvées chaudes et vivantes. « Tout est vivant, disait-il, ou le fut. Tout est vie, présente ou passée. » Grand effort révolutionnaire contre la matière inerte, et qui irait jusqu'à supprimer l'inorganique. Rien ne serait mort tout à fait. Ce qui a vécu peut dormir et garder la vie latente, une aptitude à revivre. Qui est vraiment mort? personne.

Ce mot a enflé d'un souffle immense les voiles du dix-neuvième siècle. Hasardé, ou non, il nous a poussés où nous n'aurions été jamais. Nous nous sommes mis en quête, demandant à chaque chose, histoire ou histoire naturelle : « Qui es-tu ? — Je suis la vie. » — La mort a été fuyant sous le regard des sciences. L'esprit va toujours vainqueur et la faisant reculer.

Entre ces ressuscités, je vois d'abord mes madrépores. Jusque-là pierre morte et calcaire grossier, ils prirent l'intérêt de la vie. Lorsque Lamarck les réunit, les expliqua au Muséum, on venait de les surprendre dans le mystère de leur activité, dans leurs immenses créations. On avait appris d'eux comment se fait un monde. On commença à soupçonner que, si la terre fait l'animal, l'animal aussi fait la terre, et que tous deux accomplissent l'un pour l'autre l'office de création.

L'animalité est partout. Elle emplit tout et peuple tout. On en trouve les restes ou l'empreinte jusque dans ces minéraux, comme le marbre statuaire, l'albâtre, qui ont passé par le creuset des feux les plus destructeurs. A chaque pas dans la connaissance de l'actuel, on découvre un passé énorme de vie animale. Du jour où l'optique permit d'apercevoir l'infusoire, on le vit faisant les montagnes, on le vit pavant l'Océan. Le dur silex du tripoli est une masse d'animalcules, l'éponge un silex animé. Nos calcaires tout animaux. Paris est bâti d'infusoires. Une partie de l'Allemagne repose sur une mer de corail, aujourd'hui ensevelie. Infusoires, coraux, testacés, c'est de la chaux, de la craie. Sans cesse ils la tirent de la mer. Mais les poissons qui dévorent le corail le rendent comme craie, et restituent celle-ci aux eaux d'où elle est venue. Ainsi la mer de corail, dans son travail d'enfantement, de soulèvements, de mouvements, dans ses constructions sans cesse augmentées ou affaissées, bâties, ruinées, rebâties, est une fabrique immense de calcaire, qui va alternant entre ses deux vies : vie *agissante* aujourd'hui, vie *disponible* qui agira demain.

---

Forster a vu, et très-bien vu (ce qu'on a nié à tort) que ces îles circulaires sont des cratères de volcans, exhaussés par les polypes. Dans toute hypothèse contraire on ne peut expliquer cette identité de forme. C'est toujours un petit anneau d'environ cent pas de diamètre, fort bas, battu au dehors par les flots, mais renfermant au dedans un bassin tranquille. Quelques plantes de trois ou quatre espèces font une couronne de verdure clairsemée au bassin intérieur. L'eau est du plus beau vert. L'anneau est de sable blanc (résidu de coraux dissous) en contraste avec le bleu foncé de l'Océan. Sous l'eau salée, nos ouvriers travaillent. Selon leurs espèces ou leurs caractères, les uns plus hardis aux brisants, aux côtés paisibles les bonnes gens timides.

Voilà un monde peu varié. Attendez. Les vents.

les courants, travaillent à l'enrichir. Il ne faut qu'une bonne tempête pour que les îles voisines fassent la fortune de celle-ci. C'est là une des plus magnifiques fonctions de la tempête. Plus elle est grande, violente, tourbillonnante, enlevant tout, plus elle est féconde. Une trombe passe sur une île : le torrent qu'elle y produit, chargé de limon, de débris, de plantes mortes ou vivantes, parfois de forêts arrachées, flot noir, bourbeux, perce la mer, et bientôt poussé des vagues ici et là, distribue ces présents aux îles prochaines.

Un grand messager de la vie, et l'un des plus transportables, c'est la solide noix de coco. Non-seulement elle voyage ; mais, jetée sur les récifs, si elle trouve un peu de sable blanc, où périraient d'autres plantes, elle y prend et s'en contente. Si elle trouve une eau saumâtre qu'aucun végétal n'aimerait, elle la compte pour eau douce, et vit là, et s'enfonce là. Elle germe, elle pousse, et c'est un arbre, un robuste cocotier. Un arbre, c'est bientôt de l'eau douce, et des débris, donc de la terre. Cela invite d'autres arbres, et bientôt l'on voit des palmiers. Des vapeurs arrêtées par eux se fait un ruisseau qui, coulant du centre de l'île, maintient dans la blanche ceinture une percée que respectent les polypes, habitants de l'eau salée.

On connaît maintenant la rapidité extrême de leur travail. A Rio-Janeiro, en quarante jours de relâche, des canots disparaissaient déjà sous les tubulaires qui s'en étaient emparés. Un détroit, près de l'Australie, comptait naguère vingt-six îlots. Il en a déjà cent cinquante bien reconnus ; l'Amirauté anglaise annonce qu'il en a davantage, et qu'en vingt ans, dans sa longueur de quarante lieues, il sera impraticable.

Le récif oriental de l'Australie a trois cent soixante lieues (cent vingt-sept sans interruption); celui de la Nouvelle-Calédonie, cent quarante-cinq lieues. Des groupes d'îles, dans le Pacifique, ont quatre cents lieues de long, sur cent cinquante de large. La seule chaîne des Maldives a presque cinq cents milles de long. Ajoutez les bancs de l'île de France, les bas-fonds de la mer Rouge, incessamment exhaussés.

Timor, avec ses environs, offre un monde tout animal. On ne foule que choses vivantes. Les roches offrent tant de formes bizarres, et de riches couleurs, qu'on en est saisi, ébloui. Vous les voyez dans un espace de plusieurs lieues dans l'eau de mer, peu profonde (peut-être d'un pied), qui travaillent tranquillement, mais activement continuent leur métier de créateurs.

Le premier observateur intelligent fut Forster,

## LES FAISEURS DE MONDES. 157

compagnon de Cook, qui les trouva à l'ouvrage, les prit sur le fait dans leur grande conspiration pour faire à petit bruit des îles par milliers, des chaînes d'îles, peu à peu un continent.

Cela se passait sous ses yeux comme aux premiers jours du monde. Des profondeurs sous-marines le feu central pousse un dôme, un cône, qui, s'entr'ouvrant, de sa lave pendant quelque temps fait un cratère circulaire. Mais la force volcanique s'épuise. Et ce cratère tiède se couronne de gelée vivante, animale et polypière, qui, rejetant toujours de soi un mucus, va exhaussant ce cirque jusqu'à la basse mer; pas plus haut; car, au-dessus, ils seraient toujours à sec; mais, d'autre part, pas plus bas; car ils visent à la lumière. S'ils n'ont pas d'organe spécial pour la percevoir, elle les pénètre. Le puissant soleil des tropiques, qui traverse de part en part leur petit être transparent, semble avoir sur eux l'attraction d'un invincible magnétisme. Quand la mer baisse et les découvre, ils n'en restent pas moins ouverts et boivent la vive lumière.

---

Dumont d'Urville, qui si souvent côtoyait leurs petites îles, dit : « C'est un étrange supplice de

voir de près la paix de ce bassin intérieur, de voir tout autour sous l'eau peu profonde des bancs avancés où s'étalent les coraux en parfaite sécurité, lorsqu'on est soi-même en pleine tempête. »
Ce monde aimable est un écueil. Touchez et vous êtes brisé. La mer transparente vous montre un abîme à pic de cent brasses. Ne vous fiez pas aux ancres. Nul câble qui, au frottement, ne soit usé, bientôt coupé. L'anxiété est extrême dans les longues nuits où la houle australe vous pousse sur ces tranchants rasoirs.

---

Les innocents faiseurs d'écueils ne manquent pourtant pas de réponse aux accusations. Ils disent : « Donnez-nous le temps. Ces bords adoucis peu à peu deviendront hospitaliers. Laissez-nous faire. Les bancs liés aux bancs voisins n'auront plus ces remous terribles. Nous vous faisons un monde de rechange pour le cas où périrait le vôtre. Vous nous bénirez peut-être, s'il vous vient un cataclysme, si, comme l'a dit quelqu'un, la mer verse d'un pôle à l'autre tous les dix mille ans. Vous vous tiendrez fort heureux de trouver là nos îles australes où nous aurons fait un refuge.

« Avouons-le, disent-ils encore, quand même malheureusement quelques vaisseaux y périraient, ce que nous faisons ici est utile, est bon et grand. Notre monde improvisé pourrait avoir quelque orgueil. Sans parler de la beauté de ses triomphantes couleurs qui effacent celles de la terre, sans parler des gracieux cercles, des courbes où nous nous complaisons, — tant de problèmes obscurs qui vous arrêtent semblent chez nous avoir trouvé solution. La distribution du travail, une charmante variété dans une grande régularité, un ordre géométrique qui cependant a les grâces d'une liberté naissante, — où trouver cela chez vous autres hommes?

« Notre travail incessant pour alléger l'eau de ses sels y crée les courants magnifiques qui en font la vie, la salubrité. Nous sommes les esprits de la mer ; nous lui donnons le mouvement.

« Elle n'est pas ingrate, il est vrai. Elle vient à point nommé nous nourrir. Et, non moins exacte, la chaude lumière nous caresse, nous pare de ses riches couleurs. Nous sommes les bien-aimés de Dieu, ses ouvriers favoris. Il nous charge d'ébaucher ses mondes. Tous les puînés de ce globe qui viennent ont besoin de nous. Notre ami, le cocotier, ce géant qui sur notre île inaugure la vie terrestre, n'y parvient qu'en nous demandant nos poussières pour y puiser. La vie végétale, au fond, est un legs, un don, une aumône de nos libéralités. Riche de nous, elle nourrira la création supérieure.

« Mais pourquoi d'autres animaux? Nous sommes un monde complet, harmonique, et qui suffit. Le cercle de la création pourrait se fermer ici. Dieu par nous couronna son île; sur son ancien volcan de feu, il a fait un volcan de vie, — bien mieux, l'épanouissement de ce paradis vivant. Il a ce qu'il a voulu, et maintenant va se reposer. »

Pas encore et pas encore. Une création doit monter par-dessus la vôtre, une chose que vous ne craignez pas. Ce rival n'est pas la tempête, vous la bravez; ni l'eau douce, vous bâtissez à côté. Ce n'est pas même la terre qui peu à peu envahit et couvre vos constructions. Cette autre puissance, où est-elle? En vous. Tout polype n'est pas résigné à rester polype. Il y a dans votre république telle création inquiète, qui dit que la perfection de cette vie végétative ce n'est pas la vie. Elle en rêve une autre à part : — s'en aller et naviguer seule, voir l'inconnu, le vaste monde, se créer, au hasard du naufrage, certaine chose qui va poindre en elle et reste obscure en vous :

C'est l'âme.

# VI

## FILLE DES MERS

J'ai passé les premiers mois de 1858 dans l'agréable petite ville d'Hyères, qui de loin regarde la mer, les îles et la presqu'île dont sa côte est abritée. La mer, à cette distance, attire plus puissamment peut-être que si l'on était au bord. Les sentiers qui y mènent invitent, soit qu'on suive, entre les jardins, les haies de jasmin et de myrte, soit qu'en montant quelque peu on traverse les oliviers et un petit bois mêlé de lauriers et de pins. Le bois n'empêche nullement qu'on n'ait de temps à autre quelques échappées de la mer. Ce lieu est, non sans raison, nommé Coste-Belle. Nous y rencontrions souvent, dans les beaux jours d'un doux hiver, une fort touchante malade, une jeune princesse étrangère venue là de cinq cents lieues pour prolonger quelque peu sa vie défaillante. Cette vie courte avait été triste et dure. A peine heureuse, elle se voyait mourir. Elle se traînait appuyée, tendrement enveloppée de celui qui vivait d'elle et comptait ne pas survivre. Si les vœux et les prières pouvaient prolonger une vie, elle eût vécu; elle avait pour elle ceux de tous, surtout des pauvres. Mais le printemps arrivait et sa fin. Dans un jour d'avril où tout renaissait, nous vîmes passer encore les deux ombres sous ce bois pâle, comme un Élysée de Virgile.

———

Nous arrivâmes au golfe le cœur plein de cette pensée. Entre les rochers assez âpres, les lagunes que laissait la mer gardaient de petits animaux trop lents qui n'avaient pu la suivre. Quelques coquilles étaient là toutes retirées en elles-mêmes et souffrant de rester à sec. Au milieu d'elles, sans coquille, sans abri, tout éployée gisait l'ombrelle vivante qu'on nomme assez mal *méduse*. Pourquoi ce terrible nom pour un être si charmant? Jamais je n'avais arrêté mon attention sur ces naufragées qu'on voit si souvent au bord de la mer. Celle-ci était petite, de la grandeur de ma main, mais singulièrement jolie, de nuances douces et légères. Elle était d'un blanc d'opale où se perdait, comme dans un nuage, une couronne de tendre lilas. Le vent l'avait retournée. Sa couronne de cheveux lilas flottait en dessus, et la délicate ombrelle (c'est-à-dire son propre corps), se trouvant dessous, touchait le rocher. Très-froissée en ce pauvre corps, elle était blessée, déchirée en ses fins cheveux qui sont ses organes pour respirer, absorber et même aimer. Tout cela, sens dessus dessous, recevait d'aplomb le soleil provençal, âpre à son premier réveil, plus âpre par l'aridité du mistral qui s'y mêlait par moments. Double trait qui traversait la transparente créature. Vivant dans ce milieu de mer dont le contact est caressant, elle ne se cuirasse pas d'épiderme résistant, comme nous autres animaux de la terre; elle reçoit tout à vif.

Près de sa lagune séchée, d'autres lagunes étaient pleines et communiquaient à la mer. Le salut était à un pas. Mais, pour elle qui ne se meut que par ses ondoyants cheveux, ce pas était infranchissable. Sous ce soleil, on pouvait croire qu'elle serait bientôt dissoute, absorbée, évanouie.

Rien de plus éphémère, de plus fugitif que ces filles de la mer. Il en est de plus fluides, comme la légère bande d'azur qu'on appelle *ceinture de Vénus*, et qui, à peine sortie de l'eau, se dissipe et disparaît. La méduse, un peu plus fixée, a plus de peine à mourir.

Était-elle morte ou mourante? Je ne crois pas aisément à la mort; je soutins qu'elle vivait. A tout hasard, il coûtait peu de l'ôter de là et de la jeter dans la lagune d'à côté. S'il faut tout dire, à la toucher j'avais un peu de répugnance. La délicieuse créature, avec son innocence visible et l'iris de ses douces couleurs, était comme une gelée tremblotante, glissait, échappait. Je passai outre cependant. Je glissai la main dessous, soulevai avec précaution le corps immobile, d'où tous les cheveux retombèrent, revenant à la position naturelle où ils sont quand elle nage. Telle je la mis dans l'eau voisine. Elle enfonça, ne donnant aucun signe de vie.

Je me promenai sur le bord. Mais au bout de dix minutes, j'allai revoir ma méduse. Elle ondulait sous le vent. Réellement, elle remuait et se remettait à flot. Avec une grâce singulière, ses cheveux fuyant sous elle nageaient, doucement l'éloignaient du rocher. Elle n'allait pas bien vite, mais enfin elle allait. Bientôt je la vis assez loin.

---

Elle n'aura peut-être pas tardé de chavirer encore. Il est impossible de naviguer avec des moyens plus faibles et de façon plus dangereuse. Elles craignent fort le rivage, où tant de choses dures les blessent, et, en pleine mer, le vent à chaque instant les retourne. Alors leurs cheveux-nageoires étant par-dessus, elles flottent à l'aventure, la proie des poissons, la joie des oiseaux qui se font un jeu de les enlever.

Pendant toute une saison passée aux bords de la Gironde, je les voyais fatalement poussées par la passe, jetées à la côte par centaines, sécher là misérablement. Celles-ci étaient grosses, blanches, fort belles à leur arrivée, comme de grands lustres de cristal avec de riches girandoles, où le soleil miroitant mettait des pierreries. Hélas! quel état différent au bout de deux jours! le sable fort heureusement s'affaissait dessous, les cachait.

Elles sont l'aliment de tous, et elles-mêmes n'ont guère d'aliment que la vie peu organisée, vague encore, les atomes flottants de la mer. Elles les engourdissent, les éthérisent, pour ainsi parler, et les sucent sans les faire souffrir. Elles n'ont ni dents, ni armes. Nulle défense. Seulement quelques espèces (et non pas toutes, dit Forbes) peuvent, si on les attaque, sécréter une liqueur qui pique un peu, comme l'ortie. Sensation si faible, au reste, que Dicquemare n'a pas craint de la recevoir dans l'œil et l'a fait impunément.

Voilà une créature bien peu garantie, et en grand hasard. Elle est supérieure déjà. Elle a des sens, et, si l'on en juge par les contractions, une susceptibilité notable de souffrir. On ne peut, comme le polype, la partager impunément. Dans ce cas, lui, il se double, elle, elle meurt. Comme lui, gélatineuse, elle semble un embryon, mais l'embryon trop tôt renvoyé du sein de la mère commune, tiré de la base solide, de l'association qui fit la sécurité du polype, est lancé dans l'aventure.

---

Comment est-elle partie, l'imprudente? comment sans voile, rame ni gouvernail, avoir quitté le port? Quel est son point de départ?

Ellis, en 1750, avait vu sur un polype surgir une petite méduse. De nos jours plusieurs observateurs ont vu et mis hors de doute qu'elle est une forme de polype, sortie de l'association. La méduse, pour le dire simplement, est un polype émancipé.

Quoi d'étonnant? dit très-bien le sage M. Forbes, qui les a tant étudiées. Cela veut dire seulement qu'à ce degré l'animal suit encore la loi végétale. De l'arbre, être collectif, sort l'individu, le fruit détaché, lequel fruit fera un autre arbre. Un poirier, c'est comme une sorte de polypier végétal, dont la poire (libre individu) peut nous donner un poirier.

De même, dit Forbes encore, que la branche d'une plante qui allait se charger de feuilles s'arrête dans son développement, se contracte, devient un organe d'amour, je veux dire une fleur, — le polypier, contractant quelques-uns de ses polypes, transformant leurs estomacs contractés, fait le placenta, les œufs d'où sort sa fleur mobile, la jeune et gracieuse méduse. (*Ann. of the Nat. hist.*, t. XIV, 387.)

---

On aurait pu le deviner à cette grâce indécise, à cette faiblesse désarmée qui ne craint rien, qui s'embarque sans instruments pour naviguer, qui se confie trop à la vie. C'est la première et touchante échappée de l'âme nouvelle, sortie, sans défense encore, des sûretés de la vie commune, essayant d'être soi-même, d'agir et souffrir pour son compte, — molle ébauche de la nature libre, — embryon de la liberté.

Être soi, être à soi seul un petit monde complet, grande tentation pour tous ! universelle séduction ! belle folie qui fait l'effort et tout le progrès du monde. Mais dans ces premiers essais, qu'elle semble peu justifiée! On dirait que la méduse fut créée pour chavirer.

Chargée d'en haut, d'en bas mal assurée, elle est faite à l'opposé de la physalie, sa parente. Celle-ci n'a au-dessus de l'eau qu'un petit ballon, une vessie insubmersible, et laisse traîner au fond ses longs tentacules, infiniment longs, de vingt pieds ou davantage, qui l'assurent, balayent la mer, frappent le poisson de torpeur, le lui livrent. Légère et insouciante, gonflant son ballon nacré. teinté de bleu ou de pourpre, elle lance, par ses grands cheveux de sinistre azur, un subtil venin dont la décharge foudroie.

Moins redoutables, les vélelles ne peuvent périr non plus. Elles ont la forme de radeaux ; leur petite organisation est déjà un peu solide ; elles savent se diriger, tourner au vent la voile oblique. Les porpites, qui ne semblent qu'une fleur, une marguerite, ont pour elles leur légèreté ; elles flottent même après leur mort. Il en est de même de tant d'êtres fantastiques et presque aériens, guirlandes à clochettes d'or ou guirlandes de boutons de roses (physsophore, stéphanomie, etc.), ceintures azurées de Vénus. Tout cela nage et surnage invinciblement, ne craint que la terre, vogue au large, dans la grande mer, et, si violente qu'elle semble y trouver toujours son salut. Les porpites et les vélelles craignent si peu l'Océan que, pouvant toujours surnager, ils font effort pour enfoncer, et, dès qu'il vient du gros temps, se cachent dans la profondeur.

Telle n'est pas la pauvre méduse. Elle a à craindre le rivage, elle a à craindre l'orage. Elle pourrait se faire pesante à volonté et descendre, mais l'abîme lui est interdit; elle ne vit qu'à la surface, en pleine lumière, en plein péril. Elle voit, elle entend, elle a le toucher fort délicat, beaucoup trop pour son malheur. Elle ne peut se diriger. Ses organes plus compliqués la surchargent et lui font perdre bien aisément l'équilibre.

Aussi on est tenté de croire qu'elle se repent d'un essai de liberté si hasardeuse, qu'elle regrette l'état inférieur, la sécurité de la vie commune. Le polypier fit la méduse, la méduse fait le polypier. Elle rentre à l'association. Mais cette vie végétative est si ennuyeuse, qu'à la génération suivante, elle s'en émancipe encore et se relance au hasard de sa vaine navigation. Alternative bizarre, où elle flotte éternellement. Mobile, elle rêve le repos. Inerte, elle rêve le mouvement.

Ces étranges métamorphoses, qui tour à tour élèvent, abaissent, l'être indécis, et le font alterner entre deux vies si différentes, sont vraisemblablement le fait des espèces inférieures, des méduses qui n'ont pu entrer décidément encore dans la carrière irrévocable de l'émancipation. Pour les autres, on croirait sans peine que leurs variétés charmantes marquent des progrès intérieurs de vie, des degrés de développement, les jeux, les grâces et les sourires de la liberté nouvelle. Celle-ci, artiste admirable, sur ce thème si simple de disque ou d'ombrelle qui flotte, d'un léger lustre de cristal où le soleil met des lueurs, a fait une création infinie de jolies variantes, un déluge de petites merveilles.

Toutes ces belles, à l'envi flottant sur le vert miroir dans leurs couleurs gaies et douces, dans les mille attraits d'une coquetterie enfantine et qui s'ignore, ont embarrassé la science, qui, pour leur trouver des noms, a dû appeler à son secours et les reines de l'histoire et les déesses de la mythologie. Celle-ci, c'est l'ondoyante Bérénice dont la riche chevelure traîne et fait un flot dans les flots. Celle-là c'est la petite Orithye, épouse d'Éole, qui, au souffle de son époux, promène son urne blanche et pure, incertaine, à peine affermie par l'enchevêtrement délicat de ses cheveux, que souvent elle enlace par-dessous. Là-bas, Dionée, la pleureuse, semble une pleine coupe d'albâtre qui laisse, en filets cristallins, déborder de splendides larmes. Telles, en Suisse, j'ai vu s'épancher des cascades lasses et paresseuses, qui, ayant fait trop de détours, semblaient tomber de sommeil, de langueur.

---

Dans la grande féerie d'illumination que la mer déploie aux nuits orageuses, la méduse a un rôle à part. Plongée, comme tant d'autres êtres, dans le phosphore électrique dont ils sont tous pénétrés, elle le rend à sa manière avec un charme personnel.

Qu'elle est sombre, la nuit en mer, quand on n'y voit pas ce phosphore! Qu'elles sont vastes et redoutables, ses ténèbres! Sur terre, l'ombre est moins obscure; on se reconnaît toujours à la variété des objets qu'on touche, ou dont on pressent les formes; ils vous donnent des points de repère. Mais la vaste nuit marine, un noir infini! rien et rien!... Mille dangers possibles, inconnus!

On sent tout cela sur la côte même, quand on vit devant la mer. C'est une grande jouissance quand, l'air devenant électrique, on voit au loin apparaître un léger ruban de feu pâle. Qu'est-ce cela! On l'a vu chez soi sur le poisson mort, par exemple le hareng. Mais vivant, dans ses grandes flottes, dans les grandes traînées visqueuses qu'il laisse derrière, il est encore plus lumineux. Cet éclat n'est point du tout le privilége de la mort. — Est-ce un effet de la chaleur? Non, vous le trouvez aux deux pôles, et dans les mers Antarctiques, et dans les mers de Sibérie. Il est dans les nôtres, et dans toutes.

C'est l'électricité commune dont ces eaux, demi-vivantes, se dégagent aux temps orageux, innocente et pacifique foudre dont tous les êtres marins sont alors les conducteurs. Ils l'aspirent et ils l'expirent, la restituent largement à leur mort. La mer la donne et la reprend. Le long des côtes et des détroits, les froissements et les remous la font circuler puissamment. Chaque être en prend, s'en empare plus ou moins selon sa nature. Ici, des surfaces immenses de paisibles infusoires font comme une mer lactée, d'une douce et blanche lumière, qui ensuite plus animée tourne au jaune du soufre embrasé. Ici, des cônes de lumière vont pirouettant sur eux-mêmes, ou roulent en boulets rouges. Un grand disque de feu se fait (pyrosome), qui part du jaune opalin, un moment frappé de vert, puis s'irrite, éclate dans le rouge, l'orange, puis s'assombrit d'azur. Ces changements ont quelque chose de régulier qui indiquerait une fonction naturelle, la contraction et dilatation d'un être qui souffle le feu.

Cependant, à l'horizon, des serpents enflammés s'agitent sur une infinie longueur (parfois vingt-cinq ou trente lieues). Les biphores et les salpas, êtres transparents qui traversent et la mer et le phosphore, donnent cette comédie serpentine. Étonnante association qui mène ces danses effrénées, puis se sépare. Séparés, ses membres libres font des petits libres encore, qui, à leur tour, engendreront des républiques dansantes, pour répandre sur la mer cette bacchanale de feu.

De grandes flottes, plus paisibles, promènent sur les flots des lumières. Les vélelles allument la nuit leurs petites embarcations. Les béroés vont triomphantes comme des flammes. Nulles plus magiques que celles de nos méduses. Est-ce un pur effet physique, comme celui qui fait serpenter les salpas injectés de feu? Est-ce un acte d'aspiration, comme d'autres en donnent l'idée? Est-ce caprice, comme chez tant d'êtres qui se jouent aux étincelles d'une vaine et inconstante joie? Non, les nobles et belles méduses (comme l'Océanique à couronne, comme la charmante Dionée) semblent exprimer des pensées graves. Sous elles, leurs cheveux lumineux, comme une sombre lampe qui veille, lancent des lueurs mystérieuses d'émeraude et d'autres couleurs qui, jaillissant ou pâlissant, révèlent un sentiment, et je ne sais quel mystère. On dirait l'esprit de l'abîme qui en médite les secrets. On dirait l'âme qui vient ou celle qui doit vivre un jour. Ou bien faudrait-il y voir le rêve mélancolique d'une destinée impossible qui ne doit jamais atteindre son but? Ou l'appel au bonheur d'amour qui seul nous console ici-bas?

On sait que, sur notre terre, chez nos lucioles, ce feu est le signal, l'aveu de l'amante qui se désigne, dit sa retraite et se trahit. A-t-il ce sens chez les méduses? On l'ignore. Ce qui est sûr, c'est qu'elles versent ensemble leur flamme et leur vie. La séve féconde, chez elles, la vertu de génération, y tient, et, à chaque éclair, échappe et va diminuant.

Si l'on veut le plaisir cruel de redoubler cette féerie, on les expose à la chaleur. Alors elles s'exaspèrent, rayonnent et deviennent si belles, si belles!... que la scène est finie. Flamme, amour et vie, tout a fui, tout s'est écoulé à la fois.

# VII

### LE PIQUEUR DE PIERRES

Lorsque l'excellent docteur Livingston pénétra chez les pauvres peuplades de l'Afrique qui ont peine à se défendre des marchands d'esclaves et des lions, les femmes, le voyant armé de tous les arts protecteurs de l'Europe et l'invoquant avec raison comme une providence amie, lui disaient ce mot touchant : « Donne-nous le sommeil ! »

C'est le mot que tous les êtres vivants, chacun dans sa langue, adressent à la Nature. Tous désirent et rêvent la sécurité. On n'en peut douter quand on voit les efforts ingénieux qu'ils font pour se la donner. Ces efforts ont créé des arts. L'homme n'en invente pas un, sans trouver que les animaux l'avaient inventé avant lui, inspiré de cet instinct si fixe et si fort du salut.

Ils souffrent, ils craignent, ils veulent vivre. Il faut se garder de croire que les êtres peu avancés, embryonnaires, soient peu sensibles. Le contraire est certain. En tout embryon, ce qui est ébauché d'abord, c'est le système nerveux, c'est-à-dire la capacité de sentir et de souffrir. La douleur est l'aiguillon par lequel la prévoyance est peu à peu stimulée, et l'être pressé, forcé de s'ingénier. Le plaisir y sert aussi, et vous le voyez déjà dans ceux qu'on croirait les plus froids. On a justement noté chez le limaçon le bonheur qu'il a, après des recherches pénibles d'amour, de rencontrer l'objet aimé. Tous deux, d'une grâce émue, ondulant de leurs cous de cygne, s'adressent de vives caresses. Qui dit cela? le sévère, le très-exact Blainville. (*Moll.*, p. 181.)

Mais, hélas! combien la douleur est largement prodiguée! Qui n'a vu avec tristesse les lents et pénibles efforts du mollusque sans coquille, qui traîne sur le ventre? Choquante mais trop fidèle image du fœtus qu'un hasard cruel aurait arraché de la mère, jeté sur le sol sans défense et nu. La triste bête épaissit sa peau autant qu'elle peut, adoucit les aspérités et rend sa route glissante. N'importe. Elle doit subir un à un tous les obstacles, les chocs, les pointes de caillou. Elle est endurcie, résignée, je le veux bien. Et pourtant, à tel contact, elle se tord, elle se contracte, donne les signes d'une très-vive sensibilité.

———

Avec tout cela, elle aime, la grande Ame d'harmonie, qui est l'unité du monde. Elle aime, et par l'alternative de plaisir et de douleur elle cultive tous les êtres et les oblige à monter.

Mais, pour monter, pour passer à un degré supérieur, il faut qu'ils aient épuisé tout ce que l'inférieur contient d'épreuves plus ou moins pénibles, de stimulants d'invention et d'art instinctif. Il faut même qu'ils aient exagéré leur genre, en aient rencontré l'excès, qui, par contraste, fait sentir le besoin d'un genre opposé. Le progrès se fait ainsi par une sorte d'oscillation entre les qualités contraires qui tour à tour se dégagent et s'incarnent dans la vie.

Traduisons ces choses divines en langage humain, familier, peu digne de leur grandeur, mais qui les fera comprendre :

La Nature, s'étant plu longtemps à faire et défaire la méduse, à varier à l'infini ce thème gracieux de liberté naissante, un matin se frappa le front, se dit : « J'ai fait un coup de tête. Cela est charmant. Mais j'ai oublié d'assurer la vie de la pauvre créature. Elle ne pourra subsister que par l'infini du nombre, l'excès de sa fécondité. Il me faut maintenant un être plus prudent et mieux gardé. Qu'il soit craintif, s'il le faut. Mais surtout, je le veux, qu'il vive ! »

---

Ces craintifs, dès qu'ils apparurent, se jetèrent dans la prudence jusqu'aux limites dernières. Ils fuirent le jour, s'enfermèrent. Pour se sauver des contacts durs, secs, tranchants, de la pierre, ils employèrent le moyen universel, celui de la mue. De leur mue gélatineuse, ils sécrétèrent une enveloppe, un tube qui va s'allongeant autant que leur chemin s'allonge. Misérable expédient qui tient ces mineurs (les tarets) hors de la lumière et hors de l'air libre, qui leur cause une dépense énorme de substance. Chaque pas leur coûte infiniment, les frais d'une maison complète. Un être qui se ruine ainsi pour vivre ne peut que végéter pauvre, incapable de progrès.

La ressource n'est guère meilleure, de s'ensevelir par moment, de se cacher dans le sable à la mer basse, en remontant quand le flux revient. C'est le manége que vous voyez chez les solens. Vie variable, incertaine, fugitive deux fois par jour, et de constante inquiétude.

Chez des êtres bien inférieurs, une chose obscure encore, qui devait changer le monde à la longue, avait commencé à poindre. Les simples étoiles de mer, dans leurs cinq rayons, avaient un certain soutien, quelque chose comme une charpente de pièces articulées, au dehors quelques épines, des suçoirs qui avancent, reculent à volonté. Un animal fort modeste, mais timide et sérieux, semble avoir fait son profit de cette ébauche grossière. Il dit, je pense, à la Nature :

« Je suis né sans ambition. Je ne demande pas les dons brillants de messieurs les mollusques. Je ne ferai nacre ni perle. Je ne veux pas de couleur brillante, un luxe qui me désignerait. Je désire encore bien moins la grâce de vos étourdies les méduses, le charme ondoyant de leurs cheveux enflammés qui attirent, les font attaquer et leur servent à faire naufrage. O mère ! je ne veux qu'une chose, *être*... être un, et sans appendices extérieurs et compromettants, — être ramassé, fort en moi, arrondi, car c'est la forme qui donnera le moins de prise, — l'être enfin centralisé.

« J'ai bien peu l'instinct des voyages. De la mer haute à la mer basse, rouler quelquefois, c'est assez. Collé strictement sur mon roc, je résoudrai là le problème que votre futur favori, l'homme, doit chercher en vain, le problème de la sûreté : *exclure strictement l'ennemi, tout en admettant l'ami*, surtout l'eau, l'air et la lumière. Il m'en coûtera, je le sais, du travail, un constant effort. Couvert d'épines mobiles, je me ferai éviter. Hérissé, seul comme un ours, on m'appelera l'*oursin*. »

Combien ce sage animal est supérieur aux polypes, engagés dans leur propre pierre qu'ils font de pure sécrétion, sans travail réel, mais qui aussi ne leur donne nulle sûreté! Combien il paraît supérieur à ses supérieurs eux-mêmes, je veux dire à tant de mollusques qui ont des sens plus variés, mais n'ont pas la fixe unité de son ébauche vertébrale, ni son persévérant travail, ni les ingénieux outils que ce travail a suscités!

La merveille, c'est qu'il est à la fois lui, cette pauvre boule roulante, qu'on croit une châtaigne épineuse ; *il est un et il est multiple ; — il est fixe, et il est mobile*, fait de deux mille quatre cents pièces qui se démontent à volonté.

Voyons comment il se créa.

C'était dans une anse étroite de la mer de Bretagne. Il n'avait pas là un doux lit de polypes mous et d'algues comme les oursins de la mer des Indes, qui sont dispensés d'industrie. Il était devant le péril, la difficulté, comme l'Ulysse de l'Odyssée, qui, jeté, ramené par le flot, essaye de s'amarrer au roc avec ses ongles ensanglantés. Chaque flux et chaque reflux, c'était pour le petit Ulysse une grande tempête. Mais sa grande volonté, son puissant désir, lui fit si bien baiser la roche, que ce baiser constant créa une ventouse qui fit le vide et l'unit à la roche même.

Ce n'est pas tout : de ses épines qui grattaient, voulaient saisir, une se subdivisa, et devint une triple pince, véritable ancre de salut, qui seconderait la ventouse si celle-ci s'appliquait mal à une surface peu polie.

Quand il eut pincé, aspiré puissamment sa roche, se sentit assis, il comprit de plus en plus qu'il avait tout à gagner si, de convexe qu'elle était, il pouvait la faire concave, y creuser à sa mesure un petit trou, se faire un nid. Car on n'est pas toujours jeune. On n'a pas les mêmes forces. Quelle douceur ne serait-ce si, un jour, l'oursin émérite pouvait relâcher quelque chose de l'effort de cet ancrage qui continue jour et nuit?

Donc il creusa. C'est sa vie. Fait de pièces détachées, il agit par cinq épines qui, toujours poussant d'ensemble, se soudèrent et lui firent un pic admirable pour percer.

Ce pic de cinq dents du plus bel émail est porté par une charpente délicate, quoique très-solide, formée de quarante pièces. Elles glissent dans une sorte de gaîne, sortent, rentrent, ont un jeu parfait. Par cette élasticité, elles évitent les chocs violents. Bien plus, elles se réparent s'il survient des accidents.

C'est rarement dans la pierre, qu'il méprise, c'est dans le roc, le granit, qu'il sculpte, ce héros du travail. Plus ce roc est dur, résistant, mieux il s'y sent affermi. Que lui importe d'ailleurs? Le temps ne fait rien à l'affaire, et tous les siècles sont à lui. Qu'il meure demain, ayant usé sa vie et son instrument, un autre vient s'établir là, continue à la même place. Ils communiquent peu dans leur vie, ces solitaires ; mais la fraternité existe pour eux par la mort, et le jeune survenant qui trouve besogne demi-faite, en jouit, bénit la mémoire du bon travailleur qui la prépara.

Ne croyez pas qu'il s'agisse de frapper, et frapper toujours. Il a son art. Une fois qu'il a bien attaqué le ciment qui unit la roche, et bien déchaussé celle-ci, il mord les aspérités comme avec de petites tenailles, déracine le silex. Œuvre de grande patience, qui implique d'assez longs chômages pour que l'eau agisse aussi sur les places dénudées. On peut alors, de la première couche, aller à la seconde, et, par ces procédés lents et sûrs, en venir à bout.

Dans cette vie uniforme, il y a des crises pourtant comme dans celle de l'ouvrier. La mer fuit de certains rivages. L'été, telle roche devient d'une insupportable chaleur. Il faut avoir deux maisons, une d'été, une d'hiver.

Grand événement qu'un déménagement pareil pour un être sans pieds, qui, de tous côtés, a des pointes. M. Caillaud l'a observé, admiré dans ces moments. Les baguettes faibles et mobiles, qui jouent, avancent et reculent, ne sont nullement insensibles, quoiqu'il les garantisse un peu en sécrétant tout autour un peu de molle gélatine qui sans doute fait matelas. Enfin, il le faut, il se lance, il s'affermit sur ses pointes, comme sur autant de béquilles, roule son tonneau de Diogène, et, comme il peut, atteint le port.

Là, renfermé de nouveau et dans sa coque hérissée, et dans le petit nid qu'il trouve presque toujours commencé, il se renfonce en lui-même, en sa jouissance solitaire de sécurité bienheureuse. Que mille ennemis rôdent au dehors, que la vague tonne et mugisse; tout cela, c'est pour son plaisir. Que le roc tremble aux coups de mer : il sait bien qu'il n'a rien à craindre, que c'est sa bonne nourrice qui fait ce bruit. Il est bercé, il sommeille et lui dit : « Bonsoir. »

## VIII

### COQUILLES, NACRE, PERLE

L'oursin a posé la borne du génie défensif. Sa cuirasse, ou, si l'on veut, son fort de pièces mobiles, résistantes, cependant sensibles, rétractiles, et réparables en cas d'accident, ce fort, appliqué et ancré invinciblement au rocher, bien plus le rocher creusé longeant le tout, de sorte que l'ennemi n'ait nul jour pour faire sauter la citadelle, — c'est un système complet qui ne sera pas surpassé. Nulle coquille n'est comparable, encore bien moins les ouvrages de l'industrie humaine.

L'oursin est la fin des êtres circulaires et rayonnés. En lui ils ont leur triomphe, leur plus haut développement. Le cercle a peu de variantes. Il est la forme absolue. Dans le globe de l'oursin, si simple, si compliqué, il atteint une perfection qui finit le premier monde.

La beauté du monde qui vient sera l'harmonie des formes doubles, leur équilibre, la grâce de leur oscillation. Des mollusques jusqu'à l'homme, tout être est fait désormais de deux moitiés associées. En chaque animal se trouve (mieux que l'unité) l'*union*.

Le chef-d'œuvre de l'oursin avait dépassé le but même ; ce miracle de la défense avait fait un prisonnier ; il s'était non-seulement enfermé, mais enseveli, s'était creusé une tombe. Sa perfection d'isolement l'avait séquestré, mis à part, privé de toute relation qui fait le progrès.

Pour que le progrès reprenne par une ascension régulière, il faut descendre très-bas, à l'embryon élémentaire, qui d'abord n'aura de mouvement que celui des éléments. Le nouvel être est le serf de la planète, à ce point que, dans son œuf, il tourne comme la terre, décrivant sa double roue, sa rotation sur elle-même et sa rotation générale.

Même émancipé de l'œuf, grandissant, devenant adulte, il restera embryon ; c'est son nom, *mou* ou *mollusque*. Il représentera dans une vague ébauche le progrès des vies supérieures. Il en sera le fœtus, la larve ou nymphe, comme celle de l'insecte, en qui, repliés et cachés, se trouvent pourtant les organes de l'être ailé qui doit venir.

J'ai peur pour un être si faible. Le polype, non moins mou, risquait moins. Une vie égale étant dans toutes ses parties, la blessure, la mutilation, ne le tuaient pas; il vivait, semblait même oublier la partie détruite. Le mollusque centralisé est bien autrement vulnérable. Quelle porte est ouverte à la mort!

Le mouvement incertain que possédait la méduse et qui parfois au hasard pouvait encore la sauver, le mollusque l'a bien peu, au moins dans les commencements. Tout ce qui lui est accordé, c'est de pouvoir, de sa mue, de la gelée qu'il exude, se créer deux murs qui remplacent et la cuirasse de l'oursin, et le roc où il s'appliquait. Le mollusque a l'avantage de tirer de soi sa défense. Deux valves forment une maison. Maison légère et fragile; ceux qui flottent l'ont transparente. A ceux qui veulent s'attacher, le mucus filant, collant, procure un câble d'ancrage qu'on appelle leur byssus. Il se forme précisément, comme la soie, d'un élément d'abord tout gélatineux. La gigantesque tridacne (le bénitier des églises) tient si ferme par ce câble, que les madrépores s'y trompent. Ils la prennent pour une île, bâtissent dessus, l'enveloppent, finissent par l'étouffer.

Vie passive, vie immobile. Elle n'a d'autre événement que la visite périodique du soleil et de la lumière, d'autre action que d'absorber ce qui vient et de sécréter la gelée qui fit la maison, et peu à peu fera le reste. L'attraction de la lumière toujours dans le même sens centralise la vue. Voilà l'œil. La sécrétion, fixée dans un effort toujours le même, fait un appendice, un organe qui tout à l'heure était le câble, et qui plus tard devient le pied, masse informe, inarticulée, qui peut se prêter à tout. C'est la nageoire de ceux qui flottent, le poinçon de ceux qui se cachent et veulent enfoncer dans le sable, enfin le pied des rampants, un pied peu à peu contractile, qui leur permet de se traîner. Quelques-uns se hasarderont à le bander comme un arc pour sauter maladroitement.

Pauvre troupeau, bien exposé, poursuivi de toutes les tribus, heurté par la vague et froissé des rocs. Ceux qui ne réussissent pas à se bâtir une maison cherchent pour leur tente fragile un lit vivant. Ils demandent abri aux polypes, se perdent dans la mollesse des alcyons flottants. L'Avicule qui donne la perle cherche un peu de tranquillité dans la coupe des éponges. La Pinne cassante n'ose habiter que l'herbe vaseuse. La Pholade niche dans la pierre, recommence les arts de l'oursin, mais dans quelle infériorité! au lieu du ciseau admirable qui peut faire l'envie des tailleurs de pierre, elle n'a qu'une petite râpe, et pour creuser un abri à sa coquille fragile, elle use cette coquille même.

Sauf très-peu d'exceptions, le mollusque est l'être craintif qui se sait la pâture de tous. Le Cône sent si bien qu'on le guette, qu'il n'ose sortir de chez lui, et y meurt de peur de mourir. La Volute, la Porcelaine, traînent lentement leurs jolies maisons, et les cachent autant qu'elles peuvent. Le Casque, pour mouvoir son palais, n'a qu'un petit pied de Chinoise. Il renonce presque à marcher.

Telle vie et telle habitation. Dans nul autre genre, plus d'identité entre l'habitant et le nid. Ici, tiré de sa substance, l'édifice est la continuation de son manteau de chair. Il en suit les formes et les teintes. L'architecte, sous l'édifice, en est lui-même la pierre vive.

Art fort simple pour les sédentaires. L'huître inerte, que la mer viendra nourrir, ne veut qu'une bonne boite à charnière, qu'on puisse entre-bâiller un peu quand l'ermite prendra son repas, mais qu'il referme brusquement s'il craint d'être lui-même le repas de quelque voisin avide.

La chose est plus compliquée pour le mollusque voyageur, qui se dit : « Je possède un pied, un organe pour marcher ; donc je dois marcher. » La chère maison, il ne peut, à volonté, la quitter et la reprendre. En marche, elle lui est nécessaire ; c'est alors qu'on l'attaquera. Il faut qu'elle

11.

abrite du moins le plus délicat de son être, l'arbre par lequel il respire et celui qui puise la vie par ses petites racines, le nourrit et le répare. La tête est bien moins importante; plusieurs la perdent impunément; mais, si les viscères n'étaient toujours sous le bouclier, s'ils étaient blessés, il mourrait.

Ainsi prudent, cuirassé, il cherche sa petite vie. Sa journée faite, la nuit sera-t-il en sécurité dans un logis tout ouvert? Les indiscrets n'iront-ils pas y mettre un regard curieux? qui sait, peut-être la dent!... L'ermite y songe, il y emploie tout ce qu'il a d'industrie; mais nul instrument que le pied, qui lui sert à toutes choses. De ce pied, qui veut clore l'entrée, se développe à la longue un appendice résistant qui tient lieu de porte. Il le met à l'ouverture, et le voilà fermé chez lui.

La difficulté toutefois permanente, la contradiction qui reste encore dans sa nature, c'est qu'il faut qu'il soit garanti, mais en même temps en rapport avec le monde extérieur. Il ne peut, comme l'oursin, s'isoler. Ses éducateurs, l'air, la lumière, peuvent seuls affermir ce corps si mou, l'aider à se faire des organes. Il faut qu'il acquière des sens, l'ouïe, l'odorat, guides de l'aveugle. Il faut qu'il acquière la vue. Il faut surtout qu'il respire.

Grande fonction si impérieuse! nul n'y songe

quand elle est facile. Mais, si elle s'arrête un moment, quel trouble terrible ! Que notre poumon s'engorge, que le larynx seulement s'embarrasse pour une nuit, l'agitation, l'anxiété, sont extrêmes; on n'y tient pas; souvent même, à grand péril, on ouvre toutes les fenêtres. On sait que, chez les asthmatiques, cette torture va si loin, que, ne pouvant se servir de l'organe naturel, ils se créent un moyen supplémentaire de respirer. — De l'air ! de l'air ! ou bien mourir !

La nature ainsi pressée est terriblement inventive. Il ne faut pas s'étonner si ces pauvres enfermés, étouffant sous leur maison, ont trouvé mille appareils, mille genres de soupapes qui les soulagent un peu. Tel respire par des lamelles qui se rangent autour du pied, tel par une sorte de peigne, tel par un disque, un bouclier, d'autres par des fils allongés; quelques-uns ont sur le côté de jolis panaches, ou sur le dos un mignon petit arbre qui tremble, va, vient, respire.

Ces organes si sensibles, qui craignent tant d'être blessés, affectent des formes charmantes ; on dirait qu'ils veulent plaire, attendrir, qu'ils demandent grâce. Leur innocente comédie joue toute la nature, prend toute forme et toute couleur. Ces petits enfants de la mer, les mollusques, en grâce enfantine d'illusion, en riches nuances, lui font sa fête éternelle, sa parure. Tant soit-elle austère, elle est forcée de sourire.

Avec cela, la vie craintive est toute pleine de mélancolie. On ne peut s'empêcher de croire qu'elle ne souffre, la belle des belles, la fée des mers, l'Haliotide, de sa sévère réclusion. Elle a le pied, peut se traîner, mais ne l'ose. « Qui t'en empêche? — J'ai peur... le crabe me guette; que j'entr'ouvre, il est chez moi. Un monde de poissons voraces flotte au-dessus de ma tête. L'homme, mon cruel admirateur, me punit de ma beauté; poursuivie aux mers des Indes, jusque dans les eaux du pôle, maintenant en Californie, on me charge par vaisseaux. »

L'infortunée, n'osant sortir, a trouvé un moyen subtil de faire arriver l'air et l'eau. A sa maison elle fait de minimes fenêtres qui vont à ses petits poumons. La faim cependant l'oblige de se hasarder. Vers le soir, elle rampe un peu alentour et paît quelque plante, son unique nourriture.

Remarquons ici en passant que ces merveilleuses coquilles, non-seulement l'Haliotide, mais la Veuve (blanche et noire), mais Bouche-d'Or (à nacre dorée), sont de pauvres herbivores, de la plus sobre nourriture. — Vivante réfutation de ceux qui croient aujourd'hui la beauté fille de la mort, du sang, du meurtre, d'une brutale accumulation de substance.

Il ne faut à celles-ci presque rien pour vivre. Leur aliment, c'est surtout la lumière qu'elles boivent, dont elles se pénètrent, dont elles colorent et irisent leur appartement intérieur. C'est aussi l'amour solitaire qu'elles cachent en cette retraite. Chacune est double ; en une seule se trouvent l'amante et l'amant. Comme les palais de l'Orient ne montrent au dehors que de tristes murs et dissimulent leurs merveilles, ici le dehors est rude et l'intérieur éblouit. L'hymen s'y fait aux lueurs d'une petite mer de nacre, qui, multipliant ses miroirs, donne à la maison, même close, l'enchantement d'un crépuscule féerique et mystérieux.

C'est une grande consolation d'avoir, sinon le soleil, au moins une lune à soi, un paradis de douces nuances, qui, changeant toujours sans changer, donne à cette vie immobile ce peu de variété dont tout être a le besoin.

Les enfants qui travaillent aux mines demandent aux visiteurs, non des vivres, non de l'argent, mais « de quoi faire de la lumière. » Il en est de même de ces enfants-ci, nos Haliotides. Chaque jour, quoique aveugles, elle sentent la lumière revenir, s'ouvrent à elles avidement, la reçoivent, la contemplent de tout leur corps transparent. Disparue, elles la conservent en elles-mêmes, elles la couvent de leur amoureuse pensée. Elles l'attendent, elles l'espèrent ; elles se font leur petite âme de cet espoir, de ce désir. Qui doutera qu'à son retour elles n'aient bien autant que nous le ravissement du réveil? plus que nous, distraits par la vie, si multiple et si variée?

Pour elles, l'éternité se passe à sentir et deviner, à rêver et regretter le grand amant, le Soleil. Sans le voir à notre manière, elles perçoivent certainement que cette chaleur, cette gloire lumineuse, leur vient du dehors, d'un grand centre puissant et doux. Elles aiment cet autre Moi, ce grand Moi qui les caresse, les illumine de joie, les inonde de vie. Si elles pouvaient, sans doute, elles iraient au-devant de ses rayons. Du moins, attachées à leur seuil, comme le brame méditant aux portes de la pagode, elles lui offrent silencieusement... quoi? la félicité qu'il donne, et ce doux mouvement vers lui. — Fleur première du culte instinctif. C'est déjà aimer et prier, dire le petit mot qu'un saint préférerait à toute prière, le : *Oh!* dont le ciel se contente. Quand l'Indien le dit à l'aurore, il sait que ce monde innocent, nacre, perle, humbles coquilles, s'unit à lui du fond des mers.

Je comprends très-bien ce que sent, en présence de la perle, le cœur ignorant et charmant de la femme qui rêve, est émue, sans savoir pourquoi. Cette perle n'est pas une personne, mais ce n'est pas une chose. Il y a là une destinée.

Quelle adorable blancheur! non, c'est candeur que je veux dire: — virginale? non; c'est bien mieux; les vierges et les petites filles ont toujours, tant douces soient-elles, un peu de jeune verdeur. La candeur de celle-ci serait plutôt celle de l'innocente épouse, si pure, mais soumise à l'amour.

Nulle ambition de briller. Elle adoucit, presque éteint ses lueurs. On n'y voit d'abord qu'un blanc mat. Ce n'est qu'au second regard qu'on commence à découvrir son iris mystérieuse, et, comme on dit, *son orient*.

Où vécut-elle? Demandez au profond Océan. De quoi? demandez au soleil. Elle a vécu de lumière et d'amour de la lumière, comme eût fait un pur esprit.

Grand mystère!... Mais elle-même, elle le fait assez comprendre. On sent que cet être si doux a vécu longtemps immobile, résigné, dans la quiétude qui fait « attendre en attendant, » ne veut rien faire et ne rien vouloir que ce que voudra l'être aimé.

L'enfant de la mer avait mis son beau rêve dans

sa coquille, et celle-ci dans sa nacre, et cette nacre dans sa perle, qui n'est qu'elle-même concentrée.

Mais cette dernière n'arrive, dit-on, que par une blessure, une permanente souffrance, une douleur quasi-éternelle, qui attire, absorbe tout l'être, anéantit sa vie vulgaire en cette divine poésie.

---

J'ai ouï dire que les grandes dames de l'Orient et du Nord, tout autrement délicates que les lourdes enrichies, évitaient les feux du diamant, et n'accordaient de toucher leur fine peau qu'à la douce perle.

En réalité, l'éclair du diamant fait tort à l'éclair de l'amour. Un collier, deux bracelets de perles, c'est l'harmonie d'une femme[1], l'ornement vraiment féminin, qui, au lieu d'amuser, émeut, attendrit l'attendrissement. Cela dit : « Aimons ! Point de bruit ! »

La perle paraît amoureuse de la femme, elle de la perle. Ces dames du Nord, dès qu'elles les ont une fois mises, ne les quittent plus. Elles les portent jour et nuit, les cachent sous les vêtements. Dans de rares occasions, à travers les riches four-

[1] Voir la note à la fin du volume.

rures, toujours doublées de satin blanc, on aperçoit l'heureux bijou, l'inséparable collier.

C'est comme la tunique de soie que l'odalisque porte en dessous, qu'elle aime tant. Elle ne quitte cette favorite qu'elle ne soit usée, déchirée et sans remède hors de combat, sachant que c'est un talisman, l'infatigable aiguillon d'amour.

Il en est ainsi de la perle. Comme la soie, elle s'imprègne du plus intime et boit la vie. Une force inconnue y passe, une vertu de celle qu'on aime. Quand elle a dormi tant de nuits sur son sein, dans sa chaleur, quand elle s'est ambrée de sa peau et a pris ces teintes blondes qui font délirer le cœur, le bijou n'est plus un bijou, c'est une partie de la personne que ne doit plus voir l'œil indifférent. Un seul a droit de le connaître, et, sur ce collier, de surprendre le mystère de la femme aimée.

# IX

L'ÉCUMEUR DE MER (POULPE, ETC.).

Les méduses et les mollusques ont été généralement d'innocentes créatures, on pourrait dire des enfants, et j'ai vécu avec eux dans un monde aimable de paix. Peu de carnassiers jusqu'ici. Ceux mêmes qui étaient forcés de vivre ainsi ne détruisaient que pour le besoin, et encore vivaient la plupart aux dépens de la vie commencée à peine, d'atomes, de gelée animale, qui n'est pas même organisée. Donc, la douleur était absente. Nulle cruauté et nulle colère. Leurs petites âmes, si douces, n'en avaient pas moins un rayon, l'aspiration vers la lumière, et vers celle qui nous vient du ciel, et vers celle de l'amour, révélé en changeante flamme, qui, la nuit, fait la joie des mers.

Maintenant, il me faut entrer dans un monde bien autrement sombre : la guerre, le meurtre. Je suis obligé d'avouer que, dès le commencement, dès l'apparition de la vie, apparut la mort violente, épuration rapide, utile purification, mais cruelle, de tout ce qui languissait, traînait ou aurait langui, de la création lente et faible dont la fécondité eût encombré le globe.

Dans les terrains les plus anciens, on trouve deux bêtes meurtrières, le *Mangeur* et le *Suceur*. Le premier nous est révélé par l'empreinte du Trilobite, espèce aujourd'hui perdue, destructeur éteint des êtres éteints. Le second subsiste en un reste effrayant, un bec presque de deux pieds qui fut celui du grand suceur, seiche ou poulpe (Dujardin). D'après un tel bec, ce monstre, s'il lui était proportionné, aurait eu un corps énorme, des bras-suçoirs épouvantables de vingt ou trente pieds peut-être, comme une prodigieuse araignée.

Chose tragique! ces êtres de mort sont les premiers que l'on trouve au fond de la terre. Est-ce donc à dire que la mort ait pu précéder la vie? Non, mais les animaux mous qui alimentèrent ceux-ci ont fondu, n'ont pas laissé trace ni même empreinte d'eux-mêmes.

Les mangeurs et les mangés étaient-ils deux nations de différente origine? Le contraire est plus probable. Du mollusque, forme indécise, matière encore propre à tout, la force surabondante du jeune monde, sa riche pléthore, prodiguant l'alimentation, dut de bonne heure dégager deux formes, contraires d'apparence, qui allaient au même but. Elle enfla, souffla, sans mesure, le mollusque en un ballon, une vessie absorbante, qui, de plus en plus gonflée et d'autant plus affamée, — mais d'abord sans dents, — suça. D'autre part, la même force, développant le mollusque en membres articulés dont chacun se fit sa coquille, durcissant cet être encroûté, le durcit surtout aux pinces, aux mandibules pour mordre, broyer les choses les plus dures.

Parlons seulement d'abord du premier dans ce chapitre.

Le suceur du monde mou, gélatineux, l'est lui-même. En faisant la guerre aux mollusques, il reste mollusque aussi, c'est-à-dire toujours embryon. Il offre l'aspect étrange, ridicule, caricatural, s'il n'était terrible, de l'embryon allant en guerre, d'un fœtus cruel, furieux, mou, transparent, mais tendu, soufflant d'un souffle meurtrier. Car ce n'est pas pour se nourrir uniquement qu'il guerroie. Il a besoin de détruire. Même rassasié, crevant, il détruit encore. Manquant d'armure défensive, sous son ronflement menaçant, il n'en est pas moins inquiet; sa sûreté, c'est d'attaquer. Il regarde toute créature comme un ennemi possible. Il lui lance à tout hasard ses longs bras, ou plutôt ses fouets armés de ventouses. Il lui lance, avant tout combat, ses effluves paralysantes, engourdissantes, un magnétisme qui dispense du combat.

Double force. A la puissance mécanique de ses bras-ventouses qui enlacent, immobilisent, ajoutez la force magique de cette foudre mystérieuse; ajoutez l'ouïe très-fine, l'œil perçant. Vous êtes effrayés.

Qu'était-ce donc, quand la richesse débordante du premier monde, où ils n'avaient point à chercher, plongés qu'ils étaient toujours dans une mer vivante d'alimentation, les gonflait indéfiniment, ces monstres d'élastique enveloppe qui prêtait à volonté? Ils ont décrû. Cependant Rang atteste qu'il en a vu un de la grosseur d'un tonneau. Péron, dans la mer du Sud, en a rencontré un autre, non moins gros. Il roulait, ronflait, dans la vague, avec grand bruit. Ses bras de six ou sept pieds, se déroulant en tout sens, simulaient une furieuse pantomime d'horribles serpents.

D'après ces récits sérieux, on n'aurait pas dû, ce

semble, repousser avec risée celui de Denis de Monfort, qui atteste avoir vu un énorme poulpe frapper de ses fouets électriques, enlacer, étouffer un dogue malgré ses morsures, ses efforts, ses hurlements de douleur.

Le poulpe, cette machine terrible, peut, comme la machine à vapeur, se charger, surcharger de force, et alors prendre une puissance incalculable d'élasticité, un élan jusqu'à sauter de la mer sur un vaisseau (d'Orbigny, article *Céphal.*). Ceci explique la merveille qui fit accuser de mensonge les anciens navigateurs. Ils avaient eu, disaient-ils, la rencontre d'un poulpe géant qui, sautant sur le tillac, embrassant de ses prodigieux bras les mâts, les cordages, eût pris le vaisseau, dévoré les hommes, si l'on n'eût à coups de hache tranché ses bras. Mutilé, il retomba dans la mer.

Quelques-uns avaient cru lui voir des bras de soixante pieds. D'autres soutenaient avoir vu dans les mers du Nord une île mouvante d'une demi-lieue de tour, qui aurait été un poulpe, l'épouvantable kraken, le monstre des monstres, capable de lier et d'absorber une baleine de cent pieds de long.

Ces monstres, s'ils ont existé, eussent mis en danger la nature. Ils auraient sucé le globe. Mais, d'une part, les oiseaux géants (peut-être l'épiornis) purent leur faire la guerre. D'autre part, la terre, mieux réglée, dut affaiblir, dégonfler l'affreuse chimère en réduisant la gent mangeable, diminuant l'alimentation.

Grâce à Dieu, nos poulpes actuels sont un peu moins redoutables. Leurs espèces élégantes, l'argonaute, gracieux nageur dans son onduleuse coquille, le calmar, bon navigateur, la jolie seiche aux yeux d'azur, se promènent sur l'Océan, n'attaquent que de petits êtres.

En eux apparaît une idée, une ombre du futur appareil vertébral (l'os de seiche qu'on donne aux oiseaux). Ils brillent de toutes couleurs. Leur peau en change à chaque instant. On pourrait les appeler les caméléons de la mer. La seiche a le parfum exquis, l'ambre gris, qu'on ne trouve dans la baleine que comme résidu des seiches en nombre infini qu'elle absorbe. Les marsouins en font aussi une immense destruction. Les seiches, qui sont sociables et vont par troupeaux, au mois de mai, viennent toutes aux rivages pour y déposer des grappes qui sont leurs œufs. Les marsouins les attendent là et en font des banquets splendides. Ces seigneurs sont si délicats, qu'ils ne mangent que la tête, les huit bras, morceau fort tendre et de facile digestion. Ils rejettent le plus dur, l'arrière-corps. Toute la plage (exemple, à Royan) est couverte de milliers de ces misérables seiches ainsi mutilées. Les marsouins en font la fête avec des bonds inouïs, d'abord pour les effrayer, ensuite pour leur donner la chasse ; enfin, après le repas, ils se livrent aux exercices salutaires de la gymnastique.

La seiche, avec l'air bizarre que le bec lui donne, n'en excite pas moins l'intérêt. Toutes les nuances de l'iris la plus variée se succèdent et se fondent sur sa peau transparente selon le jeu de la lumière, le mouvement de la respiration. Mourante, elle vous regarde encore de son œil d'azur et trahit les dernières émotions de la vie par des lueurs fugitives qui montent du fond à la surface, apparaissent par moments pour disparaître aussitôt.

---

La décadence générale de cette classe, si énormément importante aux premiers âges, est moins frappante dans les navigateurs (seiches, etc.), mais visible chez le poulpe proprement dit, triste habitant de nos rivages. Il n'a pas, pour naviguer, la fermeté de la seiche, bâtie sur un os intérieur. Il n'a pas, comme l'argonaute, un extérieur résistant, une coquille qui garantit les organes les plus vulnérables. Il n'a pas l'espèce de voile qui seconde la navigation et dispense de ramer. Il barbote un peu sur la rive, ou, tout au plus, on pourrait le comparer au caboteur qui serre la côte. Son infériorité lui donne des habitudes de ruse perfide, d'embuscade, de craintive audace, si on ose dire. Il se dissimule, se tient coi aux fentes des rochers. La proie passe; il lui allonge prestement son coup de fouet. Les faibles sont engourdis, les forts se dégagent. L'homme ainsi frappé en nageant ne peut se troubler dans sa lutte avec un si misérable ennemi. Il doit, malgré son dégoût, l'empoigner, et, chose aisée, le retourner comme un gant. Il s'affaisse alors et retombe.

On est choqué, irrité, d'avoir eu un moment de peur, au moins de saisissement. Il faut dire à ce guerrier qui vient soufflant, ronflant, jurant : « Faux brave, tu n'as rien au dedans. Tu es un masque plus qu'un être. Sans base, sans fixité, de la personnalité tu n'as que l'orgueil encore. Tu ronfles, machine à vapeur, tu ronfles, et tu n'es qu'une poche, — puis, retourné, une peau flasque et molle, vessie piquée, ballon crevé, et demain un je ne sais quoi sans nom, une eau de mer évanouie. »

# X

## CRUSTACÉS. — LA GUERRE ET L'INTRIGUE

Si l'on visite d'abord notre riche collection des armures du moyen âge, et qu'après avoir contemplé ces pesantes masses de fer dont s'affublaient nos chevaliers, on aille immédiatement au Musée d'histoire naturelle voir les armures des crustacés, on a pitié des arts de l'homme. Les premières sont un carnaval de déguisements ridicules, encombrants et assommants, bons pour étouffer les guerriers et les rendre inoffensifs. Les autres, surtout les armes des terribles décapodes, sont tellement effrayantes, que, si elles étaient grossies seulement à la taille de l'homme, personne n'en soutiendrait la vue ; les plus braves en seraient troublés, magnétisés de terreur.

Ils sont là, tous en arrêt, dans leurs allures de combat, sous ce redoutable arsenal, offensif et défensif, qu'ils portaient si légèrement, fortes pinces, lances acérées, mandibules à trancher le fer, cuirasses hérissées de dards qui n'ont qu'à vous embrasser pour vous poignarder mille fois. On rend grâce à la nature qui les fit de cette grosseur. Car qui aurait pu les combattre? Nulle arme à feu n'y eût mordu. L'éléphant se fût caché ; le tigre eût monté aux arbres ; la peau du rhinocéros ne l'eût pas mis en sûreté.

On sent que l'agent intérieur, le moteur de cette machine, centralisé dans sa forme (presque toujours circulaire), eut par cela seul une force énorme. La svelte élégance de l'homme, sa forme longitudinale, divisée en trois parties, avec quatre grands appendices, divergents, éloignés du centre, en font, quoi qu'on dise, un être très-faible. Dans ces armures de chevaliers, les grands bras télégraphiques, les lourdes jambes pendantes, donnent la triste impression d'un être décentralisé, impuissant et chancelant, qu'un choc léger couchait par terre. Au contraire, chez le crustacé, les appendices tiennent de si près et si bien à la masse ronde, courte, ramassée, que le moindre coup qu'il donna fut donné par toute la masse. Quand l'animal pinça, piqua, trancha, ce fut de tout son être, qui, même au bout de son arme, avait sa complète énergie.

Il a deux cerveaux (tête et tronc); mais, pour se serrer, obtenir cette terrible centralisation, l'animal a pris un parti, c'est de n'avoir pas de cou, d'avoir sa tête dans son ventre. Merveilleuse simplification. Cette tête unit les yeux, les palpes, les pinces et les mâchoires. Dès que l'œil perçant a vu, les palpes tâtent, les pinces serrent, les mâchoires brisent, et derrière elles, sans intermédiaire, l'estomac, qui lui-même a une machine pour broyer, triture et dissout. En un moment tout est fini, la proie disparue, digérée.

Tout est supérieur en cet être :

Les yeux voient devant et derrière. Convexes, extérieurs, à facettes, ils sont à même d'embrasser une grande partie de l'horizon.

Les palpes ou antennes, organes d'essai, d'avertissement, de triple expérimentation, ont le tact au bout, à la base l'ouïe, l'odorat. Avantage immense que nous n'avons pas. Que serait-ce si la main humaine flairait, entendait? Combien notre observation serait rapide et d'ensemble! Dispersée entre trois sens qui travaillent séparément, l'impression par cela est souvent inexacte, ou s'évanouit.

Des dix pieds (du décapode), six sont des mains, des tenailles, et, de plus, par l'extrémité, ce sont des organes de respiration. Le guerrier se tire ici par un expédient révolutionnaire du problème qui a tant embarrassé le pauvre mollusque : « Respirer, malgré la coquille. » Il a répondu à cela : « Je respirerai par le pied, la main. Cet endroit faible où je pourrais donner prise, je le mets dans l'arme de guerre. Et qu'on vienne l'attaquer là ! »

———

Leurs seuls ennemis redoutables sont la tempête et le rocher. Peu voyagent en haute mer, peu au fond. Ils sont presque tous au rivage à guetter des proies. Souvent, pendant qu'ils sont là à attendre que l'huître bâille pour en faire leur déjeuner, la mer grossit, les prend, les roule. Leur armure fait leur péril. Dure, sans élasticité, elle reçoit tous les chocs à sec, rudement et de manière cassante. Leurs pointes aux pointes du roc s'écachent, éclatent, se brisent. Ils ne s'en tirent que mutilés. Heureusement, comme l'oursin, ils peuvent se réparer, substituer au membre brisé un membre supplémentaire. Ils comptent tellement là-dessus, que, pris, eux-mêmes ils se cassent un membre pour se délivrer.

Il semble que la nature favorise spécialement

des serviteurs si utiles. Contre son infini fécond, elle a dans les crustacés un infini d'absorption. Ils sont partout, sur toutes plages, aussi diversifiés que la mer. Ses vautours goëlands, mouettes, partagent avec les crustacés la fonction essentielle d'agents de la salubrité. Qu'un gros animal échoue, à l'instant l'oiseau dessus, le crabe dessous et dedans travaillent à le faire disparaître.

Le crabe minime et sauteur qu'on prendrait pour un insecte (le talitre) occupe les plages sablonneuses, habite dessous. Qu'un naufrage jette en quantité les méduses ou autres corps, vous voyez le sable onduler, se mouvoir, puis se couvrir des nuées de ces croque-morts danseurs, qui fourmillants, sautillants, approprient gaiement la plage, s'efforçant de balayer tout entre deux marées.

Grands, robustes, pleins de ruse, les crabes ou cancres sont un peuple de combat. Ils ont si bien l'instinct de guerre, qu'ils savent employer jusqu'au bruit pour effrayer leurs ennemis. En attitude menaçante, ils vont au combat, les tenailles hautes et faisant claquer leurs pinces. Avec cela, circonspects devant une force supérieure. Au moment de la basse mer, du haut d'un roc, je les voyais. Mais, quoique je fusse bien haut, dès qu'ils se sentaient regardés, l'assemblée battait en retraite, les guerriers, courant de travers, comme ils font, en un moment, rentraient chacun sous sa guérite. Ce ne sont pas des Achille, mais plutôt des Annibal. Dès qu'ils se sentent forts, ils attaquent. Ils mangent les vivants et les morts. L'homme blessé a tout à craindre. On conte qu'en une île déserte ils mangèrent plusieurs des marins de Drake, assaillis, accablés de leurs grouillantes légions.

Nul être vivant ne peut les combattre à armes égales. Le poulpe géant qui étouffe le plus petit crustacé y risque ses tentacules. Le poisson le plus glouton hésite pour avaler un être si épineux.

Dès que le crustacé grossit, il est le tyran, l'effroi des deux éléments. Son inattaquable armure est en état d'attaquer tout. Il multiplierait à l'excès, romprait la balance des êtres, s'il n'avait dans cette armure son entrave et son danger. Fixe et dure, ne prêtant pas aux variations de la vie, elle est pour lui une prison.

Pour s'ouvrir, à travers ce mur, la voie de la respiration, il a dû en placer la porte dans un membre casuel qu'il perd fréquemment, la patte. Pour faire place à la croissance, à l'extension progressive de ses organes intérieurs, il faut, chose si dangereuse! que la cuirasse, amollie par moments et flasque, ne soit qu'une peau. Elle n'admet un tel changement qu'en se dépouillant, se pelant, jetant une partie d'elle-même. Mue complète. Les yeux, les branchies qui leur tiennent lieu de poumons, la subissent, comme tout le reste.

C'est un spectacle de voir l'écrevisse se renverser, s'agiter, se tourmenter, pour s'arracher d'elle-même. L'opération est si violente, qu'elle y brise quelquefois ses pattes. Elle reste épuisée, faible, molle. En deux ou trois jours, le calcaire reparaît, cuirasse la peau. Le crabe n'en est pas quitte ainsi ; il lui faut beaucoup de temps pour reprendre sa carapace. Et jusque-là tous les êtres, les plus faibles, en font curée. La justice et l'égalité reviennent ici terribles. Les victimes ont leur revanche. Le fort subit la loi des faibles, tombe à leur niveau, comme espèce, au grand balancement de la mort.

Si l'on ne mourait qu'une fois ici-bas, il y aurait moins de tristesse. Mais tout être qui a vie doit mourir un peu tous les jours, c'est-à-dire muer, subir la petite mort partielle qui renouvelle et fait vivre. De là un état de faiblesse et aussi de mélancolie qu'on n'avoue pas facilement. Mais que faire ? L'oiseau, qui change de plumage par saison, est triste. Plus triste la pauvre couleuvre à son grand changement de peau. La personne humaine aussi mue de peau et de tout tissu, par mois, par jour, par instants, elle perd un peu d'elle-même incessamment, doucement. Elle n'en est pas abattue, elle est seulement affaiblie, dans un moment vague et rêveur, où pâlit la flamme vitale pour revenir plus lucide.

Combien la chose est plus terrible chez l'être où tout doit changer à la fois, la charpente se disjoindre, l'inflexible enveloppe s'écarter, s'arracher! Il est accablé, assommé, défaillant, absent de lui-même, livré au premier venu.

Il est des crustacés d'eau douce qui doivent mourir ainsi vingt fois en deux mois. D'autres (des crustacés suceurs) succombent à cette fatigue, ne peuvent pas se refaire les mêmes, mais se déforment et perdent le mouvement. Ils donnent, pour ainsi dire, leur démission d'êtres chasseurs. Ils cherchent lâchement une vie paresseuse et parasitique, un honteux abri aux viscères des grands animaux, qui, malgré eux, les nourrissent, s'épuisent à leur profit, quêtent et travaillent pour eux.

---

L'insecte, dans sa chrysalide, paraît s'oublier, s'ignorer, rester étranger aux souffrances, on dirait plutôt jouir de cette mort relative, comme un nourrisson dans le berceau tiède. Mais le crustacé, dans la mue, se voit, se sait tel qu'il est; précipité tout à coup de la vie la plus énergique à une déplorable impuissance. Il semble effaré, éperdu. Tout ce qu'il sait faire, c'est de passer sous une pierre, d'attendre tremblant. N'ayant jamais rencontré d'ennemi sérieux ni d'obstacle, dispensé de toute industrie par la supériorité de ses armes terribles, au jour où elles lui manquent, il n'a nulle ressource. L'association pourrait le protéger peut-être si la mue ne venait pour tous, et si chacun à ce moment n'était également désarmé, hors d'état de protéger les malades, l'étant lui-même. On dit pourtant qu'en certaines espèces le mâle veut défendre sa femelle, la suit, et que, si on la prend, les époux sont pris tous les deux.

———

Cette terrible servitude de la mue, l'âpre recherche de l'homme (de plus en plus roi des rivages), enfin la disparition d'espèces antiques qui les nourrissaient richement, ont dû amener pour eux une certaine décadence. Le poulpe, qui n'est bon à rien, qu'on ne chasse ni ne mange, a bien déchu de taille et de nombre. Combien plus le crustacé, dont la chair est si excellente, et dont toute la nature a le goût et l'appétit!

Ils ont l'air de le savoir. Ceux d'entre eux qui sont les moins forts imaginent, on ne peut dire des arts pour se protéger, mais de grossières petites fraudes. Ils s'ingénient et s'intriguent. Ce dernier mot est le vrai. Ils font l'effet d'intrigants, de gens déclassés, qui, sans métier avouable, vivent d'expédients, de ressources peu choisies. Factotums bâtards, ni chair, ni poisson, ils s'arrangent un peu de tout, des morts, des mourants, des vivants, parfois d'animaux terrestres. L'Oxystome se fait un masque, une visière et vole la nuit. Le Birgus, le soir venu, quitte la mer, va à la maraude, monte même sur les cocotiers, mange des fruits, ne trouvant mieux. Les Dromies se dissimulent en se faisant un habit de corps étrangers. Le Bernard-l'ermite, qui ne peut pas achever de durcir sa carapace, imagine, pour garder mieux la partie qui reste molle, de se faire un faux mollusque. Il avise une coquille bien à sa taille, mange l'habitant, s'accommode du logis volé, si bien qu'il le porte avec lui. Le soir, dans ce déguisement, il va aux vivres : on l'entend, on le reconnaît, le pèlerin, au bruit de sa coquille, qu'il ne peut s'empêcher de faire en boitant et trébuchant.

D'autres enfin, plus honnêtes, découragés du

mouvement et des combats de la mer, se laissent gagner à la terre, moins guerrière et moins agitée. L'hiver, et presque toujours, ils l'habitent, y font des terriers. Peut-être ils changeraient tout à fait, et se constitueraient insectes, si la mer ne leur restait chère, comme leur patrie d'amour. De même qu'une fois par an les douze tribus d'Israël s'en allaient à Jérusalem pour la fête des Tabernacles, on voit sur certaines plages ces fidèles enfants de la mer qui s'en vont, en corps de peuple, lui présenter leurs hommages, lui confier leurs tendres œufs, à cette grande et bonne nourrice, et recommander leurs petits à celle qui berça leurs aïeux.

## XI

LE POISSON

Le libre élément, la mer, doit tôt ou tard nous créer un être à sa ressemblance, un être éminemment libre, glissant, onduleux, fluide, qui coule à l'image du flot, mais en qui la mobilité merveilleuse vienne d'un miracle intérieur, plus grand encore, d'un organisme central, fin et fort, très-élastique, tel que jusqu'ici nul être n'eut rien d'approchant.

Le mollusque rampant sur le ventre fut le pauvre serf de la glèbe. Le poulpe, avec son orgueil, son enflure, son ronflement, mauvais nageur et point marcheur, n'est guère moins le serf du hasard; sans sa puissance d'engourdir, il n'eût pas vécu. Le crustacé belliqueux, tour à tour si haut et si bas, la terreur, la risée de tous, subit les morts alternatives où il est l'esclave, la proie, le jouet même du plus faible.

Grandes et terribles servitudes : comment nous en dégager?

---

La liberté est dans la force. Dès l'origine, à tâtons, la vie, en cherchant la force, semblait confusément rêver la future création d'un axe central qui ferait l'être un, et décuplerait la vigueur du mouvement. Les rayonnés, les mollusques, en eurent des pressentiments, en ébauchèrent quelques essais. Mais ils étaient trop distraits par le problème accablant de la défense extérieure. L'enveloppe, toujours l'enveloppe, c'est ce qui préoccupait obstinément ces pauvres êtres. En ce genre, ils firent des chefs-d'œuvre : boule épineuse de l'oursin, conque tout à la fois ouverte et fermée de l'haliotide, enfin l'armure du crustacé à pièces articulées, perfection de la défense, et terriblement offensive! Quoi de plus? qu'ajoutera-t-on? rien, ce semble.

Rien? non, tout. Qu'il vienne un être qui se fie au mouvement, un être de libre audace, qui méprise tous ces gens comme infirmes ou tardigrades, qui considère l'enveloppe comme chose subordonnée et concentre la force en soi.

Le crustacé s'entourait comme d'un squelette extérieur. Le poisson se le fait au centre, en son intime intérieur, sur l'axe où les nerfs, les muscles, tout organe viendra s'attacher.

Fantasque invention, ce semble, et au rebours du bon sens : placer le dur, le solide, précisément à l'endroit que garde si bien la chair ! L'os, si utile au dehors, le mettre à la place profonde où sa dureté sert si peu !

Le crustacé dut en rire, quand il vit la première fois un être mou, gros, trapu (les poissons de la mer des Indes), qui, s'essayant, glissait, coulait, sans coquille, armure, ni défense ; n'ayant sa force qu'au dedans, protégé uniquement par sa fluidité gluante, par le mucus exubérant qui l'entoure, et qui, peu à peu, se fixe en écailles élastiques. Molle cuirasse qui prête et plie, qui cède sans céder tout à fait.

---

C'était une révolution analogue à celle de Gustave-Adolphe quand il allégea son soldat des pesantes armures de fer, ne lui couvrant plus la poitrine que d'un justaucorps de chamois, d'une peau forte, légère et souple.

Révolution hardie, mais sage. Notre poisson, n'étant plus, comme le crabe, captif d'une armure, est du même coup délivré de la condition cruelle à laquelle tenait cette armure, la *mue*, le danger, la faiblesse, l'effort, la déperdition énorme de force qui se fait en ce moment. Il mue peu et lentement, comme l'homme et les grands animaux. Il épargne, amasse la vie, se crée le trésor d'un puissant système nerveux, à nombreux fils télégraphiques qui vont sonner, retentir à l'épine et au cerveau. Que l'os soit absent ou très-mou, que le poisson garde encore l'apparence embryonnaire, il n'en a pas moins sa grande harmonie par ce riche écheveau des filets nerveux.

Nous n'avons pas dans le poisson les faiblesses élégantes du reptile et de l'insecte, si sveltes, qu'on peut, à telles places, couper comme un fil. Il est segmenté comme eux, mais ces segments sont dessous, bien cachés et bien gardés. Il s'en aide pour se contracter sans s'exposer, comme ils font, à être aisément divisé.

Comme le crustacé, le poisson préfère la force à la beauté, et, pour cela, il supprime le cou. Tête et tronc, tout est d'une masse. Principe admirable de force, qui fait que pour couper l'eau, un élément si divisible, il frappe énormément fort, s'il veut mille fois plus qu'il ne faut. Alors c'est un trait, une flèche, la rapidité de la foudre.

L'os intérieur, qui dans la seiche apparut unique et informe, ici est un grand système *un, mais très-multiple*, — un pour la force d'unité, — multiple pour l'élasticité, pour s'approprier aux muscles, qui, contractés, dilatés tour à tour, font le mouvement. Merveille, véritable merveille que cette forme du poisson, si compacte (à voir du dehors), et si contractable au dedans, cette carène de fines côtes si flexibles (dans le hareng, dans l'alose, etc.), où s'attachent les muscles moteurs qui poussent d'un choc alternatif. Aussi il n'expose au dehors que des rames auxiliaires, courtes nageoires qui risquent peu, qui, fortes, piquantes et gluantes, blessent, éludent, échappent. Que tout cela est supérieur au poulpe ou à la méduse, qui présentent à tout venant de molles tentacules de chair, friand morceau pour l'appétit des crustacés ou des marsouins!

Au total, ce vrai fils de l'eau, mobile autant que sa mère, glisse à travers par son mucus, fend de sa tête, choque des muscles (contractés sur ses vertèbres, sur ses fines côtes onduleuses), enfin de ses fortes nageoires il coupe, il rame, il dirige.

La moindre de ces puissances suffirait. Il les unit toutes, — type absolu du mouvement.

L'oiseau même est moins mobile, en ce sens qu'il a besoin de *poser*. Il est fixé pour la nuit. Le poisson jamais. Endormi il flotte encore.

Mobile à ce point, il est en même temps au plus haut degré robuste et vivace. Partout où on voit de l'eau, on est sûr de le trouver ; c'est l'être universel du globe. Aux plus hauts lacs des Cordillères et des montagnes d'Asie, où l'air est si raréfié, où nul être ne vit plus, là, dans une grande solitude, le poisson seul s'obstine à vivre. C'est le goujon, le poisson rouge, qui ont la gloire de voir ainsi toute la terre au-dessous d'eux. De même, aux grandes profondeurs, sous des pesanteurs effroyables, habitent les harengs, les morues. Forbes, qui divise la mer en une dizaine de couches ou étages superposés, les a trouvés tous habités, et au dernier, qu'on croit si sombre, il a trouvé un poisson muni d'admirables yeux, qui y voit par conséquent et trouve assez de lumière dans ce qui nous semble la nuit.

Autre liberté du poisson. Nombre d'espèces (saumons, aloses, anguilles, esturgeons, etc.) supportent également l'eau douce et l'eau de mer, alternent, et régulièrement vont de l'une à l'autre. Plusieurs familles de poissons ont des espèces marines et d'autres fluviatiles (exemples, les raies, les bars).

Toutefois tel degré de chaleur, telle nourriture, telle habitude, semblent les fixer, les parquer, dans cet élément si libre. Les mers chaudes sont comme un mur pour les espèces polaires, qui les trouvent infranchissables. D'autre part, ceux des mers chaudes sont arrêtés aux courants froids du cap de Bonne-Espérance. On ne connaît que deux ou trois espèces de poissons cosmopolites. Peu fréquentent la haute mer. La plupart sont littoraux et n'aiment que certains rivages. Ceux des États-Unis ne sont point ceux de l'Europe. Ajoutez des spécialités de goût, qui ne les enchaînent pas absolument, mais les retiennent. La raie barbote sur la vase, et les soles aux fonds sablonneux, les cottes rampent sur les hauts-fonds, la murène se plaît sur les roches, et la perche sur les grèves, les balistes dans l'eau peu profonde sur un lit de madrépores. La scorpène, tour à tour nage et vole ; poursuivie par les poissons, elle s'élance, se soutient dans l'air, et si les oiseaux la chassent, elle plonge à l'instant dans les flots.

---

Le proverbe populaire : « Heureux comme un poisson dans l'eau, » exprime une vérité. Dans les temps calmes, un ballon d'air, plus ou moins chargé et qui lui permet de se faire plus ou moins pesant, le fait naviguer à son aise suspendu entre deux eaux. Il va, paisible, bercé, caressé du flot, dort, s'il veut, en route. Il est tout à la fois embrassé et isolé par la substance onctueuse qui rend sa peau, ses écailles glissantes et imperméables. Son milieu est peu variable, toujours à peu près le même, pas trop froid et pas trop chaud. Quelle terrible différence entre une vie si commode et celle qui nous est départie, à nous habitants de la terre! Chaque pas que nous faisons nous fait rencontrer des aspérités, des obstacles. La rude terre nous met des pierres au passage, nous fatigue, nous épuise, à monter, descendre, remonter ses pentes. L'air varie selon les saisons, et souvent très-cruellement. L'eau, la froide pluie, pendant des nuits et des jours, tombe impitoyablement, nous pénètre, nous morfond, parfois gèle à nos cheveux, et nous entoure frissonnants des pointes aiguës de ses cristaux.

La félicité du poisson, sa bienheureuse plénitude de vie, s'expriment sous les tropiques par le luxe de ses couleurs, et se traduit dans le Nord par la vigueur du mouvement. Dans l'Océanie et la mer des Indes, ils jouent, errent et vagabondent, sous les formes les plus bizarres, les plus fantastiques parures ; ils prennent leurs ébats joyeux entre les coraux, sur les fleurs vivantes. Nos poissons des mers froides et tempérées sont les grands voiliers, les rameurs puissants, les vrais navigateurs. Leurs formes allongées et sveltes en font des flèches de vitesse. Ils peuvent en remontrer à tout constructeur de vaisseaux ; quelques-uns ont jusqu'à dix nageoires, qui, à volonté rames et voiles, peuvent être tenues toutes ouvertes, ou bien en partie pliées. La queue, merveilleux gouvernail, est aussi la principale rame. Les meilleurs nageurs l'ont fourchue ; c'est l'épine entière qui aboutit là, et qui, contractant ses muscles, fait avancer le poisson.

La raie a deux nageoires immenses, deux grandes ailes pour battre les flots. Sa queue longue, souple et déliée, est une arme pour frapper, un fouet pour fendre et diviser la densité de la lame. Mince et déplaçant si peu d'eau, filant dans un sens oblique, elle est par cela même aisément soulevée et n'a que faire de la vessie qui soutient les poissons épais. Ainsi tous ont des appareils appropriés à leur milieu. La sole est ovale, aplatie, pour se glisser dans le sable. L'anguille, pour se rouler sur les vases, prend des formes serpentines et se fait un long ruban. Les lophies, qui doivent vivre souvent accrochées aux rochers, ont des nageoires-mains qui rappellent le poisson moins que la grenouille.

La vue est le sens de l'oiseau, l'odorat celui du poisson. Le faucon dans les nuages perce du regard l'espace profond, voit le gibier presque invisible. De même, des profondeurs de l'eau, à l'odeur d'une proie tentante, la raie est avertie, remonte. Dans ce monde demi-obscur, de lueurs douteuses et trompeuses, on se fie à l'odorat, parfois au toucher. Ceux qui, comme l'esturgeon, fouillent la vase, ont le tact exquis. Le requin, la raie, la morue (avec ses gros yeux écartés), voient mal, mais flairent et sentent. Chez la raie, l'odorat est si sensible, qu'elle a un voile tout exprès pour le fermer par moment, et en annuler la puissance, qui sans doute l'importunerait et la prendrait au cerveau.

A ce puissant moyen de chasse, ajoutez des dents admirables, acérées, parfois en scie, multipliées chez quelques-uns en plusieurs rangées, au point de paver la bouche, le palais et le gosier. La langue même en est armée. Ces dents, fines, partant fragiles, en ont d'autres, derrière, toutes prêtes, si elles cassent, pour les remplacer.

Nous l'avons dit dès l'ouverture de ce second livre, il a fallu que la mer produisît ces êtres terribles, ces tout-puissants destructeurs, pour combattre, guérir elle-même l'étrange mal qui la travaille, l'excès de la fécondité. La Mort, chirurgien secourable, par une saignée persévérante, d'abondance immense, la soulage de cette pléthore dont elle eût été noyée. L'épouvantable torrent de génération qui s'y fait, le déluge du hareng, les milliards d'œufs de la morue, tant d'effrayantes machines à multiplier, qui, décuplant, centuplant, combleraient les océans, étoufferaient la nature, elle s'en défend surtout par l'engouffrement rapide de la machine de mort, le nageur armé, le poisson.

Beau spectacle, grand, saisissant. Le combat universel de la Mort et de l'Amour ne semble rien sur la terre lorsqu'on oppose vis-à-vis ce qu'il est au fond de la mer. Là, d'inconcevable grandeur, il effraye par sa furie, mais en regardant de plus près on le voit très-harmonique et d'un surprenant équilibre. Cette furie est nécessaire. Cet échange de la substance, si rapide (à éblouir!), cette prodigalité de la mort, c'est le salut.

Rien de triste; une joie sauvage semble régner dans tout cela. De cette vie de la mer, âprement mêlée des deux forces qui semblent se détruire l'une l'autre, ressort une santé merveilleuse, une pureté incomparable, une beauté terrible et sublime. Dans les morts et dans les vivants, elle triomphe également. Sans en faire grande différence, elle leur prête et leur reprend l'électricité, la lumière, elle en tire ce jeu d'étincelles, et cet infini d'éclairs pâles, qui, jusque sous la nuit du pôle, fait sa sinistre féerie.

La mélancolie de la mer n'est pas dans son insouciance à multiplier la mort. Elle est dans son impuissance de concilier le progrès avec l'excès du mouvement.

Elle est cent fois et mille fois plus riche que la terre, plus rapidement féconde. Elle édifie même et bâtit. Les accroissements que prend la terre (on l'a vu par les coraux), elle les tient de la mer encore; car la mer n'est pas autre chose que le globe en son travail, en son plus actif enfantement. Elle a son obstacle unique dans cette rapidité. Son infériorité paraît à la difficulté qu'elle a (elle si riche de génération) pour organiser l'Amour.

On est triste quand on songe que les milliards et milliards des habitants de la mer n'ont que l'amour vague encore, élémentaire, impersonnel. Ces peuples qui, chacun à son tour, montent et viennent en pèlerinage vers le bonheur et la lumière, donnent à flots le meilleur d'eux-mêmes, leur vie, à la chance inconnue. Ils aiment, et ils ne connaîtront jamais l'être aimé où leur rêve, leur désir se fût incarné. Ils enfantent, sans avoir jamais cette félicité de renaissance qu'on trouve en sa postérité.

Peu, très-peu, des plus vivants, des plus guerriers, des plus cruels, ont l'amour à notre manière. Ces monstres si dangereux, le requin et sa requine, sont forcés de s'approcher. La nature leur a imposé le péril de s'embrasser. Baiser terrible et suspect. Habitués à dévorer, engloutir tout à l'aveugle (animaux, bois, pierres, n'importe), cette fois, chose admirable ! ils s'abstiennent. Quelque appétissants qu'ils puissent être l'un pour l'autre, impunément, ils s'approchent de leur scie, de leurs dents mortelles. La femelle, intrépidement, se laisse accrocher, maîtriser, par les terribles grappins qu'il lui jette. Et, en effet, elle n'est pas dévorée. C'est elle qui l'absorbe et l'emporte. Mêlés, les monstres furieux roulent ainsi des semaines entières, ne pouvant, quoique affamés, se résigner au divorce, ni s'arracher l'un de l'autre, et, même en pleine tempête, invincibles, invariables dans leur farouche embrassement.

On prétend que, séparés même, ils se poursuivent encore d'amour, que le fidèle requin, attaché à ce doux objet, la suit jusqu'à sa délivrance, aime son héritier présomptif, unique fruit de ce mariage, et jamais, jamais ne le mange. Il le suit et veille sur lui. Enfin, s'il vient un péril, cet excellent père le ravale et l'abrite dans sa vaste gueule, mais non pas pour le digérer.

Si la vie des mers a un rêve, un vœu, un désir confus, c'est celui de la fixité. Le moyen violent, tyrannique, du requin, ces prises d'acier, ce grappin sur la femelle, la fureur de leur union, donnent l'idée d'un amour de désespérés. Qui sait en effet si dans d'autres espèces, douces et propres à la famille, qui sait si cette impuissance d'union, cette fluctuation sans fin d'un voyage éternel sans but, n'est pas une cause de tristesse? Ils deviennent, ces enfants des mers, tout amoureux de la terre. Beaucoup remontent dans les fleuves, acceptent la fadeur de l'eau douce, si pauvre et si peu nourrissante, pour lui confier, loin des tempêtes, l'espoir de leur postérité. Tout au moins ils se rapprochent des rivages de la mer, cherchent quelque anse sinueuse. Ils deviennent même industrieux, et, de sable, de limon, d'herbe, essayent de faire de petits nids. Effort touchant. Ils n'ont nullement les instruments de l'insecte, merveille d'industrie animale. Ils sont dépourvus bien plus que l'oiseau. C'est à force de persévérance, sans mains, ni pattes, ni bec, uniquement de leur pauvre corps, qu'ils rassemblent un paquet d'herbes, le percent, y passent et repassent, jusqu'à obtenir une certaine cohésion (voir Coste sur les épinoches). Mais que de choses les entravent! La femelle, aveugle et gourmande, trouble le travail, menace les œufs. Le mâle ne les quitte pas, les défend, les protége, plus mère que la mère elle-même.

Cet instinct se trouve dans plusieurs espèces, spécialement chez les plus humbles, les gobies, un petit poisson, ni beau, ni bon ; si méprisé, qu'on ne daigne pas le pêcher ; ou, pêché, on le rejette. Eh bien, ce dernier des derniers est un tendre père de famille, laborieux, qui, si petit, si faible, si dépourvu, n'en est pas moins l'architecte ingénieux, l'ouvrier du nid, et, de sa volonté seule, de sa tendresse, vient à bout de construire le berceau protecteur.

C'est pitié, cependant, de voir qu'un tel effort de cœur n'atteigne pas tout son but, que cet être soit arrêté à ce premier élan de l'art par la fatalité de sa nature. On tombe dans la rêverie. On sent que ce monde des eaux ne se suffit pas à lui-même.

---

Grande mère qui commenças la vie, tu ne peux la mener à bout. Permets que ta fille, la Terre, continue l'œuvre commencée. Tu le vois, dans ton sein même, au moment sacré, tes enfants rêvent la Terre et sa fixité ; ils l'abordent, lui rendent hommage.

A toi de commencer encore la série des êtres nouveaux par un prodige inattendu, une ébauche grandiose de la chaude vie amoureuse, de sang, de lait, de tendresse, qui dans les races terrestres aura son développement.

## XII

### LA BALEINE

« Le pêcheur, attardé dans les nuits de la mer du Nord, voit une île, un écueil, comme un dos de montagne, qui plane, énorme, sur les flots. Il y enfonce l'ancre... L'île fuit et l'emporte. Léviathan fut cet écueil. » (Milton.)

Erreur trop naturelle, Dumont Durville y fut trompé. Il voyait au loin des brisants, un remous tout autour. En avançant, des taches blanches semblaient désigner un rocher. Autour de ce banc l'hirondelle et l'oiseau des tempêtes, le pétrel, se jouaient, s'ébattaient, tournoyaient. Le rocher surnageait, vénérable d'antiquité, tout gris de coronules, de coquilles et de madrépores. Mais la masse se meut. Deux énormes jets d'eau, qui partent de son front, révèlent la baleine éveillée.

L'habitant d'une autre planète qui descendrait sur la nôtre en ballon, et, d'une grande hauteur observerait la surface du globe, voulant savoir s'il est peuplé, dirait : « Les seuls êtres qu'il m'est donné de découvrir ici sont d'assez belle taille, de cent à deux cents pieds de long ; leurs bras n'ont que vingt-quatre pieds, mais leur superbe queue, de trente, bat royalement la mer, la maîtrise, les fait avancer avec une rapidité, une aisance majestueuse, auxquelles on reconnaît très-bien les souverains de la planète. »

Et il ajouterait : « Il est fâcheux que la partie solide de ce globe soit déserte, ou n'ait que des animalcules trop petits pour qu'on les distingue. La mer seule est habitée, et d'une race bonne et douce. La famille y est en honneur, la mère allaite avec tendresse, et quoique ses bras soient bien courts, elle trouve moyen, dans la tempête, de serrer contre elle-même et de protéger son petit. »

---

Ils vont ensemble volontiers. On les voyait jadis naviguer deux à deux, parfois en grandes familles de dix ou douze, dans les mers solitaires. Rien n'était magnifique comme ces grandes flottes, parfois illuminées de leur phosphorescence, lançant des colonnes d'eau de trente à quarante pieds qui, dans les mers polaires, montaient fumantes. Ils approchaient paisibles, curieux, regardant le vaisseau comme un frère d'espèce nouvelle; ils y prenaient plaisir, faisaient fête au nouveau venu. Dans leurs jeux ils se mettaient droits et retombaient de leur hauteur, à grand fracas, faisant un gouffre bouillonnant. Leur familiarité allait jusqu'à toucher le navire, les canots. Confiance imprudente, trompée si cruellement,! En moins d'un siècle, la grande espèce de la baleine a presque disparu.

Leurs mœurs, leur organisation, sont celles de nos herbivores. Comme les ruminants, ils ont une succession d'estomacs où s'élabore la nourriture; les dents leur sont peu nécessaires, ils n'en ont pas. Ils paissent aisément les vivantes prairies de la mer; j'entends les fucus gigantesques, doux et gélatineux; j'entends des couches d'infusoires, des bancs d'atomes imperceptibles. Pour de tels aliments, la chasse n'est pas nécessaire. N'ayant nulle occasion de guerre, ils ont été dispensés de se faire les affreuses mâchoires et les scies, ces instruments de mort et de supplice, que le requin et tant de bêtes faibles ont acquis à force de meurtres. Ils ne poursuivent point. (Boitard.) C'est l'aliment plutôt qui va à eux, apporté par le flot. Innocents et paisibles, ils engouffrent un monde à peine organisé qui meurt avant d'avoir vécu, passe endormi à ce creuset de l'universel changement.

Nul rapport entre cette douce race de mammifères qui ont, comme nous, le sang rouge et le lait, et les monstres de l'âge précédent, horribles avortons de la fange primitive. Les baleines, bien plus récentes, trouvèrent une eau purifiée, la mer libre et le globe en paix.

Il avait rêvé son vieux rêve discordant des lézards-poissons, des dragons volants, le règne effrayant du reptile ; il sortait du brouillard sinistre pour entrer dans l'aimable aurore des conceptions harmoniques. Nos carnivores n'avaient pas pris naissance. Il y eut un petit moment (quelque cent mille années peut-être) de grande douceur et d'innocence, où sur terre parurent les êtres excellents (sarigues, etc.), qui aiment tant leur famille, la portent sur eux et en eux, la font, s'il le faut, rentrer dans leur sein. Sur l'eau parurent les bons géants.

Le lait de la mer, son huile, surabondaient ; sa chaude graisse, animalisée, fermentait dans une puissance inouïe, voulait vivre. Elle gonfla, s'organisa en ces colosses, enfants gâtés de la nature, qu'elle doua de force incomparable et de ce qui vaut plus, du beau sang rouge ardent. Il parut pour la première fois.

Ceci est la vraie fleur du monde. Toute la création à sang pâle, égoïste, languissante, végétante relativement, a l'air de n'avoir pas de cœur, si on la compare à la vie généreuse qui bouillonne dans cette pourpre, y roule la colère ou l'amour. La force du monde supérieur, son charme, sa beauté, c'est le sang. Par lui commence une jeunesse toute nouvelle dans la nature, par lui une flamme de désir, l'amour, et l'amour de famille, de race, qui, étendu par l'homme, donnera le couronnement divin de la vie, la Pitié.

Mais, avec ce don magnifique, augmente infiniment la sensibilité nerveuse. On est plus vulnérable, bien plus capable de jouir, de souffrir. La baleine n'ayant guère le sens du chasseur, l'odorat, ni l'ouïe très-développée, tout en elle profite au toucher. La graisse, qui la défend du froid ne la garde nullement d'aucun choc. Sa peau, finement organisée, de six tissus distincts, frémit et vibre à tout. Les papilles tendres qu'on y trouve sont des instruments de tact délicat. Tout cela animé, vivifié d'un riche flot de sang rouge, qui, même en tenant compte de la taille différente, surpasse infiniment en abondance celui des mammifères terrestres. La baleine blessée en inonde la mer en un moment, la rougit à grande distance. Le sang que nous avons par gouttes lui fut prodigué par torrents.

La femelle porte neuf mois. Son agréable lait, un peu sucré, a la tiède douceur du lait de femme. Mais, comme elle doit toujours fendre la vague, des mamelles en avant, placées sur la poitrine, exposeraient l'enfant à tous les chocs ; elles ont fui un peu plus bas, dans un lieu plus paisible, au ventre d'où il est sorti. Le petit s'y abrite, profite du flot déjà brisé.

La forme de vaisseau, inhérente à une telle vie, resserre la mère à la ceinture et ne lui permet pas d'avoir la riche ceinture de la femme, ce miracle adorable d'une vie posée, assise et harmonique, où tout se fond dans la tendresse. Celle-ci, la grande femme de mer, quelque tendre qu'elle soit, est forcée de faire tout dépendre de son combat contre les flots. Du reste, l'organisme est le même sous cet étrange masque ; même forme, même sensibilité. Poisson dessus, femme dessous.

Elle est infiniment timide. Un oiseau parfois lui fait peur et la fait plonger si brusquement, qu'elle se blesse au fond.

L'amour, chez eux, soumis à des conditions difficiles, veut un lieu de profonde paix. Ainsi que le noble éléphant, qui craint les yeux profanes, la baleine n'aime qu'au désert. Le rendez-vous est vers les pôles, aux anses solitaires du Groënland, aux brouillards de Behring, sans doute aussi dans la mer tiède qu'on a trouvée près du pôle même. La retrouvera-t-on ? On n'y va qu'à travers les défilés horribles que la glace ouvre, ferme et change à chaque hiver, comme pour empêcher le retour. Pour eux, on croit qu'ils passent sous les glaces, d'une mer à l'autre, par la voie ténébreuse. Voyage téméraire. Forcés de venir respirer de quart d'heure en quart d'heure, quoiqu'ils aient des réserves d'air qui peuvent leur suffire un peu plus, ils s'exposent beaucoup sous cette énorme croûte percée à peine de quelques soupiraux. S'ils ne les trouvent à temps, elle est si dure et si épaisse, que nulle force, nul coup de tête la briserait. Là on peut se noyer aussi bien que Léandre dans l'Hellespont. Ne sachant cette histoire, ils s'engagent hardiment et passent.

La solitude est grande. C'est un théâtre étrange de mort et de silence pour cette fête de l'ardente vie. Un ours blanc, un phoque, un renard bleu peut-être, témoins respectueux, prudents, observent à distance. Les lustres et girandoles, les miroirs fantastiques, ne manquent pas. Cristaux bleuâtres, pics, aigrettes de glace éblouissante, neiges vierges, ce sont les témoins qui siégent tout autour et regardent.

Ce qui rend cet hymen touchant et grave, c'est qu'il y faut l'expresse volonté. Ils n'ont pas l'arme tyrannique du requin, ces attaches qui maîtrisent le plus faible. Au contraire, leurs fourreaux glissants les séparent, les éloignent. Ils se fuient malgré eux, échappent, par ce désespérant obstacle. Dans un si grand accord, on dirait un combat. Des baleiniers prétendent avoir eu ce spectacle unique. Les amants, d'un brûlant transport, par instant, dressés et debout, comme les deux tours de Notre-Dame, gémissant de leurs bras trop courts, entreprenaient de s'embrasser. Ils retombaient d'un poids immense... L'ours et l'homme fuyaient épouvantés de leurs soupirs.

---

La solution est inconnue. Celles qu'on a données semblent absurdes. Ce qui est sûr, c'est qu'en toute chose, pour l'amour, pour l'allaitement, pour la défense même, l'infortunée baleine subit la double servitude et de sa pesanteur et de la difficulté de respirer. Elle ne respire que hors de l'eau, et si elle y reste elle étouffe. Donc elle est animal terrestre, appartient à la terre? Point du tout. Si, par accident, elle échoue à la côte, la pesanteur énorme de ses chairs, de sa graisse, l'accable; ses organes s'affaissent. Elle est également étouffée.

Dans le seul élément respirable pour elle, l'asphyxie lui vient aussi bien que dans cette eau non respirable où elle vit.

Tranchons le mot. De la création grandiose du mammifère géant n'est sorti qu'un être impossible, premier jet poétique de la force créatrice, qui d'abord visa au sublime, puis revint par degrés au possible, au durable. L'admirable animal avait tout, taille et force, sang chaud, doux lait, bonté. Il ne lui manquait rien que le moyen de vivre. Il avait été fait sans égard aux proportions générales de ce globe, sans égard à la loi impérieuse de la pesanteur. Il eut beau par-dessous se faire des os énormes. Ses côtes gigantesques ne sont pas assez résistantes pour tenir sa poitrine suffisamment libre et ouverte. Dès qu'il échappe à l'eau son ennemie, il trouve la terre son ennemie, et son pesant poumon l'écrase.

Ses évents magnifiques, la superbe colonne d'eau qu'il lance à trente pieds, ce sont les signes, les témoins d'une organisation enfantine et barbare encore. En la lançant au ciel par ce puissant effort, le *souffleur essoufflé* (c'est le vrai nom du genre), semble dire : « O nature ! pourquoi m'avoir fait serf ? »

---

Sa vie fut un problème, et il ne semblait pas que l'ébauche splendide, mais manquée, pût durer. L'amour furtif, si difficile, l'allaitement au roulis des tempêtes entre l'asphyxie et le naufrage, les deux grands actes de la vie presque impossibles, se faisant par effort et par volonté héroïques ! — Quelles conditions d'existence !

La mère n'a jamais qu'un petit, et c'est beaucoup. Elle et lui sont tiraillés par trois choses : le travail de la nage, l'allaitement et la fatale nécessité de remonter ! L'éducation, c'est un combat. Battu, roulé de l'Océan, l'enfant prend le lait comme au vol, quand la mère peut se coucher de côté. Elle est, dans ce devoir, admirable d'élan. Elle sait qu'en son petit effort pour teter, il lâcherait prise. Dans cet acte où la femme est passive, laisse faire l'enfant, la baleine est active. Profitant du moment, par un puissant piston elle lui lance un tonneau de lait.

Le mâle la quitte peu. Leur embarras est grand,

quand le pêcheur féroce les attaque dans leur enfant. On harponne le petit pour les faire suivre, et en effet ils font d'incroyables efforts pour le sauver, pour l'entraîner ; ils remontent, s'exposent aux coups pour le ramener à la surface et le faire respirer. Mort, ils le défendent encore. Pouvant plonger et échapper, ils restent sur les eaux en plein péril pour suivre le petit corps flottant.

---

Les naufrages sont communs chez eux, pour deux raisons. Ils ne peuvent, comme les poissons, rester dans les tempêtes aux couches inférieures et paisibles. Puis, ils ne veulent pas se quitter ; les forts suivent le destin du faible. Ils se noient en famille.

En décembre 1723, à l'embouchure de l'Elbe, huit femelles échouèrent, et près de leurs cadavres on trouva leurs huit mâles. En mars 1784, en Bretagne, à Audierne, même scène. D'abord des poissons, des marsouins, vinrent à la côte effarés. Puis on entendit des mugissements étranges, épouvantables. C'était une grande famille de baleines que poussait la tempête, qui luttaient, gémissaient, ne voulaient point mourir. Ici encore les mâles périssaient avec les femelles. Nombreuses, enceintes, et sans défense contre l'impitoyable flot, elles furent (elles et eux) lancées à terre assommées par le coup.

Deux accouchèrent sur le rivage, avec des cris perçants, comme auraient fait des femmes, et aussi de navrantes lamentations de désespoir, comme si elles pleuraient leurs enfants.

## X

### LES SIRÈNES

J'aborde, et me voici à terre. J'ai assez et trop de naufrages. Je voudrais des races durables. Le cétacé disparaîtra. Réduisons nos conceptions, et de cette poésie gigantesque des premiers-nés de la mamelle, du lait et du sang chaud, conservons tout, moins le géant.

Conservons surtout la douceur, l'amour et la tendresse de famille. Ces dons divins, gardons-les bien dans les races, plus humbles, mais bonnes, où les deux éléments vont mettre en commun leur esprit.

Les bénédictions de la terre se font sentir déjà. En quittant la vie du poisson, plusieurs choses, à lui impossibles, vont s'harmoniser aisément.

Ainsi la baleine, mère tendre, connut l'étreinte

et serra son enfant, mais elle ne le serra pas sur la mamelle ; son bras était trop haut, et la mamelle, dans ce vaisseau vivant, ne pouvait être qu'à l'arrière. Chez les êtres nouveaux qui nagent, mais qui rampent aussi sur la terre (morses, lamantins, phoques, etc.), la mamelle, pour ne pas traîner, heurter dessous, remonte à la poitrine. Nous voyons apparaître une ombre de la femme, forme et attitude gracieuse qui fait illusion à distance.

En réalité, vue de près, avec moins de blancheur, de charme, c'est bien pourtant la mamelle féminine, ce globe qui, gonflé d'amour et du doux besoin d'allaiter, reproduit dans son mouvement tous les soupirs du cœur qui est dessous. Il réclame l'enfant pour le porter, lui donner l'aliment, le repos. Tout cela fut refusé à la mère qui nageait. Celle qui pose, en a le bonheur. La fixité de la famille, la tendresse, à fond ressentie, et approfondie chaque jour (disons plus, la Société), ces grandes choses commencent, dès que l'enfant dort sur son sein.

---

Mais comment se fit le passage du cétacé à l'amphibie ? Essayons de le deviner.

## LES SIRÈNES.

Leur parenté d'abord est évidente. Maints amphibies traînent encore, à leur très-grand dommage, la lourde queue de la baleine. Et celle-ci (chez une espèce du moins) a caché dans sa queue l'ébauche et les commencements distincts des deux pieds de derrière qu'auront les plus hauts amphibies.

Dans les mers semées d'îles, coupées de terres à chaque instant, les cétacés, constamment arrêtés, durent modifier leurs habitudes. Leur effort moins rapide, leur vie captive, diminua leur taille, la réduisit de la baleine à l'éléphant. L'éléphant de mer apparut. Gardant le souvenir des superbes défenses qui avaient armé certains cétacés dans leur grande vie marine, il montre encore de fortes dents en avant, mais peu offensives. Même les dents de mastication ne sont bien nettement ni herbivores, ni carnivores. Elle se prêtent mal aux deux régimes et doivent opérer lentement.

Deux choses allégeaient la baleine, sa masse d'huile qui la faisait flotter sur l'eau, et cette queue puissante dont le choc alternatif frappant des deux côtés la poussait en avant. Mais tout cela accable l'amphibie barbotant dans des eaux peu profondes, et rampant aux rochers, comme un lourd limaçon. Le poisson, si agile, rit d'un tel être qui n'en peut faire sa proie. Il n'atteint guère que les mollusques, lents comme lui. Il se fait peu à peu à manger les fucus abondants, gélatineux, qui nourrissent et engraissent, sans donner la vigueur de la nourriture animale.

Tel on peut voir dans la mer Rouge, dans la mer des îles Malaises et celles d'Australie, traîner, siéger ce rare colosse, le dugong, qui domine l'eau de la poitrine et des mamelles. On le nomme parfois dugong des tabernacles, inerte idole qui impose, mais se défend à peine, et qui disparaîtra bientôt, rentrera dans le domaine de la fable, parmi ces légendes réelles dont nous rions étourdiment.

Qui a fait ce grand changement, créé ce cétacé terrestre, le dugong et le morse, son frère? La douceur de la terre, vraiment pacifique avant l'homme, — l'attrait d'aliments végétaux qui ne fuient pas comme la proie marine, — l'amour aussi sans doute, si difficile à la baleine, si facile dans la vie posée de l'amphibie.

L'amour n'est plus fuite et hasard. La femelle n'est plus ce fier géant qu'il fallait suivre au bout du monde. Celle-ci est là soumise, sur les algues onduleuses, pour obéir à son seigneur. Elle lui rend la vie douce et molle. Peu de mystères. Les amphibies vivent bonnement au soleil. Les femelles, étant fort nombreuses, s'empressent et font sérail. De la sauvage poésie, on tombe aux mœurs bourgeoises, ou, si l'on veut, patriarcales, des plaisirs trop faciles. Lui, le bon patriarche, respectable par sa forte tête, ses moustaches et ses défenses, il trône entre Agar et Sarah, Rebecca et Lia, qu'il aime fort, ainsi que ses enfants qui lui font un petit troupeau. Dans sa vie immobile, la grande force de cet être sanguin tourne toute aux tendresses de famille. Il embrasse les siens d'un amour tendre, orgueilleux, colérique. Il est vaillant, prêt à mourir pour eux. Hélas! sa force et sa fureur lui servent peu. Sa masse énorme le livre à l'ennemi. Il rugit, il se traîne, veut combattre et ne peut, gigantesque avorton, manqué entre deux mondes, pauvre Caliban désarmé!

---

La pesanteur, fatale à la baleine, l'est bien plus à ceux-ci. Réduisons donc la taille encore, allégeons l'embonpoint, assouplissons l'épine, supprimons surtout cette queue, ou plutôt fendons-en la fourche en deux appendices charnus qui vont être bien plus utiles. Le nouvel être, le phoque, plus léger, bon nageur, bon pêcheur, vivant de la mer, mais ayant son amour à terre (son petit paradis), emploiera sa vie dans l'effort d'y revenir toujours, à cette terre, de gravir le rocher où sa femme, ses enfants l'appellent, où il leur porte le poisson. Son gibier à la bouche, n'ayant pas les défenses dont le morse s'aidait pour gravir, il y met les quatre membres du haut, du bas, s'accrochant au varech, distendant, divisant chacun d'eux selon son pouvoir, de sorte qu'à la longue ramifié, il montre cinq doigts.

Ce qui est très-beau dans le phoque, ce qui émeut dès qu'on voit sa ronde tête, c'est la capacité du cerveau. Nul être, sauf l'homme, ne l'a développé à ce point (Boitard). L'impression est forte, et bien plus que celle du singe, dont la grimace nous est antipathique. Je me souviendrai toujours des phoques du Jardin d'Amsterdam, charmant musée, si riche, si bien organisé, et l'un des beaux lieux de la terre. C'était le 12 juillet, après une pluie d'orage ; l'air était lourd ; deux phoques cherchaient le frais au fond de l'eau, nageaient et bondissaient. Quand ils se reposèrent, ils regardèrent le voyageur, intelligents et sympathiques, posèrent sur moi leurs doux yeux de velours. Le regard était un peu triste. Il leur manquait, il me manquait aussi la langue intermédiaire. On ne peut pas en détacher les yeux. On regrette, entre l'âme et l'âme, d'avoir cette éternelle barrière.

La terre est leur patrie de cœur : ils y naissent,

ils y aiment; blessés, ils y viennent mourir. Ils y mènent leurs femelles enceintes, les couchent sur les algues et les nourrissent de poisson. Ils sont doux, bons voisins, se défendent l'un l'autre. Seulement, au temps d'amour, ils délirent et se battent. Chacun a trois ou quatre épouses, qu'il établit à terre sur un rocher mousseux d'étendue suffisante. C'est son quartier à lui, et il ne souffre pas qu'on empiète, fait respecter son droit d'occupation. Les femelles sont douces et sans défense. Si on leur fait du mal, elles pleurent, s'agitent douloureusement avec des regards de désespoir.

Elles portent neuf mois, et élèvent l'enfant cinq ou six mois, lui enseignant à nager, à pêcher, à choisir les bons aliments. Elles le garderaient bien plus, si le mari n'était jaloux. Il le chasse, craignant que la trop faible mère ne lui donne un rival en lui.

---

Une si courte éducation a limité sans doute les progrès que le phoque aurait faits. La maternité n'est complète que chez les Lamantins, excellente tribu, où les parents n'ont pas le courage de renvoyer l'enfant. La mère le garde très-longtemps.

Enceinte de nouveau, allaitant un second enfant, on la voit mener avec elle l'aîné, un jeune mâle que le père ne maltraite pas, qu'il aime aussi, et qu'il laisse à la mère.

Cette extrême tendresse, particulière aux Lamantins, s'est exprimée dans l'organisation par un progrès physique. Chez le phoque, grand nageur, chez l'éléphant marin, si lourd, le bras reste nageoire. Il est serré et engagé au corps; il ne peut pas se délier. Enfin, le Lamantin femelle, tendre femme amphibie, *mama di l'eau,* disent nos nègres, accomplit le miracle. Tout se délie par un effort constant. La nature s'ingénie dans l'idée fixe de caresser l'enfant, de le prendre et de l'approcher. Les ligaments cèdent, s'étendent, laissent aller l'avant-bras, et de ce bras rayonne un polype palmé. — C'est la main.

Donc celle-ci a ce bonheur suprême, elle embrasse son enfant de sa main pour l'embrasser de sa poitrine. Elle le prend et le met sur son cœur.

Voilà deux grandes choses qui pouvaient mener loin ces amphibies :

Déjà chez eux, la main est née, l'organe d'industrie, l'essentiel instrument du travail à venir. Qu'elle s'assouplisse, aide les dents, comme chez le Castor, et l'art commencera, d'abord l'art d'abriter la famille.

## LES SIRÈNES.

D'autre part, l'éducation est devenue possible. L'enfant posé sur le cœur de la mère et lentement s'imbibant de sa vie, restant longtemps près d'elle et à l'âge où il peut apprendre, tout cela tient à la bonté du père qui garde l'innocent rival. Et c'est ce qui permet le progrès.

---

Si l'on en croyait certaines traditions, le progrès eût continué. Les amphibies développés, rapprochés de la forme humaine, seraient devenus demi-hommes, hommes de mer, tritons ou sirènes. Seulement au rebours des mélodieuses sirènes de la fable, ceux-ci seraient restés muets, dans l'impuissance de se faire un langage, de s'entendre avec l'homme, d'obtenir sa pitié. Ces races auraient péri, comme nous voyons périr l'infortuné Castor, qui ne peut parler, mais qui pleure.

On a dit fort légèrement que ces figures étranges étaient des phoques. Mais, put-on s'y tromper? Le phoque, en toutes ses espèces, est connu fort anciennement. Dès le septième siècle, au temps de saint Colomban, on le pêchait, on l'apportait et l'on mangeait sa chair.

Les hommes et femmes de mer, dont on parle

au seizième siècle, ont été vus non un moment sur l'eau, mais amenés sur terre, montrés, nourris dans les grands centres, Anvers et Amsterdam, chez Charles-Quint et Philippe II, donc, sous les yeux de Vésale et des premiers savants. On mentionne une femme marine qui vécut longues années en habit de religieuse, dans un couvent où tous pouvaient la voir. Elle ne parlait pas, mais travaillait, filait. Seulement elle ne pouvait se corriger d'aimer l'eau et de faire effort pour y revenir.

On dira : Si ces êtres ont existé réellement, pourquoi furent-ils si rares? Hélas! nous n'avons pas à chercher bien loin la réponse. C'est que généralement on les tuait. Il y avait péché à les laisser en vie, « car ils étaient *des monstres*. » C'est ce que disent expressément les vieux récits.

Tout ce qui n'était pas dans les formes connues de l'animalité, et tout ce qui, au contraire, approchait de celles de l'homme, passait pour *monstre*, et on le dépêchait. La mère qui avait le malheur de mettre au monde un fils mal conformé ne pouvait le défendre; on l'étouffait entre des matelas. On supposait qu'il était fils du Diable, une invention de sa malice pour outrager la création, calomnier Dieu. D'autre part, ces Sirénéens, trop analogues à l'homme, passaient d'autant plus pour une illusion diabolique. Le moyen âge en avait tant d'horreur, que leurs apparitions étaient comptées dans les affreux prodiges que Dieu permet dans sa colère pour terrifier le péché. A peine osait-on les nommer. On avait hâte de les faire disparaître. Le hardi seizième siècle les crut encore « des diables en fourrure d'hommes, » qu'on ne devait toucher que du harpon. Ils devenaient très-rares, lorsque des mécréants firent la spéculation de les garder, de les montrer.

En reste-t-il au moins des débris, des ossements? On le saura quand les Musées d'Europe commenceront à faire l'exposition complète de leurs immenses dépôts. La place manque, je le sais bien, et elle manquera toujours, s'il faut pour cela des palais. Mais le plus simple abri, un toit vaste (et très-peu coûteux) permettrait d'étaler des choses aussi solides. Jusqu'ici, on n'en voit que des échantillons et des pièces choisies.

Ajoutons que l'exposition des amphibies empaillés, pour être vraie, doit présenter ces *monstres* trop ressemblants à l'homme, par les côtés et dans les poses où ils firent cette illusion. Laissez-leur cet honneur ; ils l'ont assez payé. Que la mère Phoque ou la mère Lamantine m'apparaisse sur son rocher en sirène, dans le premier usage de la main et de la mamelle, tenant son enfant sur son sein.

Est-ce à dire que ces êtres auraient pu monter jusqu'à nous? Est-ce à dire qu'ils aient été les auteurs, les aïeux de l'homme? Mallet l'a cru. Moi, je n'y vois aucune vraisemblance.

La mer commença tout, sans doute. Mais ce n'est pas des plus hauts animaux de mer que sortit la série parallèle des formes terrestres dont l'homme est le couronnement. Ils étaient trop fixés déjà, trop spéciaux, pour donner l'ébauche molle d'une nature si différente. Ils avaient poussé loin, presque épuisé, la fécondité de leurs genres. Dans ce cas, les aînés périssent; et c'est très-bas, chez les cadets obscurs de quelque classe parente, que surgit la série nouvelle qui montera plus haut. (V. nos notes.)

L'homme leur fut, non un fils, mais un frère — un frère cruellement ennemi.

---

Le voilà arrivé, le fort des forts, l'ingénieux, l'actif, le cruel roi du monde. Mon livre s'illumine. Mais aussi que va-t-il montrer? Et que de choses tristes il me faut maintenant amener dans cette lumière!

Ce créateur, ce Dieu tyran, il a su faire une seconde nature dans la nature. Mais qu'a-t-il fait de l'autre, la primitive, sa nourrice et sa mère? Des dents qu'elle lui fit, il lui mordit le sein.

Tant d'animaux qui vivaient doucement, s'humanisaient et commençaient des arts, aujourd'hui effarés, abrutis, ne sont que des bêtes. Les singes, rois de Ceylan, dont la sagesse fut célébrée dans l'Inde, sont devenus d'effroyables sauvages. Le brame de la création, l'Éléphant, chassé, asservi, n'est plus qu'une bête de somme.

Les plus libres des êtres, qui naguère égayaient la mer, ces bons phoques, ces douces baleines, le pacifique orgueil de l'Océan, tout cela a fui aux mers des pôles, au monde affreux des glaces. Mais ils ne peuvent tous supporter une vie si dure; encore un peu de temps, ils disparaîtront tout à fait.

Une race infortunée, celle des paysans polonais, a trouvé dans son cœur le sens, l'intelligence de l'exilé muet, réfugié aux lacs de la Lithuanie. Ils disent : « Qui fait pleurer le Castor ne réussit jamais. »

L'artiste est devenu une bête craintive, qui ne sait plus, ne peut plus rien. Ceux qui subsistent encore en Amérique, reculant et fuyant toujours, n'ont le courage de rien faire. Un voyageur naguère en trouva un qui, loin, très-loin vers les hauts lacs, timidement reprenait son métier, voulait bâtir le foyer de famille, coupait du bois. Quand il aperçut l'homme, le bois lui échappa ; il n'osa même fuir, et il ne sut que fondre en larmes.

# LIVRE TROISIEME

## CONQUÊTE DE LA MER

I

LE HARPON

« Le marin qui arrive en vue du Groënland n'a (dit naïvement John Ross) aucun plaisir à voir cette terre. » Je le crois bien. C'est d'abord une côte de fer, d'aspect impitoyable, où le noir granit escarpé ne garde pas même la neige. Partout ailleurs, des glaces. Point de végétation. Cette terre désolée, qui nous cache le pôle, semble un pays de mort et de famine.

Pendant le temps très-court où l'eau n'est pas gelée, on pourrait vivre encore. Mais elle l'est neuf mois sur douze. Tout ce temps-là que faire? et que manger? On ne peut guère chercher. La nuit dure plusieurs mois, et parfois si profonde, que Kane, entouré de ses chiens, ne les retrouvait qu'à leur souffle, à leur haleine humide. Dans cette longue, si longue obscurité, sur cette terre désespérée, stérile, vêtue d'impénétrables glaces, errent cependant deux solitaires qui s'obstinent à vivre là, dans l'horreur d'un monde impossible. L'un d'eux est l'ours pêcheur, âpre rôdeur sous sa riche fourrure et dans sa graisse épaisse, qui lui permet des intervalles de jeûne. L'autre, figure bizarre, fait l'effet, à distance, d'un poisson dressé sur la queue, poisson mal conformé et gauche, à longues nageoires pendantes. Ce faux poisson, c'est l'homme. Ils se flairent et se cherchent. Ils ont faim l'un de l'autre. L'ours fuit parfois pourtant, décline le combat, croyant l'autre encore plus féroce et plus cruellement affamé.

L'homme qui a faim est terrible. Armé d'une simple arête de poisson, il poursuit cette bête énorme. Mais il aurait péri cent fois, s'il n'avait eu à manger que ce redoutable compagnon. Il ne vécut que par un crime. La terre ne donnant rien, il chercha vers la mer, et comme elle était close, il ne trouva à tuer que son ami le phoque. En lui il trouvait concentrée la graisse de la mer, l'huile, sans laquelle il serait mort de froid, encore plus que de faim.

Le rêve du Groënlandais, c'est, à sa mort, de passer dans la lune, où il y aura du bois de chauffage, le feu, la lumière du foyer. L'huile ici-bas tient lieu de tout cela. Bue largement, elle le réchauffe.

Grand contraste entre l'homme et les amphibies somnolents, qui, même en ce climat, savent vivre sans grandes souffrances. L'œil doux du phoque l'indique assez. Nourrisson de la mer, il est toujours en rapport avec elle. Il y reste des interstices où l'excellent nageur sait se pourvoir. Tout lourd qu'on le croirait, il monte adroitement sur un glaçon et se fait voiturer. L'eau épaisse de mollusques, grasse d'atomes animés, nourrit richement le poisson pour l'usage du phoque, qui, bien repu, s'endort sur son rocher d'un lourd sommeil que rien ne rompt.

La vie de l'homme est toute contraire. Il semble être là malgré Dieu, maudit, et tout lui fait la guerre. Sur les photographies que nous avons de l'Esquimau, on lit sa destinée terrible dans la fixité du regard, dans son œil dur et noir, sombre comme la nuit. Il semble pétrifié d'une vision, du spectacle habituel d'un infini lugubre. Cette nature de Terreur éternelle a caché d'un masque d'airain sa forte intelligence, rapide cependant et pleine d'expédients dans une vie de dangers imprévus.

Qu'aurait-il fait? Sa famille avait faim, et ses enfants criaient; sa femme enceinte grelottait sur la neige. Le vent du pôle leur jetait infatigablement ce déluge de givre, ce tourbillon de fines flèches qui piquent et entrent, hébètent, font perdre la voix et le sens. La mer fermée, plus de poisson. Mais le phoque était là. Et que de poissons dans un phoque, quelle richesse d'huile accumulée! Il était là endormi, sans défense. Même éveillé, il ne fuit guère. Il se laisse approcher, toucher. Comme le lamantin, il faut le battre, si on veut l'éloigner. Ceux qu'on prend jeunes, on a beau les rejeter à la mer, ils vous suivent obstinément. Une telle facilité dut troubler l'homme et le faire hésiter, combattre la tentation. Enfin, le froid vainquit, et il fit cet assassinat. Dès lors, il fut riche et vécut.

La chair nourrit ces affamés. L'huile, absorbée à flots, les réchauffa. Les os servirent à mille usages domestiques. Des fibres on fit des cordes et des filets. La peau du phoque, coupée à la taille de la femme, la couvrit frissonnante. Même habit pour les deux, sauf la pointe un peu basse qu'elle allonge. Plus un petit ruban de cuir rouge qu'elle met galamment en bordure pour lui plaire et pour être aimée. Mais ce qui fut bien plus utile, c'est qu'industrieusement, de peaux cousues, ils firent la machine légère, forte pourtant, où cet homme intrépide ose monter, et qu'il nomme une barque.

Misérable petit véhicule long, mince et qui ne pèse rien. Il est très-strictement fermé, sauf un trou, où le rameur se met, serrant la peau à sa ceinture. On gagerait toujours que cela va chavirer... Mais point. Il file comme une flèche sur le dos de la vague, disparaît, reparaît, dans les remous durs, saccadés, que font les glaces autour, entre les montagnes flottantes.

Homme et canot, c'est un. Le tout est un poisson artificiel. Mais qu'il est inférieur au vrai! Il n'a pas l'appareil, la vessie natatoire qui soutient l'autre, le fait à volonté lourd ou léger. Il n'a pas l'huile qui, plus légère que l'eau, veut toujours surnager et remonter à la surface. Il n'a pas surtout ce qui fait, chez le vrai poisson, la vigueur du mouvement, sa vive contraction de l'épine pour frapper de forts coups de queue. Ce qu'il imite seulement, faiblement, ce sont les nageoires. Ses rames qui ne sont pas serrées au corps, mais mues au loin par un long bras, sont bien molles en comparaison, et bien promptes à se fatiguer. Qui répare tout cela? La terrible énergie de l'homme, et, sous ce masque fixe, sa vive raison, qui, par éclairs, décide, invente et trouve, de minute en minute, remédie sans cesse aux périls de cette peau flottante qui seule le défend de la mort.

Très-souvent on ne peut passer; on trouve une barre de glace. Alors les rôles changent. La barque portait l'homme, et maintenant il porte la barque, la prend sur son épaule, traverse la glace craquante et se remet à flot plus loin. Parfois des monts flottants, venant à sa rencontre, n'offrent entre eux que détroits corridors qui s'ouvrent, se ferment tout à coup. Il peut y disparaître, s'ensevelir vivant. il peut, de moment en moment, voir les deux murs bleuâtres, s'approchant, peser sur sa barque, sur lui, d'une si épouvantable pression, qu'il en soit aminci jusqu'à l'épaisseur d'un cheveu. Un grand navire eut cette destinée. Il fut coupé en deux, les deux moitiés écrasées, aplaties.

---

Ils assurent que leurs pères ont pêché la baleine. Moins misérables alors, leur terre étant moins froide, ils s'ingéniaient mieux, avaient du fer sans doute. Peut-être il leur venait de Norvége ou d'Islande. Les baleines ont toujours surabondé aux mers du Groënland. Grand objet de concupiscence pour ceux dont l'huile est le premier besoin. Le poisson la donne par gouttes, et le phoque à flots; la baleine en montagne.

Ce fut un homme, celui qui le premier tenta un pareil coup, qui, mal monté, mal armé, et la mer grondant sous ses pieds, dans les ténèbres, dans les glaces, seul à seul, joignit le colosse.

Celui qui se fia tellement à sa force et à son courage, à la vigueur du bras, à la roideur du coup, à la pesanteur du harpon. Celui qui crut qu'il percerait et la peau et le mur de lard, la chair épaisse.

Celui qui crut qu'à son réveil terrible, dans la tempête que le blessé fait de ses sauts et de ses coups de queue, il n'allait pas l'engouffrer avec lui. Comble d'audace ! il ajoutait un câble à son harpon pour poursuivre sa proie, bravait l'effroyable secousse, sans songer que la bête effrayée pouvait descendre brusquement, s'enfuir en profondeur, plonger la tête en bas.

Il y a un bien autre danger. C'est qu'au lieu de la baleine, on ne trouve à sa place l'ennemi de la baleine, la terreur de la mer, le Cachalot. Il n'est pas grand, n'a guère que soixante ou quatre-vingts pieds. Sa tête, à elle seule, fait le tiers, vingt ou vingt-cinq. Dans ce cas, malheur au pêcheur ! c'est lui qui devient le poisson, il est la proie du monstre. Celui-ci a quarante-huit dents énormes et d'horribles mâchoires, à tout dévorer, homme et barque. Il semble ivre de sang. Sa rage aveugle épouvante tous les cétacés, qui fuient en mugissant, s'échouent même au rivage, se cachent dans le sable ou la boue. Mort même, ils le redoutent, n'osent approcher de son cadavre. La plus sauvage espèce du Cachalot est l'Ourque, ou le Physétère des anciens, tellement craint des Islandais qu'ils n'osaient le nommer en mer, de peur qu'il n'entendît et n'arrivât. Ils croyaient au contraire qu'une espèce de baleine (la Jubarte) les aimait et les protégeait, et provoquait le monstre afin de les sauver.

---

Plusieurs disent que les premiers qui affrontèrent une si effrayante aventure avaient besoin d'être exaltés, *excentriques et cerveaux brûlés*. La chose, selon eux, n'aurait pas commencé par les sages hommes du Nord, mais par nos Basques, les héros du vertige. Marcheurs terribles, chasseurs du Mont Perdu, et pêcheurs effrénés, ils couraient en batelet leur mer capricieuse, le golfe ou gouffre de Gascogne. Ils y pêchaient le thon. Ils virent jouer des baleines, et se mirent à courir après, comme ils s'acharnent après l'isard dans les fondrières, les abîmes, et les plus affreux casse-cou. Cet énorme gibier, énormément tentant pour sa grosseur, pour la chance et pour le péril, ils le chassèrent à mort et n'importe où, quelque part qu'il les conduisît. Sans s'en apercevoir, ils poussaient jusqu'au pôle.

Là, le pauvre colosse croyait en être quitte, et, ne supposant pas, sans doute, qu'on pût être si fou, il dormait tranquillement, quand nos étourdis héroïques approchaient sans souffler.

Serrant sa ceinture rouge, le plus fort, le plus leste, s'élançait de la barque, et, sur ce dos immense, sans souci de sa vie, d'un *han !* enfonçait le harpon.

DÉCOUVERTE DES TROIS OCÉANS

Qui a ouvert aux hommes la grande navigation? qui révéla la mer, en marqua les zones et les voies? enfin, qui découvrit le globe? La baleine et le baleinier.

Tout cela bien avant Colomb et les fameux chercheurs d'or, qui eurent toute la gloire, retrouvant à grand bruit ce qu'avaient trouvé les pêcheurs.

La traversée de l'Océan, que l'on célébra tant au quinzième siècle, s'était faite souvent par le passage étroit d'Islande en Groënland, et même par le large; car les Basques allaient à Terre-Neuve. Le moindre danger était la traversée pour des gens qui cherchaient au bout du monde ce suprême danger, le duel avec la baleine. S'en aller dans les mers du Nord, se prendre corps à corps avec la montagne vivante, en pleine nuit, et, on peut le dire, en plein naufrage, le pied sur elle et le gouffre dessous, ceux qui faisaient cela étaient assez trempés de cœur pour prendre en grande insouciance les événements ordinaires de la mer.

Noble guerre, grande école de courage. Cette pêche n'était pas comme aujourd'hui un carnage facile qui se fait prudemment de loin avec une machine : on frappait de sa main, on risquait vie pour vie. On tuait peu de baleines, mais on gagnait infiniment en habileté maritime, en patience, en sagacité, en intrépidité. On rapportait moins d'huile et plus de gloire.

Chaque nation se montrait là dans son génie particulier. On les reconnaissait à leurs allures. Il y a cent formes de courage, et leurs variétés graduées étaient comme une gamme héroïque. Au Nord, les Scandinaves, les races rousses (de la Norvége en Flandre), leur sanguine fureur. — Au Midi, l'élan basque et la folie lucide qui se guida si bien autour du monde. — Au centre, la fermeté bretonne, muette et patiente; mais, à l'heure du danger, d'une excentricité sublime. — Enfin, la sagesse normande, armée de l'association et de toute prévoyance, courage calculé, bravant tout, mais pour

## DÉCOUVERTE DES TROIS OCÉANS.

le succès. Telle était la beauté de l'homme, dans cette manifestation souveraine.

---

On doit beaucoup à la baleine : sans elle, les pêcheurs se seraient tenus à la côte, car presque tout poisson est riverain ; c'est elle qui les émancipa, et les mena partout. Ils allèrent, entraînés, au large, et, de proche en proche, si loin, qu'en la suivant toujours, ils se trouvèrent avoir passé, à leur insu, d'un monde à l'autre.

Il y avait moins de glace alors, et ils assurent avoir touché le pôle (à sept lieues seulement de distance). Le Groënland ne les séduisit pas : ce n'est pas la terre qu'ils cherchaient, mais la mer seulement et les routes de la baleine. L'Océan entier est son gîte, et elle s'y promène, en large surtout. Chaque espèce habite de préférence une certaine latitude, une zone d'eau plus ou moins froide. Voilà ce qui traça les grandes divisions de l'Atlantique.

La populace des baleines inférieures qui ont une nageoire sur le dos (baléinoptères) se trouve au plus chaud et au plus froid, sous la ligne et aux mers polaires.

Dans la grande région intermédiaire, le cachalot féroce incline au sud, dévaste les eaux tièdes.

Au contraire, la baleine franche les craint, ou les craignait plutôt (car elle est si rare aujourd'hui !). Nourrie spécialement de mollusques et autres vies élémentaires, elle les cherchait dans les eaux tempérées, un peu au nord. Jamais on ne la trouvait dans le chaud courant du midi ; c'est ce qui fit remarquer le courant, et amena cette découverte essentielle *de la vraie voie d'Amérique en Europe.* D'Europe en Amérique, on est poussé par les vents alizés.

Si la baleine franche a horreur des eaux chaudes et ne peut passer l'équateur, elle ne peut tourner l'Amérique. Comment donc se fait-il qu'une baleine, blessée de notre côté dans l'Atlantique, se retrouve parfois de l'autre, entre l'Amérique et l'Asie? *C'est qu'un passage existe au Nord.* Seconde découverte. Vive lueur jetée sur la forme du globe et la géographie des mers.

De proche en proche, la baleine nous a menés partout. Rare aujourd'hui, elle nous fait fouiller les deux pôles, le dernier coin du Pacifique au détroit de Behring, et l'infini des eaux antarctiques.

Il est même une région énorme qu'aucun vaisseau

d'État ni de commerce ne traverse jamais, à quelques degrés au delà des pointes d'Amérique et d'Afrique. Nul n'y va que les baleiniers.

---

Si l'on avait voulu, on eût fait bien plus tôt les grandes découvertes du quinzième siècle. Il fallait s'adresser aux rôdeurs de la mer, aux Basques, aux Islandais ou Norvégiens, et à nos Normands. Pour des raisons diverses, on s'en défiait. Les Portugais ne voulaient employer que des hommes à eux, et de l'école qu'ils avaient formée. Ils craignaient nos Normands, qu'ils chassaient et dépossédaient de la côte d'Afrique. D'autre part, les rois de Castille tinrent toujours pour suspects leurs sujets, les Basques, qui, par leurs priviléges, étaient comme une république, et de plus passaient pour des têtes dangereuses, indomptables. C'est ce qui fit manquer à ces princes plus d'une entreprise. Ne parlons que d'une seule, l'Invincible Armada. Philippe II, qui avait deux vieux amiraux basques, la fit commander par un Castillan. On agit contre leur avis : de là le grand désastre.

Une maladie terrible avait éclaté au quinzième siècle, la faim, la soif de l'or, le besoin absolu de l'or. Peuples et rois, tous pleuraient pour l'or. Il n'y avait plus aucun moyen d'équilibrer les dépenses et les recettes. Fausse monnaie, cruels procès et guerres atroces, on employait tout, mais point d'or. Les alchimistes en promettaient, et on allait en faire dans peu; mais il fallait attendre. Le fisc, comme un lion furieux de faim, mangeait des Juifs, mangeait des Maures, et de cette riche nourriture il ne lui restait rien aux dents.

Les peuples étaient de même. Maigres et sucés jusqu'à l'os, ils demandaient, imploraient un miracle qui ferait venir l'or du ciel.

On connaît la très-belle histoire de Sindbad (*Mille et une Nuits*), son début, d'histoire éternelle, qui se renouvelle toujours. Le pauvre travailleur Hindbad, le dos chargé de bois, entend de la rue les concerts, les galas qui se font au palais de Sindbad, le grand voyageur enrichi. Il se compare, envie. Mais l'autre lui raconte tout ce qu'il a souffert pour conquérir de l'or. Hinbdad est effrayé du récit. L'effet total du conte est d'exagérer les périls, mais aussi les profits de cette grande loterie des voyages, et de décourager le travail sédentaire.

La légende qui, au quinzième siècle, brouillait

toutes les cervelles, c'était un réchauffé de la fable des Hespérides, un *Eldorado*, terre de l'or, qu'on plaçait dans les Indes et qu'on soupçonnait être le paradis terrestre, subsistant toujours ici-bas. Il ne s'agissait que de le trouver. On n'avait garde de le chercher au nord. Voilà pourquoi on fit si peu d'usage de la découverte de Terre-Neuve et du Groënland. Au midi, au contraire, on avait déjà trouvé en Afrique de la poudre d'or. Cela encourageait.

Les rêveurs et les érudits d'un siècle pédantesque entassaient, commentaient les textes. Et la découverte, peu difficile d'elle-même, le devenait à force de lectures, de réflexions, d'utopies chimériques. Cette terre de l'or était-elle, n'était-elle pas le paradis? Était-elle à nos antipodes? et avions-nous des antipodes?... A ce mot, les docteurs, les robes noires, arrêtaient les savants, leur rappelaient que là-dessus la doctrine de l'Église était formelle, l'hérésie des antipodes ayant été expressément condamnée.

Voilà une grave difficulté! On était là arrêté court.

Pourquoi l'Amérique, déjà découverte, se trouvat-elle encore si difficile à découvrir? C'est qu'on désirait à la fois et qu'on craignait de la trouver.

Le savant libraire italien, Colomb, était bien sûr de son affaire. Il avait été en Islande recueillir les traditions ; et, d'autre part, les Basques lui disaient tout ce qu'ils savaient de Terre-Neuve. Un Gallicien y avait été jeté et y avait habité. Colomb prit pour associés des pilotes établis en Andalousie, les Pinzon, qu'on croit être identiques aux Pinçon de Dieppe.

Ce dernier point est vraisemblable. Nos Normands et les Basques, sujets de la Castille, étaient en intime rapport. Ce sont ceux-ci, qu'on nommait *Castillans*, qui, sous le Normand Béthencourt, firent la célèbre expédition des Canaries (Navarrete). Nos rois donnèrent des priviléges aux *Castillans* établis à Honfleur et à Dieppe ; et, par contre, les Dieppois avaient des comptoirs à Séville. Il n'est pas sûr qu'un Dieppois ait trouvé l'Amérique quatre ans avant Colomb ; mais il est presque sûr que ces Pinçon d'Andalousie étaient des armateurs normands.

Ni Basques, ni Normands, n'auraient pu, en leur propre nom, se faire autoriser par la Castille. Il y fallut un Italien habile et éloquent, un Génois obstiné qui poursuivît quinze ans la chose, qui trouvât le moment unique, empoignât l'occasion, sût lever le scrupule. Le moment fut celui où la ruine des Maures coûta si cher à la Castille, où l'on criait de plus en plus : « De l'or ! » Le moment fut celui où l'Espagne victorieuse frémissait de sa guerre de croisade et d'inquisition. L'Italien saisit ce levier, fut plus dévot que les dévots. Il agit par l'Église même : on fit scrupule à Isabelle de laisser tant de nations païennes dans les ombres de la mort. On lui démontra clairement que découvrir la terre de l'or, c'était se mettre à même d'exterminer le Turc et reprendre Jérusalem.

On sait que, sur trois vaisseaux, les Pinçon en fournirent deux et les menèrent eux-mêmes. Ils allèrent en avant. L'un d'eux, il est vrai, se trompa ; mais les autres, François Pinçon et son jeune frère Vincent, pilote du vaisseau *la Nina*, firent signe à Colomb qu'il devait les suivre au sud-ouest (12 octobre 1492). Colomb, qui allait droit à l'ouest, eût rencontré dans sa plus grande force le courant chaud qui va des Antilles à l'Europe. Il n'aurait traversé ce mur liquide qu'avec grande difficulté. Il eût péri ou navigué si lentement, que son équipage se fût révolté. Au contraire, les Pinçon, qui peut-être avaient là-dessus des traditions, naviguèrent comme s'ils avaient connaissance de ce courant ; ils ne l'affrontèrent pas à sa sortie, mais, déclinant au sud, passèrent sans peine, et abordèrent au lieu même où les vents alizés poussent les eaux, d'Afrique en Amérique, aux parages d'Haïti.

Ceci est constaté par le journal même de Colomb, qui, franchement, avoue que les Pinçon le dirigèrent.

Qui vit le premier l'Amérique? Un matelot des Pinçon, si l'on en croit l'enquête royale de 1513.

Il semblait d'après tout cela qu'une forte part du gain et de la gloire eût dû leur revenir. Ils plaidèrent. Mais le roi jugea en faveur de Colomb. Pourquoi? Parce que, vraisemblablement, les Pinçon étaient des Normands, et que l'Espagne aima mieux reconnaître le droit d'un Génois sans consistance et sans patrie que celui des Français, de la grande nation rivale, des sujets de Louis XII et de François I*er*, qui un jour auraient pu transférer ce droit à leurs maîtres. Un des Pinçon mourut de désespoir.

Du reste, qui avait levé le grand obstacle des répugnances religieuses? fait décider l'expédition, avec tant d'éloquence, d'adresse et de persévérance? Colomb, le seul Colomb. Il était le vrai créateur de l'entreprise, et il en fut aussi l'exécuteur très-héroïque. Il mérite la gloire qu'il garde dans la postérité.

Je crois, comme M. Jules de Blosseville (un noble cœur, bon juge des grandes choses), je crois qu'il n'y eut réellement de difficile en ces découvertes que le tour du monde, l'entreprise de Magellan et de son pilote, le Basque Sébastien del Cano.

Le plus brillant, le plus facile, avait été la traversée de l'Atlantique, sous le souffle des vents alizés, la rencontre de l'Amérique, dès longtemps découverte au nord.

Les Portugais firent une chose bien moins extraordinaire encore en mettant tout un siècle à découvrir la côte occidentale de l'Afrique. Nos Normands, en peu de temps, en avaient trouvé la moitié. Malgré ce qu'on a dit de l'école de Lisbonne et de la louable persévérance du prince Henri qui la créa, le Vénitien Cadamosto témoigne dans sa relation du peu d'habileté des pilotes portugais. Dès qu'ils en eurent un vraiment hardi et de génie, Barthélemi Diaz, qui doubla le Cap, ils le remplacèrent par Gama, un grand seigneur de la maison du roi, homme de guerre surtout. Ils étaient plus préoccupés de conquêtes à faire et de trésors à prendre que de découvertes proprement dites. Gama fut admirable de courage ; mais il ne fut que trop fidèle aux ordres qu'il avait de ne souffrir personne dans les mêmes mers. Un vaisseau de pèlerins de la Mecque, tout chargé de familles, qu'il égorgea barbarement, exaspéra toutes les haines, augmenta dans tout l'Orient l'horreur du nom chrétien, ferma de plus en plus l'Asie.

---

Est-il vrai que Magellan ait vu le Pacifique marqué d'avance sur un globe par l'Allemand Behaim? Non, ce globe qu'on a ne le montre pas. Aurait-il vu chez son maître, le roi de Portugal, une carte qui l'indiquait? On l'a dit, non prouvé. Il est bien plus probable que les aventuriers qui déjà, depuis une vingtaine d'années, couraient le continent américain, avaient vu, de leurs yeux vu, la mer Pacifique. Ce bruit qui circulait s'accordait à merveille avec l'idée que donnait le calcul d'un tel contre-poids, nécessaire à l'hémisphère que nous habitons et à l'équilibre du globe.

Il n'y a pas de vie plus terrible que celle de Magellan. Tout est combat, navigations lointaines, fuites et procès, naufrages, assassinat manqué, enfin la mort chez les barbares. Il se bat en Afrique. Il se bat dans les Indes. Il se marie chez les Malais, si braves et si féroces. Lui-même semble avoir été tel.

Dans son long séjour en Asie, il recueille toutes les lumières, prépare sa grande expédition, sa tentative d'aller par l'Amérique aux îles mêmes des épices, aux Moluques. Les prenant à la source, on était sûr de les avoir à meilleur prix qu'on n'avait pu encore, en les tirant de l'occident de l'Inde. L'entreprise, dans son idée originaire, fut ainsi toute commerciale. (Voy. Navarete, F. Denis, Charton.) Un rabais sur le poivre fut l'inspiration primitive du voyage le plus héroïque qu'on ait fait sur cette planète.

L'esprit de cour, l'intrigue, dominait tout alors en Portugal. Magellan, maltraité, passa en Espagne, et magnifiquement Charles-Quint lui donna cinq vaisseaux. Mais il n'osa se fier tout à fait au transfuge portugais; il lui imposa un associé castillan. Magellan partit entre deux dangers, la malveillance castillane et la vengeance portugaise, qui le cherchait pour l'assassiner. Il eut bientôt révolte sur la flotte, et déploya un terrible héroïsme, indomptable et barbare. Il mit aux fers l'associé, se fit seul chef. Il fit poignarder, égorger, écorcher les récalcitrants. — A travers tout cela, naufrage! et des vaisseaux perdus. — personne ne voulait plus le suivre, quand on vit l'effrayant aspect de la pointe de l'Amérique, la désolée Terre de Feu, et le funèbre cap Forward. Cette contrée arrachée du continent par de violentes convulsions, par la furieuse ébullition de mille volcans, semble une tourmente de granit. Boursouflée, crevassée par un refroidissement subit, elle fait horreur. Ce sont des pics aigus, des clochers excentriques, d'affreuses et noires mamelles, des dents atroces à trois pointes, et toute cette masse de lave, de basalte, de fontes de feu, est coiffée de lugubre neige.

Tous en avaient assez. Il dit : « Plus loin ! » Il chercha, il tourna, il se démêla de cent îles, entra dans une mer sans bornes, ce jour-là *pacifique*, et qui en a gardé le nom.

Il périt dans les Philippines. Quatre vaisseaux périrent. Le seul qui resta, *la Victoire*, à la fin n'eut plus que treize hommes, mais il avait son grand pilote, l'intrépide et l'indestructible, le Basque Sébastien, qui revint seul ainsi (1521), ayant le premier des mortels fait le tour du monde.

Rien de plus grand. Le globe était sûr désormais de sa sphéricité. Cette merveille physique de l'eau uniformément étendue sur une boule où elle adhère sans s'écarter, ce miracle était démontré. Le Pacifique enfin était connu, le grand et mystérieux laboratoire où, loin de nos yeux, la nature travaille profondément la vie, nous élabore des mondes, des continents nouveaux.

Révélation d'immense portée, non matérielle

seulement, mais morale, qui centuplait l'audace de l'homme et le lançait dans un autre voyage sur le libre océan des sciences, dans l'effort (téméraire, fécond) de faire le tour de l'infini.

## III

### LA LOI DES TEMPÊTES

C'est d'hier qu'on a su construire des vaisseaux propres à la navigation australe, à la lame si longue et si forte, qui, sur ces eaux sans bornes, va roulant, s'entassant, et fait de vraies montagnes. Que dire de ces premiers, les Diaz et les Magellan, qui s'y hasardèrent sur les lourdes petites coques de ce temps-là ?

Pour les mers polaires surtout, arctiques et antarctiques, il faut des navires faits exprès. Ils furent vaillants, ceux qui, comme un Cabot, un Brentz, un Willoughby, sur des chaloupes informes, remontant le torrent de glaces, affrontèrent le Spitzberg, ouvrirent le Groënland par son entrée funèbre, le cap *Adieu*, percèrent jusqu'à ce coin où, de nos jours encore, furent brisés deux cents baleiniers.

Ce qui fait le sublime de ces anciens héros, c'est leur ignorance même, leur aveugle courage, leur résolution désespérée. Ils ne connaissaient rien à la mer, bravaient d'effrayants phénomènes dont ils ne soupçonnaient pas la cause. Ils ne savaient pas mieux le ciel. La boussole fut tout leur bagage. Nul de ces instruments physiques qui nous guident et nous parlent en langage si précis. Ils allaient comme les yeux fermés et dans la nuit. Ils étaient effrayés, ils le disent eux-mêmes, mais n'en démordaient pas. Les tempêtes de mer, les tourbillons de l'air, les tragiques dialogues de ces deux océans, les orages magnétiques qu'on appelle aurores boréales, toute cette fantasmagorie leur semblait la fureur de la nature troublée et irritée, la lutte des démons.

---

Les progrès ont été lents pendant trois siècles. On voit dans Cook et dans Péron combien, même en ces temps si près de nous, la navigation était difficile, périlleuse, incertaine.

Cook, de si grand courage, mais de vive imagination, en est ému, et dit dans son journal : « Les dangers sont si grands, que j'ose dire que personne ne se hasardera à aller plus loin que moi. »

Or, c'est précisément depuis, que les voyages ont commencé de manière régulière et poussé au plus loin.

Un grand siècle, un siècle Titan, le dix-neuvième, a froidement observé ces objets. Il a le premier osé regarder l'orage à la face, noter sa furie, écrire, pour ainsi dire, sous sa dictée. Ses présages, ses caractères, ses résultats, tout a été enregistré. Puis on a expliqué et généralisé. Un système a surgi, nommé d'un titre hardi qui jadis eût semblé impie : « *Loi des tempêtes.* »

Donc ce qu'on avait cru un caprice se ramènerait à une loi. Ces faits terribles, rentrant dans certaines formes régulières, perdraient en grande partie leur puissance de vertige. Calme et fort, l'homme en plein péril aviserait si l'on ne peut leur opposer des moyens de défense non moins réguliers. En deux mots, si la tempête arrive à faire une *science*, ne peut-on créer un *art* du salut? un art d'éviter l'ouragan, et d'*en profiter* même ?

---

Cette science ne put commencer tant qu'on se

tint aux vieilles idées qui attribuaient la tempête au « caprice des vents. » Une observation attentive fit connaître que les vents n'ont point de caprice, — qu'ils sont l'accident, parfois l'agent de la tempête, mais qu'elle est en général un *phénomène électrique* et souvent se passe des vents.

Le frère du conventionnel Romme (principal auteur du calendrier) posa les premières bases. Les Anglais avaient remarqué que, dans les tempêtes de l'Inde, ils naviguaient longtemps sans avancer et se retrouvaient au point de départ. Romme réunit toutes les observations, montra qu'il en était de même dans les ouragans de la Chine, de l'Afrique, de la mer des Antilles. Le premier il nota que les coups de vent rectilignes sont plus rares, et qu'en général la tempête a le *caractère circulaire*, est un tourbillon.

La tempête tourbillonnante des États-Unis en 1815, celle de 1821 (l'année d'une grande éruption de l'Hécla), où les vents soufflaient de tous les points vers un centre, éveillèrent l'attention de l'Amérique et de l'Europe. Brande en Allemagne, et en même temps Redfield, de New-York, firent le premier pas après Romme. Ils établirent cette loi, que la tempête était généralement un *tourbillon progressif qui avance en tournant sur lui-même.*

En 1838, l'ingénieux anglais Reid, envoyé à la

Barbade, après la célèbre tourmente qui tua quinze cents personnes, précisa le double mouvement de rotation. Mais sa découverte capitale, c'est qu'il observa, formula : *Que dans notre hémisphère boréal la tempête tourne de droite à gauche*, c'est-à-dire part de l'est, va au nord, tourne à l'ouest, au sud, pour revenir à l'est. *Dans l'hémisphère austral, la tempête tourne de gauche à droite.*

Observation de grande utilité pratique, qui guide désormais la manœuvre.

Reid très-justement prit pour son livre ce grand titre : *De la Loi des tempêtes.*

---

C'était la loi de leur *mouvement*, non l'explication de leur cause. Cela ne disait pas ce qui les fait et ce qu'elles sont en elles-mêmes.

Ici la France reparaît. Peltier (*Causes des trombes*, 1840) a établi, et par un grand nombre de faits et par ses ingénieuses expériences, que les trombes de terre et de mer *sont des phénomènes électriques*, où les vents jouent un rôle secondaire. Beccaria, il y a cent ans, l'avait soupçonné. Mais il était réservé à Peltier de pénétrer la chose en la reproduisant, de faire des trombes en miniature et des tempêtes d'agrément.

Les trombes électriques naissent volontiers près des volcans, aux soupiraux du monde souterrain ; donc elles sont plus communes dans les mers d'Asie que dans les nôtres.

L'Atlantique, ouverte aux deux bouts et toute traversée par les vents, doit avoir moins de trombes, plus de coups de vent rectilignes. Cependant Piddington en cite une infinité de circulaires.

De 1840 à 1850, se sont faites à Calcutta et New-York les immenses compilations de Piddington et de Maury. Le second, si illustre par ses cartes, ses *Directions*, sa *Géographie de la mer*, évangile de la marine d'aujourd'hui. Piddington, moins artiste, non moins savant, dans son *Guide du marin*, l'encyclopédie des tempêtes, donne les résultats d'une expérience infinie, les moyens minutieux de calculer l'éloignement de la cyclône ou tourbillon, d'en déterminer la vitesse, d'apprécier la courbe des vents, la nature des diverses lames. Il a corroboré les idées de Peltier, adopté la cause électrique, réfuté les explications qu'on cherchait dans les vents en prenant l'effet pour la cause.

L'art ancien des augures, la science des présages, nullement méprisables, reçoit dans cet excellent livre un heureux renouvellement.

Le coucher du soleil n'est point indifférent. S'il est rouge, si la mer en garde des lames sanglantes, l'autre océan, celui de l'air, te prépare un orage. Un anneau autour du soleil, une lueur rouge dans un cercle pâle, des étoiles changeantes et qui semblent descendre, ce sont des signes d'un travail menaçant dans la région supérieure.

C'est bien pis si tu vois, sur un ciel sale, de petits nuages filer comme des flèches d'un pourpre sombre, si des masses compactes se mettent à figurer des édifices étranges, des arcs-en-ciel brisés, des ponts en ruines et cent autres caprices. **Tu peux croire que déjà le drame a commencé là-haut.** Tout est calme, mais à l'horizon tremblent des éclairs pâles. Tout est calme, et, dans ce silence, on surprend par instants des bruits roulants, qui s'arrêtent soudain. La mer vient au rivage plaintive et gonflée de soupirs. Parfois même, du fond, monte un bruit sourd... Ici sois attentif : « *C'est l'appel de la mer.* » (Locution anglaise.)

L'oiseau est averti. S'il n'est pas loin des côtes, on le voit (cormoran, goëland ou mouette) qui regagne la terre à tire-d'aile, quelque trou de rocher. En haute mer, ton vaisseau leur sert d'île et de point de repos. Ils tournent tout autour, et parfois franchement te demandent l'hospitalité, perchent un moment sur tes mâts. Bientôt viendra le pétrel sombre, l'oiseau au vol sinistre, qui, si habilement, entre lui et l'orage, sait mettre le vaisseau en danger.

Réjouis-toi s'il tonne. La décharge électrique se fait en haut. Autant de moins sur la tempête. Observation antique, mais confirmée scientifiquement par Peltier, et par l'expérience de Piddington et de tant d'autres.

Si l'électricité, accumulée en haut, descend silencieuse, s'il ne pleut pas, la décharge se fera en bas, créera des courants circulaires. Il y aura trombe et tempête.

———

La trombe parfois vous prend en rade. En 1698, le capitaine Langford, au port et bien ancré, vit la trombe venir, et sur-le-champ partit, se mit sous la protection de la mer. Les navires plus prudents restèrent et furent brisés.

A Madras et à la Barbade, des signaux sont donnés pour avertir les vaisseaux à l'ancre. Au Canada, le télégraphe électrique, plus prompt encore que l'électricité du ciel, fait circuler de port en port l'avis de la tempête qui doit aller de l'un à l'autre.

Pour le marin en pleine mer, le baromètre est le grand conseiller. Sa sensibilité parfaite révèle les degrés précis du poids dont l'orage l'opprime. Muet d'abord, il a l'air de dormir. Mais un léger coup l'a frappé, coup d'archet qui prélude. Le voilà inquiet. Il répond, vibre, oscille; il se replie, descend. L'atmosphère élastique, sous les lourdes vapeurs, pèse, puis tout à coup rebondit et remonte. Le baromètre a son orage à lui. Des lueurs de pâle lumière lui échappent parfois du mercure et remplissent son tube (Péron l'observa à Maurice). Dans les rafales, il semble respirer. « Le baromètre à eau, dans ses fluctuations, disent Daniel et Barlow, avait l'haleine, le souffle d'un animal sauvage. »

Elle avance pourtant, la cyclône, et parfois franchement, s'illuminant dans sa vaste épaisseur de toutes ses lueurs électriques. Parfois elle s'annonce par des jets, des boules de feu. En 1772, au grand ouragan des Antilles où la mer monta de soixante-dix pieds, dans le noir de la nuit, les mornes des rivages s'éclairèrent de globes enflammés.

L'approche est plus ou moins rapide. Dans l'océan Indien, semé d'îles et d'obstacles, la trombe ne fait souvent que deux milles à l'heure, tandis qu'au courant chaud qui nous vient des Antilles, elle se précipite à raison de quarante-trois milles. Sa force de translation serait incalculable, si elle n'avait en elle-même une oscillation sous la lutte des vents du dedans, du dehors.

Lente ou rapide, sa fureur est la même. En 1789, il suffit d'un moment et d'une lame pour briser dans le port de Coringa tous les vaisseaux, les lancer dans les plaines ; seconde lame, la ville est noyée ; à la troisième elle s'écroule ; vingt mille habitants écrasés. En 1822, au contraire, aux bouches du Bengale, on vit la trombe, pendant vingt-quatre heures, aspirer l'air, et l'eau monter d'autant ; et cinquante mille hommes engloutis.

L'aspect est différent. En Afrique, c'est la *tornada*. Par un temps calme et clair, on sent de l'oppression à la poitrine. Un point noir apparaît au ciel, comme une aile de vautour. Ce vautour fond ; il est immense ; tout disparaît, tout tourne. C'est fait en un quart d'heure. Terre dévastée, mer bouleversée. Du vaisseau nulle nouvelle. La nature ne s'en souvient plus.

Vers Sumatra et au Bengale, vous voyez, vers le soir ou dans la nuit (point au matin), se faire un arc en haut. Dans un moment il a grandi, et de cette arche noire descendent, sur une lumière terne, des nappes de tristes éclairs pâles. Malheur à qui reçoit le premier vent qui sort de là ! Il peut sombrer, être englouti.

Mais la forme ordinaire est celle d'un entonnoir. Un marin qui s'y laissa prendre dit : « Je me vis comme au fond d'un cratère énorme de volcan ; autour de nous, rien que ténèbres ; en haut, une échappée et un peu de lumière. » C'est ce que l'on appelle techniquement l'*œil de la tempête*.

Engrené, il n'y a plus à s'en dédire ; elle vous tient. Rugissements sauvages, hurlements plaintifs, râle et cris de noyade, gémissements du malheureux vaisseau, qui redevient vivant, comme dans sa forêt, se lamente avant de mourir, tout cet affreux concert n'empêche pas d'entendre aux cordages d'aigres sifflements de serpents. Tout à coup un silence... Le noyau de la trombe passe alors dans l'horrible foudre, qui rend sourd, presque aveugle... Vous revenez à vous. Elle a rompu les mâts sans qu'on en ait rien entendu.

L'équipage parfois en garde longtemps les ongles noirs et la vue affaiblie (Seymour). On se souvient alors avec horreur qu'au moment du passage la trombe, aspirant l'eau, aspirait aussi le navire, voulait le boire, le tenait suspendu dans l'air et hors de l'eau, puis elle le lâchait, le faisait plonger dans l'abîme.

En la voyant ainsi se gorger et s'enfler, absorber

et vagues et vaisseaux, les Chinois l'ont conçue comme une horrible femme, la mère Typhon, qui, en planant au ciel, choisissant ses victimes, conçoit, s'emplit et se fait grosse, pleine d'enfants de mort, les *tourbillons de fer* (Keu Woo).

On lui a fait des temples et des autels. On la prie, on l'adore dans l'espoir de l'humaniser.

---

Le brave Piddington ne l'adore pas. Tout au contraire. Il en parle sans ménagement. Il l'appelle un corsaire trop fort, un coquin de pirate qui abuse de ses forces, et qu'on ne doit pas se piquer de combattre. Il faut le fuir, sans point d'honneur.

Ce perfide ennemi vous tend parfois un piége. Par *un bon vent*, il vous invite. Il a hâte de vous embrasser. Laissez là ce *bon vent*, et tournez-lui le dos, s'il est possible. Naviguez au plus loin de ce dangereux compagnon. N'allez pas voguer de conserve. Il prendrait son moment pour vous engrener dans sa danse, vous maîtriser, vous avaler.

Je voudrais suivre cet excellent homme dans tous ses conseils paternels. Ils seraient inutiles si les deux adversaires, la trombe et le vaisseau, étaient dans un petit espace enfermés en champ clos. Mais rarement il en est ainsi. Le plus souvent, ce tournoiement d'air et d'eau est immense, dans un cercle de dix, vingt, trente lieues. Cela donne au vaisseau des chances pour observer et se tenir à une honnête distance. Le point est de savoir surtout *où elle est centrale*, cette trombe, où elle a son foyer d'attraction; puis de connaître son allure, sa vitesse à venir vous joindre.

———

C'est une belle lumière pour le marin de marcher aujourd'hui entre ces deux flambeaux! D'un côté, son Maury lui enseigne les lois générales de l'air et de la mer, l'art de choisir et suivre les courants ; il le dirige par des voies calculées, qui sont comme les rues de l'Océan. D'autre côté, son Piddington, dans un petit volume, lui résume et lui met en main l'expérience des tempêtes, ce qu'on fit pour les éviter, parfois pour en profiter même.

Cela explique et justifie les belles paroles d'un Hollandais, le capitaine Jansen : « Sur mer, la première impression est le sentiment de l'abîme, de l'infini, de notre néant. Sur le plus grand navire, on se sent toujours en péril. Mais, lorsque les yeux de l'esprit ont sondé l'espace et la profondeur, le danger disparaît pour l'homme. Il s'élève et comprend. Guidé par l'astronomie, instruit des routes liquides, dirigé par les cartes de Maury, il trace sa route sur la mer en *sécurité*. »

Cela est simplement sublime. La tempête n'est pas supprimée. Mais ce qui l'est, c'est l'ignorance, c'est le trouble et le vertige qui fait l'obscurité de ce péril, et le pire de tout péril, ce qu'il eut de fantastique. — Du moins, si l'on périt, on sait pourquoi. Grande, très-grande *sécurité*, de conserver l'esprit lucide, l'âme en pleine lumière, résignée aux effets quelconques des grandes lois divines du monde qui, au prix de quelques naufrages, font l'équilibre et le salut.

# IV

## LES MERS DES POLES

Le plus tentant pour l'homme, c'est l'inutile et l'impossible. De toutes les entreprises maritimes, celle où il a mis le plus de persévérance, c'est la découverte d'un passage au nord de l'Amérique pour aller tout droit d'Europe en Asie. Le plus simple bon sens eût fait juger d'avance que, si ce passage existait, dans une latitude si froide, dans la zone hérissée des glaces, il ne servirait point, que personne n'y voudrait passer.

Notez que cette région n'a pas la platitude des côtes Sibériques, où l'on glisse en traîneau. C'est une montagne de mille lieues horriblement accidentée, avec de profondes coupures, des mers qui dégèlent un moment pour regeler, des corridors de glaces qui changent tous les ans, s'ouvrent et se referment sur vous. Il vient d'être trouvé, ce passage, par un homme qui, engagé très-loin, et ne pouvant plus reculer, s'est jeté en avant et a passé (1853). On sait maintenant ce que c'est. Voilà les imaginations calmées, et personne n'en a plus envie.

Quand j'ai dit l'*inutile*, je l'ai dit pour le but qu'on s'était proposé, de créer une voie commerciale. — Mais, en suivant cette folie, on a trouvé maintes choses nullement folles, très-utiles pour la science, pour la géographie, la météorologie, l'étude du magnétisme de la terre.

---

Que voulait-on dès l'origine? S'ouvrir un chemin court au pays de l'or, aux Indes orientales. L'Angleterre et autres États, jaloux de l'Espagne et du Portugal, comptaient les surprendre par là au cœur de leur lointain empire, au sanctuaire de la richesse. Du temps d'Élisabeth, des chercheurs ayant trouvé ou cru trouver quelques parcelles d'or au Groënland, exploitèrent la vieille légende du Nord, le *trésor caché sous le pôle*, les masses d'or gardées par les gnomes, etc. Et les têtes se prirent. Sur un espoir si raisonnable, une grande flotte de seize vaisseaux fut envoyée, emmenant comme volontaires les fils des plus nobles familles. On se disputa à qui partirait pour cet Eldorado polaire. Ce qu'on trouva, ce fut la mort, la faim, des murs de glaces.

Cet échec n'y fit rien. Pendant plus de trois siècles, avec une persévérance étonnante, les explorateurs s'y acharnent. C'est une succession de martyrs. Cabot, le premier, n'est sauvé que par la révolte de son équipage qui l'empêcha d'aller plus loin. Brentz meurt de froid, et Willoughby de faim. Cortereal périt, corps et biens. Hudson est jeté par les siens, sans vivres, sans voiles, dans une chaloupe, et l'on ne sait ce qu'il devient. Behring, en trouvant le détroit qui sépare l'Amérique de l'Asie, périt de fatigue, de froid, de misère, dans une île déserte. De nos jours, Franklin est perdu dans les glaces; on ne le retrouve que mort, ayant eu, lui et les siens, la nécessité terrible d'en venir *à la dernière ressource* (de se manger les uns les autres) !

---

Tout ce qui peut décourager les hommes se trouve réuni dès l'entrée de ces navigations du

Nord. Bien avant le cercle polaire, un froid brouillard pèse sur la mer, vous morfond, vous couvre de givre. Les cordages se roidissent; les voiles s'immobilisent; le pont est glissant de verglas; la manœuvre difficile. Les écueils mouvants qu'on a à craindre se distinguent à peine. Au haut du mât, dans sa logette chargée de frimas, le veilleur (vraie stalactite vivante) signale, de moment en moment, l'approche d'un nouvel ennemi, d'un blanc fantôme gigantesque, qui souvent a deux cents, trois cents pieds au-dessus de l'eau.

Mais cette procession lugubre qui annonce le monde des glaces, ce combat pour les éviter, donnent plutôt envie d'aller plus loin. Il y a dans l'inconnu du Pôle je ne sais quel attrait d'horreur sublime, de souffrance héroïque. Ceux qui, sans tenter le passage, ont seulement été au Nord, et contemplé le Spitzberg, en gardent l'esprit frappé. Cette masse de pics, de chaînes, de précipices, qui porte à quatre mille cinq cents pieds son front de cristaux, est comme une apparition dans la sombre mer. Ses glaciers, sur les neiges mates, se détachent en vives lueurs, vertes, bleues, pourpres, en étincelles, en pierreries, qui lui font un éblouissant diadème.

Pendant la nuit de plusieurs mois, l'aurore boréale éclate à chaque instant dans les splendeurs bizarres d'une illumination sinistre. Vastes et effrayants incendies qui remplissent tout l'horizon, éruption de jets magnifiques; un fantastique Etna, inondant de lave illusoire la scène de l'éternel hiver.

Tout est prisme dans une atmosphère de particules glacées où l'air n'est que miroirs et petits cristaux. De là de surprenants mirages. Nombre d'objets vus à l'envers, pour un moment apparaissent la tête en bas. Les couches d'air qui produisent ces effets sont en révolution constante; ce qui y devient plus léger monte à son tour et change tout; la moindre variation de température abaisse, élève; incline le miroir; l'image se confond avec l'objet, puis s'en sépare, se disperse, une autre image redressée monte au-dessus, une troisième apparaît pâle, affaiblie, de nouveau renversée.

C'est le monde de l'illusion. Si vous aimez les songes, si, rêvant éveillé, vous vous plaisez à suivre la mobile improvisation et le jeu des nuages, allez au Nord; tout cela se retrouve réel, et non moins fugitif, dans la flotte des glaces mouvantes. Sur le chemin, elles donnent ce spectacle. Elles singent toutes les architectures. Voici du grec classique, des portiques et des colonnades. Des obélisques égyptiens apparaissent, des aiguilles qui pointent au ciel, appuyées d'aiguilles tombées. Puis voici venir des montagnes, Ossa sur Pélion, la cité des Géants, qui, régularisée, vous donne des murs cyclopéens, des tables et dolmens druidiques. Dessous s'enfoncent des grottes sombres. Mais tout cela caduc ; tout, aux frissons du vent, ondule et croule. On n'y prend pas plaisir, parce que rien ne s'asseoit. A chaque instant, dans ce monde à l'envers, la loi de pesanteur n'est rien : le faible, le léger, portent le fort ; c'est, ce semble, un art insensé, un gigantesque jeu d'enfant, qui menace et peut écraser.

Il arrive parfois un incident terrible. A travers la grande flotte qui majestueusement, lentement, descend du nord, vient brusquement du sud un géant de base profonde, qui, enfonçant de six, de sept cents pieds sous la mer, est violemment poussé par les courants d'en bas. Il écarte ou renverse tout ; il aborde, il arrive à la plaine de glaces ; mais il n'est pas embarrassé. « La banquise fut brisée en une minute sur un espace de plusieurs milles. Elle craqua, tonna, comme cent pièces de canon ; ce fut comme un tremblement de terre. La montagne courut près de nous ; tout fut comble, entre elle et nous, de blocs brisés. Nous périssions ; mais elle fila, rapidement emportée au nord-est. » (Duncan, 1826.)

C'est en 1818, après la guerre européenne, qu'on reprit cette guerre contre la nature, la recherche du grand passage. Elle s'ouvrit par un grave et singulier événement. Le brave capitaine John Ross, envoyé avec deux vaisseaux dans la baie de Baffin, fut dupe des fantasmagories de ce monde des songes. Il vit distinctement une terre qui n'existait pas, soutint qu'on ne pouvait passer. Au retour, on l'accable, on lui dit qu'il n'a pas osé; on lui refuse même de prendre sa revanche et de rétablir son honneur. Un marchand de liqueurs de Londres se piqua de faire plus que l'empire britannique. Il lui donna cinq cent mille francs, et Ross retourna, déterminé à passer ou mourir. Ni l'un ni l'autre ne lui fut accordé! Mais il resta, je ne sais combien d'hivers, ignoré, oublié, dans ces terribles solitudes. Il ne fut ramené que par des baleiniers qui, trouvant ce sauvage, lui demandèrent si jadis il n'avait pas rencontré par hasard *feu le capitaine John Ross.*

Son lieutenant Parry, qui s'était cru sûr de passer, fit quatre fois quatre efforts obstinés; tantôt par la baie de Baffin et l'Ouest, tantôt par le Spitzberg et le Nord. Il fit des découvertes, s'avança hardiment avec un traîneau-barque, qui tour à tour flottait ou passait les glaçons. Mais ceux-ci, invariables dans leur route du Sud, l'emportaient toujours en arrière. Il ne passa pas plus que Ross.

En 1832, un courageux jeune homme, un Français, Jules de Blosseville, voulut que cette gloire appartînt à la France. Il y mit sa vie, son argent; il paya pour périr. Il ne put même avoir un vaisseau de son choix : on lui donna *la Lilloise*, qui fit eau le jour même du départ. (*Voir la notice de son frère*). Il la raccommoda à ses frais, pour quarante mille francs. Dans ce hasardeux véhicule, il voulait attaquer la côte de fer, le Groënland oriental. Selon toute apparence, il n'y arriva même pas. On n'en eut nulle nouvelle.

Les expéditions des Anglais étaient tout autrement préparées, avec grande prudence, grande dépense, mais ne réussissaient guère mieux. En 1845, l'infortuné Franklin se perdit dans les glaces. Douze ans durant, on le chercha. L'Angleterre y montra une honorable obstination. Tous y aidèrent. Des Américains, des Français, y ont péri. Les pics, les caps de la région désolée, à côté du nom de Franklin, gardent celui de notre Bellot et des autres, qui se dévouèrent à sauver un Anglais. De son côté, John Ross avait offert de diriger les nôtres dans la recherche de Blosseville, d'organiser l'expédition. Le sombre Groënland est paré de tels souvenirs, et le désert n'est plus désert, lorsque l'on y retrouve ces noms qui y témoignent de la fraternité humaine.

Lady Franklin fut admirable de foi. Jamais elle ne voulut se croire veuve. Elle sollicita incessamment de nouvelles expéditions. Elle jura qu'il vivait encore, et elle le persuada si bien, que, sept années après qu'il fut perdu, on le nomma contre-amiral. Elle avait raison, il vivait. En 1850, les Esquimaux le virent, disent-ils, avec une soixantaine d'hommes. Bientôt ils ne furent plus que trente, ne purent plus marcher ni chasser. Il leur fallut manger ceux qui mouraient. Si l'on eût écouté lady Franklin, on l'aurait retrouvé. Car elle disait (et le bon sens disait) qu'il fallait le chercher au Sud ; qu'un homme, dans cette situation désespérée, n'irait pas l'aggraver en marchant vers le Nord. L'Amirauté, qui probablement s'inquiétait bien moins de Franklin que du fameux passage, poussait toujours ses envoyés au Nord. La pauvre femme désolée finit par faire elle-même ce qu'on ne voulait pas faire. Elle arma à grands frais un vaisseau pour le Sud. Mais il était trop tard. On trouva les os de Franklin.

---

Pendant ce temps, des voyages plus longs, et ce

pendant plus heureux, furent faits vers le pôle antarctique. Là, ce n'est pas ce mélange de terre, de mer, de glaces et de dégels tempêtueux qui font l'horreur du Groënland. C'est une grande mer sans bornes, de lame forte et violente. Une immense glacière, bien plus étendue que la nôtre. Peu de terre. La plupart de celles qu'on a vues ou cru voir laissent toujours ce doute, si leurs changeants rivages ne seraient pas une simple ligne de glaces continues et accumulées. Tout varie selon les hivers. Morel, en 1820, Wedell en 1824, Ballerry en 1839, trouvèrent une échancrure, pénétrèrent dans une mer libre que plusieurs n'ont pu retrouver.

Le Français Kerguelen et l'Anglais James Ross ont eu des résultats certains, trouvé des terres incontestables.

Le premier, en 1771, découvrit la grande île Kerguelen, que les Anglais appellent la *Désolation*. Longue de deux cents lieues, elle a d'excellents ports, et, malgré le climat, une assez riche vie animale, de phoques, d'oiseaux, qui peuvent approvisionner un vaisseau. Cette glorieuse découverte, que Louis XVI à son avénement récompensa d'un grade, fut la perte de Kerguelen. On lui forgea des crimes. La furieuse rivalité des nobles officiers d'alors l'accabla. Ses jaloux servirent de témoins contre lui. C'est d'un cachot de six pieds carrés qu'il data le récit de sa découverte (1782).

En 1838, la France, l'Angleterre, l'Amérique, firent trois expéditions dans l'intérêt des sciences. L'illustre Duperrey avait ouvert la voie des observations magnétiques. On eût voulu les continuer sous le pôle même. Les Anglais chargèrent de cette étude une expédition confiée à James Ross, neveu, élève et lieutenant de John Ross, dont nous avons parlé. Ce fut un armement modèle, où tout fut calculé, choisi, prévu. James revint *sans avoir* perdu un seul homme ni *eu même un malade.*

L'Américain et le Français Wilkes et Dumont d'Urville n'étaient nullement armés ainsi. Les dangers et les maladies furent terribles pour eux. Plus heureux, James, tournant le cercle antarctique, entra dans les glaces, et trouva une terre réelle. Il avoue, avec une remarquable modestie, qu'il dut ce succès uniquement au soin admirable avec lequel on avait préparé ses vaisseaux. L'*Érèbe* et la *Terreur*, de leurs fortes machines, de leur scie, de leur proue, de leur poitrail de fer, ouvrirent la ceinture de glaces, naviguèrent à travers la croûte grinçante, et au delà trouvèrent une mer libre, avec des phoques, des oiseaux, des baleines. Un volcan, de douze mille pieds, aussi haut que l'Etna, jetait des flammes. Nulle végétation, nul abord ; un granit escarpé où la neige ne tient même pas. C'est la terre; point de doute. L'Etna du pôle, qu'on a nommé *Érèbe*, avec sa colonne de feux, reste là pour le témoigner.

Donc un noyau terrestre centralise la glace antarctique (1841).

———

Pour revenir à notre pôle arctique, les mois d'avril et mai 1853 sont pour lui une grande date.

En avril, on trouva le passage cherché pendant trois cents ans. On dut la chose à un heureux coup de désespoir.

Le capitaine Maclure, entré par le détroit de Behring, enfermé dans les glaces, affamé, au bout de deux ans, ne pouvant retourner, se hasarda à marcher en avant. Il ne fit que quarante milles, et trouva dans la mer de l'Est des vaisseaux anglais. Sa hardiesse le sauva, et la grande découverte fut enfin consommée.

Au même moment, mai 1853, partit une expédition de New-York pour l'extrême Nord. Un jeune marin, Elischa Kent Kane, qui n'avait pas trente ans, et qui déjà avait couru toute la terre, venait de lancer une idée, hasardée, mais très-belle, qui piquait vivement l'ambition américaine. De même que Wilkes avait promis de découvrir un monde, Kane s'engageait à trouver une mer, une mer libre sous le pôle. Tandis que les Anglais, dans leur routine, cherchaient d'est en ouest, Kane allait monter droit au nord, et prendre possession de ce bassin inexploré. Les imaginations furent saisies. Un armateur de New-York, M. Grinnell, donna généreusement deux vaisseaux. Les sociétés savantes aidèrent et tout le public. Les dames, de leurs mains, travaillaient aux préparatifs avec un zèle religieux. Les équipages, choisis, formés de volontaires, jurèrent trois choses: obéissance, abstinence de liqueurs et de tout langage profane. Une première expédition, qui manqua, ne découragea pas M. Grinnell ni le public américain. Une seconde fut organisée avec le secours de certaines sociétés de Londres qui avaient en vue ou la propagation biblique ou une dernière recherche de Franklin.

Peu de voyages sont plus intéressants. On s'explique à merveille l'ascendant que le jeune Kane avait exercé. Chaque ligne est marquée de sa force, de sa vivacité brillante, et d'un merveilleux *en avant!* Il sait tout, il est sûr de tout, ardent, mais positif. Il ne mollira pas, on le sent, devant les obstacles. Il ira loin, et aussi loin qu'on peut aller. Le combat est curieux entre un tel caractère et l'impitoyable lenteur de la nature du Nord, remparts d'obstacles terribles. A peine est-il parti, qu'il est déjà pris de l'hiver, forcé d'hiverner six mois sous les glaces. Au printemps même, un froid de soixante-dix degrés! A l'approche du second hiver, au 28 août, il est abandonné; il ne lui reste que huit hommes sur dix-sept. Moins il a d'hommes et de ressources, plus il est âpre et dur, voulant, dit-il, se faire mieux respecter. Ses bons amis les Esquimaux qui aident à le nourrir, et dont il est même forcé de prendre quelques petits objets (p. 440), se sont accommodés chez lui de trois vases de cuivre. En retour, il leur prend deux femmes. Châtiment excessif, sauvage. Entre huit matelots qui lui sont restés à grand'-peine, et dans un relâchement forcé de la discipline, il n'était guère prudent d'amener là ces pauvres créatures. Elles étaient mariées. « Sivu, femme de Metek, et Aningna, femme de Marsinga, » restent à pleurer cinq jours. Kane s'efforce d'en rire et de nous en faire rire : « Elles pleuraient, dit-il, et chantaient des lamentations, mais ne perdaient pas l'appétit. » Les maris, les parents, arrivent avec les objets dérobés, et prennent tout en douceur, comme des hommes intelligents qui n'ont d'armes que des arêtes de poissons contre des revolvers. Ils souscrivent à tout, promettent amitié, alliance. Mais, quelques jours après, ils ont fui, disparu! dans quels sentiments d'amitié? on le devine. Ils diront sur leur route aux peuplades errantes combien il faut fuir l'homme blanc. Voilà comme on se ferme un monde.

La suite est bien lugubre. Si cruelles sont les misères, que les uns meurent, les autres veulent retourner. Kane ne lâche pas prise : il a promis une mer, il faut qu'il en trouve une. Complots, désertions, trahisons, tout ajoute à l'horreur de la situation. Au troisième hivernage, sans vivres, san chauffage, il serait mort si d'autres Esquimaux ne l'eussent nourri de leur pêche : lui, il chassai pour eux. Pendant ce temps, quelques-uns de ses hommes, envoyés en expédition, ont la bonne fortune de voir la mer dont il a tant besoin. Ils rapportent du moins qu'ils ont aperçu une grande étendue d'eau libre et non gelée, et autour, des oiseaux, qui semblaient s'abriter dans ce climat moins rude.

C'est tout ce qu'il fallait pour revenir. Kane, sauvé par les Esquimaux, qui n'abusèrent pas de leur nombre, ni de son extrême misère, leur laisse son vaisseau dans les glaces.

Faible, épuisé, il réussit encore, par un voyage

de quatre-vingt-deux jours, à revenir au sud ; mais c'est pour y mourir. Ce jeune homme intrépide, qui approcha du pôle plus près qu'aucun mortel, mourant, emporta la couronne que les sociétés savantes de la France ont mise à son tombeau, le grand prix de géographie.

Dans ce récit, où il y a tant de choses terribles, il y en a une touchante. Elle donne la mesure des souffrances excessives d'un tel voyage : c'est la mort de ses chiens. Il en avait de Terre-Neuve, admirables ; il avait des chiens Esquimaux ; c'étaient ses compagnons plus qu'aucun homme. Dans ses longs hivernages, des nuits de tant de mois, ils veillaient autour du vaisseau. Sortant dans les ténèbres épaisses, il rencontrait le souffle tiède de ces bonnes bêtes, qui venaient réchauffer ses mains. Les Terre-Neuve d'abord furent malades : il l'attribue à la privation de lumière ; quand on leur montrait des lanternes, ils allaient mieux. Mais, peu à peu une mélancolie étrange les gagna, ils devinrent fous. Les chiens Esquimaux les suivirent : il n'y eut pas jusqu'à sa chienne Flora, *la plus sage*, la plus réfléchie, qui ne délirât comme les autres et qui ne succombât. C'est le seul point, je crois, dans son âpre récit, où ce ferme cœur semble ému.

# V

## LA GUERRE AUX RACES DE LA MER

En revenant sur tout ce qui précède et sur toute l'histoire des voyages, on a deux sentiments contraires :

1° L'admiration de l'audace, du génie, avec lesquels l'homme a conquis les mers, maîtrisé sa planète;

2° L'étonnement de le voir si inhabile en tout ce qui touche l'homme; de voir que, pour la conquête des choses, il n'a su faire nul emploi des personnes; que partout le navigateur est venu en ennemi, a brisé les jeunes peuples, qui, ménagés, eussent été, chacun dans son petit monde, l'instrument spécial pour le mettre en valeur.

Voilà l'homme en présence du globe qu'il vient de découvrir : il est là comme un musicien novice devant un orgue immense, dont à peine il tire quelques notes. Sortant du moyen âge, après tant de théologie et de philosophie, il s'est trouvé barbare : de l'instrument sacré, il n'a su que casser les touches.

Les chercheurs d'or ont commencé, comme on a vu, ne voulant qu'or, rien de plus, brisant l'homme. Colomb, le meilleur de tous, dans son propre journal, montre cela avec une naïveté terrible qui, d'avance, fait frémir de ce que feront ses successeurs. Dès qu'il touche Haïti : « Où est l'or ? et qui a de l'or ? » ce sont ses premiers mots. Les naturels en souriaient, étaient étonnés de cette faim d'or. Ils lui promettaient d'en chercher. Ils s'ôtaient leurs propres anneaux pour satisfaire plus tôt ce pressant appétit.

Il nous fait un touchant portrait de cette race infortunée, de sa beauté, de sa bonté, de son attendrissante confiance. Avec tout cela, le Génois a sa mission d'avarice, ses dures habitudes d'esprit. Les guerres turques, les galères atroces et leurs forçats, les ventes d'hommes, c'était la vie commune. La vue de ce jeune monde désarmé, ces pauvres corps tout nus d'enfants, de femmes innocentes et charmantes, tout cela ne lui inspire qu'une pensée tristement mercantile, c'est qu'on pourrait les faire esclaves.

Il ne veut pas pourtant qu'on les enlève, « car ils appartiennent au roi et à la reine. » Mais il dit ces sombres paroles, bien significatives : « Ils sont craintifs et faits pour obéir. Ils feront tous les travaux qu'on leur commandera. Mille d'entre eux fuient devant trois des nôtres. Si Vos Altesses m'ordonnaient de les emmener ou de les asservir ici, rien ne s'y opposerait : il suffirait de cinquante hommes. » (14 oct. et 16 déc.)

Tout à l'heure reviendra d'Europe l'arrêt général de ce peuple. Ils sont les serfs de l'or, tous employés à le chercher, tous soumis aux travaux forcés. Lui-même nous apprend que, douze ans après, les six septièmes de la population ont disparu ; et Herrera ajoute qu'en vingt-cinq ans elle tomba d'un million d'âmes à quatorze mille.

---

Ce qui suit, on le sait. Le mineur, le planteur, exterminèrent un monde, le repeuplant sans cesse aux dépens du sang noir. Et qu'est-il arrivé ? Le noir seul a vécu, et vit, dans les terres basses et chaudes, immensément fécondes. L'Amérique lui restera : l'Europe a fait précisément l'envers de ce qu'elle a voulu.

Son impuissance coloniale a éclaté partout. L'aventurier français n'a pas vécu ; il venait sans famille, et apportait ses vices, fondait dans la masse barbare, au lieu de la civiliser. L'Anglais, sauf deux pays tempérés où il a passé en masse et en famille, ne vit pas davantage au delà des mers ; l'Inde ne saura pas dans un siècle qu'il y vécut. Le missionnaire protestant, catholique, a-t-il eu influence, a-t-il fait *un* chrétien? « *Pas un,* » me disait Burnouf, si informé. Il y a entre eux et nous trente siècles, trente religions. Si l'on veut forcer leur cerveau, il advient ce que M. de Humboldt observa dans les villages américains qu'on appelle encore *les Missions;* ayant perdu la séve indigène sans rien prendre de nous, vivants de corps et morts d'esprit, stériles, inutiles à jamais, ils restent de grands enfants, hébétés, idiots.

Nos voyages de savants, qui font tant d'honneur aux modernes, le contact de l'Europe civilisée qui va partout, ont-ils profité aux sauvages? Je ne le vois pas. Pendant que les races héroïques de l'Amérique du Nord périssent de faim et de misère, les races molles et douces de l'Océanie fondent, à la honte de nos navigateurs, qui, là, au bout du monde, jettent le masque de décence, ne se contraignent plus. Population aimable et faible, où Bougainville trouva l'excès de l'abandon, où les marchands apôtres de l'Angleterre gagnent de l'argent et point d'âmes, elle s'écoule misérablement dévorée de nos vices, de nos maladies.

La longue côte de Sibérie avait naguère des habitants. Sous ce climat si dur, des nomades vivaient, chassant les animaux à fourrures précieuses, qui les nourrissaient, les couvraient. La police russe, insensée, les a forcés de se fixer et de se faire agriculteurs, là où la culture est impossible. Donc, ils meurent, et plus d'hommes. D'autre part, le commerce, insatiable et imprévoyant, n'épargnant pas la bête à ses saisons d'amour, l'a également exterminée. Solitude, aujourd'hui, parfaite solitude, sur une côte de mille lieues de long. Que le vent siffle, que la mer gèle. Que l'aurore boréale transfigure la longue nuit. La nature aujourd'hui n'a plus de témoin qu'elle-même.

Le premier soin, dans les voyages arctiques du Groënland, aurait dû être de former à tout prix une bonne amitié avec les Esquimaux, d'adoucir leurs misères, d'adopter leurs enfants, et d'en élever en Europe, de faire au milieu d'eux des colonies, des écoles de découvreurs. On voit dans John Ross, et partout, qu'ils sont intelligents et très-vite acceptent les arts de l'Europe. Des mariages se seraient faits entre leurs filles et nos marins : une po pulation mixte serait née, à laquelle ce continent du Nord aurait appartenu. C'était le vrai moyen de trouver aisément, de régulariser le passage qu'on désirait tant. Il y fallait trente ans ; on en a mis trois cents ; et il se trouve qu'on n'a rien fait, parce qu'en effrayant ces pauvres sauvages qui vont au Nord et meurent, on a brisé définitivement l'*homme du lieu* et le génie du lieu ! Qu'importe d'avoir vu ce désert, s'il devient à jamais inhabitable et impossible ?

---

On peut juger que si l'homme a ainsi traité l'homme, il n'a pas été plus clément ni meilleur pour les animaux. Des espèces les plus douces, il a fait d'horribles carnages, les a ensauvagées et barbarisées pour toujours.

Les anciennes relations s'accordent à dire qu'à nos premières approches, ils ne montraient que confiance et curiosité sympathique. On passait à travers les familles paisibles des lamantins et des phoques, qui laissaient approcher. Les pingouins, les manchots, suivaient le voyageur, profitaient du foyer, et, la nuit, venaient se glisser sous l'habit des matelots.

Nos pères supposaient volontiers, et non sans

vraisemblance, que les animaux sentent comme nous. Les Flamands attiraient l'alose par un bruit de clochettes (Valenc., 20,327). Quand on faisait de la musique sur les barques, on ne manquait pas de voir venir la baleine (Noël, 223); la jubarte spécialement se plaisait avec les hommes, venait tout autour jouer et folâtrer.

---

Ce que les animaux avaient de meilleur, et ce qu'on a presque détruit à force de persécutions, c'était le *mariage*. Isolés, fugitifs, ils n'ont maintenant que l'amour passager, sont tombés à l'état d'un misérable célibat, qui de plus en plus est stérile.

Le *mariage*, fixe, réel, c'est la vie de nature qui se trouvait presque chez tous. Le mariage, et d'un seul amour, fidèle jusqu'à la mort, existe chez le chevreuil, chez la pie, le pigeon, l'inséparable (espèce de joli perroquet), chez le courageux kamichi, etc. Pour les autres oiseaux, il dure au moins jusqu'à ce que les petits soient élevés. La famille est alors forcée de se séparer par le besoin qu'elle a d'étendre le rayon où elle cherche sa nourriture.

Le lièvre dans sa vie agitée, la chauve-souris

dans ses ténèbres, sont très-tendres pour la famille. Il n'est pas jusqu'aux crustacés, aux poulpes, qui ne s'aiment et ne se défendent ; la femelle prise, le mâle se précipite et se fait prendre.

Combien plus l'amour, la famille, le mariage au sens propre, existent-ils chez les doux amphibies! Leur lenteur, leur vie sédentaire, favorisent l'union fixe. Chez le Morse (éléphant marin), cet animal énorme et de figure bizarre, l'amour est intrépide; le mari se fait tuer pour la femme, elle pour l'enfant. Mais, ce qui est unique, ce qu'on ne retrouve nulle part, même chez les plus hauts animaux, c'est que le petit, déjà sauvé et caché par la mère, la voyant combattre pour lui, accourt pour la défendre, et, d'un cœur admirable, vient combattre et mourir pour elle.

Chez l'Otarie, autre amphibie, Steller vit une scène étrange, une scène de ménage absolument humaine :

Une femelle s'était laissé voler son petit. Le mari, furieux, la battait. Elle rampait devant lui, le baisait, pleurait à chaudes larmes : « Sa poitrine était inondée. »

Les baleines, qui n'ont pas la vie fixe de ces amphibies, dans leurs courses errantes à travers l'Océan, vont cependant volontiers deux à deux. Duhamel et Lacépède disent qu'en 1723 deux baleines qu'on rencontra ainsi, ayant été blessées, aucune ne voulut quitter l'autre. Quand l'une fut tuée, l'autre se jeta sur son corps avec d'épouvantables mugissements.

S'il était dans le monde un être qu'on dût ménager, c'était la baleine franche, admirable trésor, où la nature a entassé tant de richesses. Être, de plus, inoffensif, qui ne fait la guerre à personne, et ne se nourrit point des espèces qui nous alimentent. Sauf sa queue redoutable, elle n'a nulle arme, nulle défense. Et elle a tant d'ennemis! Tout le monde est hardi contre elle. Nombre d'espèces s'établissent sur elle et vivent d'elle, jusqu'à ronger sa langue. Le Narval, armé de perçantes défenses, les lui enfonce dans la chair. Des Dauphins sautent et la mordent; et le Requin, au vol, d'un coup de scie, lui arrache un lambeau sanglant.

Deux êtres, aveugles et féroces, s'attaquent à l'avenir, font lâchement la guerre aux femelles pleines; c'est le cachalot, et c'est l'homme. L'horrible cachalot, où la tête est le tiers du corps, où tout est dents, mâchoires, de ses quarante-huit dents, la mord au ventre, lui mange son petit dans le corps. Hurlante de douleur, il la mange elle-même. L'homme la fait souffrir plus longtemps : il la saigne, lui fait, coup sur coup, de cruelles blessures. Lente à mourir, dans sa longue agonie, elle tressaille, elle a des retours terribles de force et de douleur. Elle est morte, et sa queue, comme galvanisée, frémit d'un mouvement redoutable. Ils vibrent, ces pauvres bras, naguère chauds d'amour maternel; ils semblent vivre encore et chercher encore le petit.

---

On ne peut se représenter ce que fut cette guerre, il y a cent ans ou deux cents ans, lorsque les baleines abondaient, naviguaient par familles, lorsque des peuples d'amphibies couvraient tous les rivages. On faisait des massacres immenses, des effusions de sang, telles qu'on n'en vit jamais dans les plus grandes batailles. On tuait en un jour des quinze ou vingt baleines et quinze cents éléphants marins! C'est-à-dire qu'on tuait pour tuer. Car comment profiter de cet abatis de colosses dont un seul a tant d'huile et tant de sang? Que voulait-on dans ce sanglant déluge? Rougir la terre? souiller la mer?

On voulait le plaisir des tyrans, des bourreaux, frapper, sévir, jouir de sa force et de sa fureur, savourer la douleur, la mort. Souvent on s'amusait à martyriser, désespérer, faire mourir lentement des animaux trop lourds, ou trop doux, pour se revancher. Péron vit un matelot qui s'acharnait ainsi sur la femelle d'un phoque; elle pleurait comme une femme, gémissait, et chaque fois qu'elle ouvrait sa bouche sanglante, il frappait d'un gros aviron, et lui cassait les dents.

Aux nouvelles Shetlands du sud, dit Dumont d'Urville, les Anglais et Américains ont exterminé les phoques en quatre ans. Par une fureur aveugle, ils égorgeaient les nouveau-nés, tuaient les femelles pleines. Souvent, ils tuent pour la peau seule, et perdent des quantités énormes d'huile dont on eût profité.

---

Ces carnages sont une école détestable de férocité qui déprave indignement l'homme. Les plus hideux instincts éclatent dans cette ivresse de bouchers. Honte de la nature! on voit alors en tous (même, à l'occasion, dans les plus délicates personnes), on voit quelque chose surgir d'inattendu, d'horrible. Chez un aimable peuple, au plus charmant rivage, il se fait une étrange fête. On réunit jusqu'à cinq cents ou six cents thons, pour les égorger en un jour. Dans une enceinte de barques, le vaste filet, la madrague divisée en plusieurs chambres, soulevée par des cabestans, les fait peu à peu arriver en haut dans la *chambre de mort*. Autour, deux cents hommes cuivrés, avec des harpons, des crochets, attendent. De vingt lieues à la ronde arrivent le beau monde, les jolies femmes et leurs amants. Elles se mettent au bord et au plus près, pour bien voir la tuerie, parent l'enceinte d'un cercle charmant. Le signal est donné, on frappe. Ces poissons, qu'on dirait des hommes, bondissent, piqués, percés, tranchés, rougissant l'eau de plus en plus. Leur agitation douloureuse, et la furie de leurs bourreaux, la mer qui n'est plus mer, mais je ne sais quoi d'écumant qui vit et fume, tout cela porte à la tête. Ceux qui venaient pour regarder agissent, ils trépignent, ils crient, ils trouvent qu'on tue lentement. Enfin, on circonscrit l'espace ; la masse fourmillante des blessés, des morts, des mourants, se concentre dans un seul point : sauts convulsifs, coups furieux ; l'eau jaillit et la rosée rouge...

Et cela a comblé l'ivresse. Même la femme délire et s'oublie ; elle est emportée du vertige. Tout fini, elle soupire, épuisée, mais non satisfaite, et dit en partant : « Quoi ! c'est tout ? »

# VI

## LE DROIT DE LA MER

Un grand écrivain populaire qui donne à tout ce qu'il touche un caractère de simplicité lumineuse et saisissante, Eugène Noël a dit : « On peut faire de l'Océan une fabrique immense de vivres, un laboratoire de subsistances plus productif que la terre même ; fertiliser tout, mer, fleuves, rivières étangs. On ne cultivait que la terre ; voici venir l'art de cultiver les eaux... Entendez-vous, nations ! » (*Pisciculture*.)

Plus productif que la terre ? comment cela ? M. Baude l'explique très-bien dans un important travail sur la pêche qu'il a publié. C'est que le poisson est, entre tous les êtres, susceptible de prendre, avec une nourriture minime, le plus énorme accroissement. Pour l'entretenir seulement, il ne faut rien, ou presque rien. Rondelet raconte qu'une carpe, qu'il garda trois ans dans une bouteille d'eau sans lui donner à manger, grossit cependant de sorte qu'elle n'aurait pu être tirée de la bouteille. Le saumon, pendant le séjour de deux mois qu'il fait dans l'eau douce, s'abstient presque de nourriture, et pourtant ne dépérit pas. Son séjour dans les eaux salées lui donne en moyenne (accroissement prodigieux!) six livres de chair. Cela ne ressemble guère au lent et coûteux progrès de nos animaux terrestres. Si l'on mettait en un tas ce que mange pour s'engraisser un bœuf, ou seulement un porc, on serait effrayé de voir la montagne de nourriture qu'ils consomment pour en venir là.

Aussi celui de tous les peuples où la question de subsistance a été la plus menaçante, le peuple chinois, si prolifique, si nombreux, avec ses trois cent millions d'hommes, s'est adressé directement à cette grande puissance de génération, la plus riche manufacture de vie nourrissante. Sur tout le cours de ses grands fleuves, de prodigieuses multitudes ont cherché dans l'eau une alimentation plus régulière que celle de la culture des plantes. L'agriculteur tremble toujours; un coup de vent, une gelée, le moindre accident, lui enlève tout et le frappe de famine. Au contraire, la moisson vivante qui pousse au fond de ces fleuves nourrit invariablement les innombrables familles qui la couvrent de leurs barques, et qui, sûres de leurs poissons, fourmillent et multiplient de même.

En mai, sur le fleuve central de l'Empire, se fait un commerce immense de frai de poisson, que des marchands viennent acheter pour le revendre partout à ceux qui veulent déposer dans leurs viviers domestiques l'élément de fécondation. Chacun a ainsi sa réserve, qu'il nourrit tout bonnement avec les débris du ménage.

Les Romains agissaient de même. Ils poussaient l'art de l'acclimatation jusqu'à faire éclore dans l'eau douce les œufs des poissons de mer.

La fécondation artificielle, trouvée au dernier siècle par Jacobi en Allemagne, pratiquée au nôtre en Angleterre avec le plus fructueux succès, a été réinventée chez nous, en 1840, par un pêcheur de la Bresse, Remy, et c'est depuis ce temps qu'il est devenu populaire et en France et en Europe.

Entre les mains de nos savants, Coste, Pouchet, etc., cette pratique est devenue une science. On a connu entre autres choses les relations régulières de la mer et de l'eau douce, je veux dire les habitudes de certains poissons de mer qui viennent dans nos rivières à certaines saisons. L'anguille, quel qu'en soit le berceau, dès qu'elle a acquis seulement la grosseur d'une épingle, s'empresse de remonter la Seine, en tel nombre et d'un tel torrent, que le fleuve s'en trouve blanchi. Ce trésor, qui ménagé, donnerait des milliards de poissons pesant chacun plusieurs livres, est indignement dévasté. On vend par baquets, à vil prix, ces germes si précieux. Le saumon n'est pas moins fidèle. Il revient invariablement de la mer à la rivière où il a pris naissance. Ceux qu'on a marqués d'un signe se représentent sans qu'aucun presque manque à l'appel. Leur amour du fleuve natal est tel, que, s'il est coupé par des barrages, des cascades mêmes, ils s'élancent et font de mortels efforts pour y remonter.

---

La mer, qui commença la vie sur ce globe, en serait encore la bienfaisante nourrice, si l'homme savait seulement respecter l'ordre qui y règne et s'abstenait de le troubler.

Il ne doit pas oublier qu'elle a sa vie propre et sacrée, ses fonctions tout indépendantes, pour le salut de la planète. Elle contribue puissamment à en créer l'harmonie, à en assurer la conservation, la salubrité. Tout cela se faisait, pendant des millions de siècles peut-être, avant la naissance de l'homme. On se passait à merveille de lui et de sa sagesse. Ses aînés, enfants de la mer, accomplissaient entre eux parfaitement la circulation de substance, les échanges, les successions de vie, qui sont le mouvement rapide de purification constante. Que peut-il à ce mouvement, continué si loin de lui, dans ce monde obscur et profond? Peu en bien, davantage en mal. La destruction de telle espèce peut être une atteinte fâcheuse à l'ordre, à l'harmonie du tout. Qu'il prélève une moisson raisonnable sur celles qui pullulent surabondamment, à la bonne heure ; qu'il vive sur des individus, mais qu'il conserve les espèces ; dans chacune il doit respecter le rôle, que toutes elles jouent, de fonctionnaires de la nature.

Nous avons déjà traversé deux âges de barbarie.

Au premier, on dit comme Homère : « la mer stérile. » On ne la traverse que pour chercher au delà des trésors fabuleux, ou exagérés follement.

Au second, on aperçut que la richesse de la mer est surtout en elle-même, et l'on mit la main dessus, mais de manière aveugle, brutale, violente.

A la haine de la nature qu'eut le moyen âge, s'est ajoutée l'âpreté mercantile, industrielle, armée de machines terribles, qui tuent de loin, tuent sans péril, tuent en masse. A chaque progrès dans l'art, progrès de barbarie féroce, progrès dans l'extermination.

Exemple : le harpon lancé par une machine foudroyante. Exemple : la drague, le filet destructeur, employé dès 1700, filet qui traîne, immense et lourd, et moissonne jusqu'à l'espérance, a balayé le fond de l'Océan. On nous le défendait. Mais l'étranger venait et *draguait* sous nos yeux. (V. Tifaigne.) Des espèces s'enfuirent de la Manche, passèrent vers la Gironde. D'autres ont défailli pour toujours. Il en sera de même d'un poisson excellent, magnifique, le maquereau, qu'on poursuit barbarement en toute saison. (Valenc., *Dict.* X, 352.) La prodigieuse génération de la morue ne la garantit pas. Elle diminue même à Terre-Neuve. Peut-être elle s'exile vers des solitudes inconnues.

---

Il faut que les grandes nations s'entendent pour substituer à cet état sauvage un état de civilisation, où l'homme plus réfléchi ne gaspille plus ses biens, ne se nuise plus à lui-même. Il faut que la France, l'Angleterre, les États-Unis, proposent aux autres nations et les décident à promulguer, toutes ensemble, un *Droit de la mer*.

Les vieux règlements spéciaux des pêches riveraines ne peuvent plus servir à rien dans la navigation moderne. Il faut un code commun des nations, applicable à toutes les mers, un code qui régularise, non-seulement les rapports de l'homme à l'homme, mais ceux de l'homme aux animaux.

Ce qu'il se doit, ce qu'il leur doit, c'est de ne plus faire de la pêche une chasse aveugle, barbare, où l'on tue plus qu'on ne peut prendre, où le pêcheur immole sans profit le petit qui, dans un an, l'aurait richement nourri, et qui, par la mort d'un seul, l'eût dispensé de donner la mort à une foule d'autres.

Ce que l'homme se doit et leur doit, c'est de ne pas prodiguer sans cause la mort et la douleur.

Les Hollandais et les Anglais ont l'attention de tuer immédiatement le hareng. Les Français, plus négligents, le jettent dans la barque et l'entassent, le laissent mourir d'asphyxie. Cette longue agonie l'altère, lui ôte de son goût, de sa fermeté. Il est macéré de douleur, il lui advient ce qu'on observe dans les bestiaux qui meurent de maladie. Pour la morue, nos pêcheurs la découpent au moment où elle est prise; celle qui tombe la nuit aux filets, et qui a de longues heures d'efforts, d'agonie désespérée, ne vaut rien en comparaison de celle qu'on tue du premier coup (excellentes observations de M. Baude).

---

Sur terre, les temps de la chasse sont réglés; ceux de la pêche doivent l'être également, en ayant égard aux saisons où se reproduit chaque espèce.

Elle doit être aménagée, comme on fait pour la coupe des bois, en laissant à la production le temps de se réparer.

Les petits, les femelles pleines, doivent être respectés, spécialement dans les espèces qui ne sont pas surabondantes, spécialement chez les êtres supérieurs et moins prolifiques, les cétacés, les amphibies.

Nous sommes forcés de tuer : nos dents, notre estomac, démontrent que c'est notre fatalité d'avoir besoin de la mort. Nous devons compenser cela en multipliant la vie.

Sur terre, nous créons, défendons les troupeaux, nous faisons multiplier nombre d'êtres qui ne naîtraient pas, seraient moins féconds, ou périraient jeunes, dévorés des bêtes féroces. C'est un quasi-droit que nous avons sur eux.

Dans les eaux, il y a encore plus de jeunes vies annulées : en les défendant, en les propageant, et les rendant très-nombreuses, nous nous créons un droit de vivre du trop-plein. La génération y est susceptible d'être dirigée comme un élément, indéfiniment augmentée. L'homme, en ce monde-là surtout, apparaît le grand magicien, le puissant promoteur de l'amour et de la fécondité. Il est l'adversaire de la mort ; car, s'il en profite lui-même, la part qu'il s'adjuge n'est rien, en comparaison des torrents de vie qu'il peut créer à volonté.

Pour les espèces précieuses qui sont près de disparaître, surtout pour la baleine, l'animal le plus grand, la vie la plus riche de toute la création, il faut la paix absolue pour un demi-siècle. Elle réparera ses désastres. N'étant plus poursuivie, elle reviendra dans son climat naturel, la zone tempérée ; elle y retrouvera son innocente vie de paître la prairie vivante, les petits êtres élémentaires. Replacée dans ses habitudes et dans son alimentation, elle refleurira, reprendra ses proportions gigantesques ; nous reverrons des baleines de deux cents, trois cents pieds de long. Que ses anciens rendez-vous d'amour soient sacrés. Cela aidera beaucoup à la rendre de nouveau féconde. Jadis elle préférait une baie de la Californie. Pourquoi ne pas la lui laisser? Elle n'irait plus chercher les glaces atroces du pôle, les misérables retraites où l'on va follement la troubler encore, de manière à rendre impossible l'amour dont on eût profité.

---

La paix pour la baleine franche ; la paix pour le dugong, le morse, le lamantin, ces précieuses espèces, qui bientôt auraient disparu. Il leur faut une longue paix, comme celle qui très-sagement a été ordonnée en Suisse pour le bouquetin, bel animal qu'on avait traqué, et presque détruit ; on le croyait perdu même, et bientôt il a reparu.

Pour tous, amphibies et poissons, il faut une saison de repos : il faut une *Trêve de Dieu*.

La meilleure manière de les multiplier, c'est de les épargner au moment où ils se reproduisent, à l'heure où la nature accomplit en eux son œuvre de maternité.

Il semble qu'eux-mêmes ils sachent qu'à ce moment ils sont sacrés : ils perdent leur timidité, ils montent à la lumière, ils approchent des rivages ; ils ont l'air de se croire sûrs de quelque protection.

C'est l'apogée de leur beauté, de leur force. Leurs

livrées brillantes, leur phosphorescence, indiquent le suprême rayonnement de la vie. En toute espèce qui n'est point menaçante par l'excès de la fécondité, il faut religieusement respecter ce moment. Qu'ils meurent après, à la bonne heure! S'il faut les tuer, tuez-les! mais que d'abord ils aient vécu.

Toute vie innocente a droit au moment du bonheur, au moment où l'individu, quelque bas qu'il semble placé, dépasse la limite étroite de son moi individuel, veut au delà de lui-même, et, de son désir obscur, pénètre dans l'infini où il doit se perpétuer.

Que l'homme y coopère! qu'il aide à la nature! Il en sera béni, de l'abîme aux étoiles. Il aura un regard de Dieu, s'il se fait avec lui promoteur de la vie, de la félicité, s'il distribue à tous la part que les plus petits même ont droit d'en avoir ici-bas.

# LIVRE QUATRIÈME

## LA RENAISSANCE PAR LA MER

# I

## L'ORIGINE DES BAINS DE MER

La mer, si mal traitée par l'homme dans cette guerre impitoyable, n'en a pas moins été pour lui généreuse et bienfaisante. Lorsque la terre qu'il aime tant, la rude terre l'usait, l'épuisait, c'est cette mer redoutée, maudite, qui l'accueillait sans rancune, le reprenait sur son sein, lui rendait la séve et la vie.

N'est-ce pas d'elle en effet que surgit la vie primitive? Elle en a tous les éléments dans une merveilleuse plénitude. Pourquoi, quand nous défaillons, n'irions-nous pas nous refaire à la source débordante qui nous invite à puiser?

Elle est bonne et large pour tous, mais plus bienfaisante, ce semble, plus sympathique pour les créatures moins éloignées de la vie naturelle, pour les enfants innocents qui souffrent des péchés de leurs pères, pour les femmes, victimes sociales, dont les fautes sont surtout d'amour, et qui, moins coupables que nous, portent cependant bien plus le poids de la vie. La mer, qui est une femme, se plaît à les relever; elle donne sa force à leur faiblesse; elle dissipe leurs langueurs; elle les pare et les refait belles, jeunes de son éternelle fraîcheur. Vénus, qui jadis sortit d'elle, en renaît encore tous les jours, — non pas la Vénus énervée, la pleureuse, la mélancolique, — la vraie Vénus, victorieuse, dans sa puissance triomphale de fécondité, de désir.

———

Comment entre cette grande force, salutaire, mais âpre, sauvage, et notre grande faiblesse, peut se faire le rapprochement? Quelle union entre deux partis à ce point disproportionnés? C'était une grande question. Un art, une initiation, y furent nécessaires. Pour les comprendre, il faut connaître le temps et l'occasion où cet art commença à se révéler.

Entre deux âges de force, la force de la Renaissance, la force de la Révolution, il y eut un temps d'affaissement, où des signes graves accusèrent une énervation morale et physique. Le vieux monde qui s'en allait, et le jeune qui n'arrivait pas, laissèrent entre eux un entr'acte d'un siècle ou deux. Conçues du vide, naquirent des générations faibles, maladives. L'excès des plaisirs, l'excès des misères, les décimaient également. La France, trois fois ruinée de fond en comble en un siècle, s'acheva dans une orgie de malades, la Régence. L'Angleterre, qui pourtant alors grandissait sur nos ruines, ne semblait guère moins atteinte. L'idée puritaine y avait faibli et nulle autre ne venait. Aplatie sous Charles II, elle traversa plus tard le bourbeux marais des Walpole. Dans l'affaissement public, les bas instincts se firent jour. Le beau livre du *Robinson* laisse entrevoir l'apparition imminente de l'alcoolisme. Un autre livre (terrible), où la médecine s'aidait de toutes les menaces bibliques, dénonça le sombre suicide de dépravation égoïste qui fuyait le mariage.

Pensées troubles, habitudes mauvaises, vie molle et malsaine, tout cela se traduisait physiquement par le relâchement des tissus, l'affaissement morbide des chairs, les scrofules, etc. Des carnations charmantes cachaient les plus tristes maux. Anne d'Autriche, renommée pour son extrême fraîcheur, était morte d'un ulcère. La princesse de Soubise, cette blonde éblouissante, fondit, pour ainsi parler, s'en alla comme en lambeaux.

En Angleterre, un grand seigneur curieux, le duc de Newcastle, demande au docteur Russell pourquoi la race s'altère, va dégénérant, pourquoi ces lis et ces roses couvrent des scrofules.

Il est fort rare qu'une race entamée se raffermisse. La race anglaise le fit cependant. Elle reprit (pour soixante-dix ou quatre-vingts ans) une force extraordinaire et une extrême activité. Elle dut sa rénovation d'abord à ses grandes affaires (rien de sain comme le mouvement), et aussi, il faut le dire, au changement de ses habitudes. Elle adopta une autre alimentation, une autre éducation, une autre médecine ; chacun voulut être fort pour agir, commercer, gagner.

Il n'y fallut pas de génie. Les grandes idées de cette rénovation étaient trouvées, mais il fallait les appliquer. Le Morave Coménius, devançant Rousseau d'un siècle, avait dit : « Revenez à la nature. Suivez-la dans l'éducation. » Le Saxon Hoffmann avait dit : « Revenez à la nature. Suivez-la dans la médecine. »

Hoffmann était venu à point, vers le temps de la Régence, après l'orgie des plaisirs et l'orgie de médicaments par laquelle on aggravait l'autre. Il dit : « Fuyez les médecins ; soyez sobres et buvez de l'eau. » Ce fut une réforme morale. Ainsi nous avons vu Priessnitz (1830), après les bacchanales de la Restauration, imposer à la haute aristocratie de l'Europe la plus rude pénitence, la nourrir du pain des paysans, tenir en plein hiver les dames les plus délicates sous les cascades d'eau de neige, au milieu des sapins du Nord, dans un enfer de froid qui, par réaction, en fait un de feu. Tellement violent est, dans l'homme, l'amour de la vie, si forte est sa peur de la mort, sa dévotion à la Nature, quand il en espère un répit.

Au fait, pourquoi l'eau ne serait-elle pas le salut de l'homme ? Selon Berzélius, il n'est qu'eau (aux quatre cinquièmes), et, demain, il va se résoudre en eau. Elle est, dans la plupart des plantes, juste en même proportion. Et de même, comme eau salée, elle couvre les quatre cinquièmes du globe. Elle est, pour l'élément aride, une constante hydrothérapie qui le guérit de sa sécheresse. Elle le désaltère, le nourrit, gonfle ses fruits, ses moissons. Étrange et prodigieuse fée ! avec peu, elle fait tout ; avec peu, elle détruit tout, basalte, granit et porphyre. Elle est la grande force, mais la plus élastique, qui se prête aux transitions de l'universelle métamorphose. Elle enveloppe, pénètre, traduit, transforme la nature.

Dans quel affreux désert, dans quelle sombre forêt ne va-t-on pas chercher les eaux qui sortent de la terre ! Quelle religion superstitieuse pour ces sources redoutables qui nous apportent les vertus cachées et les esprits du globe ! J'ai vu des fanatiques qui n'avaient de Dieu que Carlsbad, ce miraculeux rendez-vous des eaux les plus contradictoires. J'ai vu des dévots de Baréges. Et, moi-même, j'eus l'esprit frappé devant les fanges bouillonnantes où l'eau sulfureuse d'Acqui fourmille, se travaille elle-même avec d'étranges pulsations qu'on ne voit qu'aux êtres animés.

Les thermes, c'est la vie ou la mort ; leur action est décisive. Que de malades auraient langui et leur ont dû une prompte fin ! Souvent ces puissantes eaux donnent une subite renaissance, ramènent un moment la santé et font un rappel redoutable des passions d'où est né le mal. Celles-ci reviennent violentes, à gros bouillons, comme les sources brûlantes qui les réveillent. Fumées, vapeurs sulfureuses, air enivrant de la contrée, tout cela semble l'*aura* qui gonflait, troublait la sibylle et la forçait de parler. C'est une éruption en nous qui fait éclater en dehors ce qu'on aurait caché le plus. Rien ne l'est dans ces babels où, sous prétexte de santé, on vit hors des lois de ce monde, comme dans les libertés de l'autre. Morts et mortes, aux tables de jeu, pâles, ouvrent leur nuit sinistre de jouissances effrénées qui souvent n'ont pas de réveil.

---

Autre est le souffle de la mer. De lui-même, il purifie.

Cette pureté vient aussi de l'air. Elle vient surtout de l'échange rapide qui se fait de l'un à l'autre, de la transformation mutuelle des deux océans. Nul repos ; nulle part la vie ne languit et ne s'endort. La mer la fait, défait, refait. De moment en moment, elle passe, sauvage et vivace, par le creuset de la mort. L'air encore plus violent, battu et rebattu du vent, emporté des tourbillons, concentré pour éclater dans les trombes électriques, est en révolution constante.

Vivre à la terre, c'est un repos ; vivre à la mer, c'est un combat, un combat vivifiant pour qui peut le supporter.

---

Le moyen âge avait l'horreur et le dégoût de la mer, « royaume du Prince des vents ; » on nommait ainsi le Diable. Le noble dix-septième siècle n'avait garde d'aller vivre entre les rudes matelots. Le château d'aspect monotone, avec un jardin maussade, était presque toujours placé loin, au plus loin de la mer, dans quelque lieu sans air, sans vue, enveloppé de bois humides. De même, le manoir anglais, perdu dans l'ombre des grands arbres et dans le pesant brouillard, se mirait souvent dans la boue d'un insalubre marais. Ce qui frappe aujourd'hui dans l'Angleterre, ses nombreuses villas maritimes, l'amour du séjour de la mer, les bains jusqu'en plein hiver, tout cela est chose moderne, préméditée et voulue.

Les populations des côtes que la mer nourrit lui étaient plus sympathiques. Leur instinct y pressentait une grande puissance de vie. Elles étaient frappées d'abord de sa vertu purgative. Elles avaient fort bien remarqué que cette purgation aidait à neutraliser le mal du temps, les scrofules, les plaies qui en résultaient. Elles croyaient son amertume excellente contre les vers qui tourmentent les enfants. Elles mangeaient volontiers des algues et certains polypes (*Halcyonia*), devinant l'iode dont ils sont chargés, et sa puissance constrictive pour assainir, raffermir les tissus. Ces recettes populaires furent connues et recueillies par Russell ; elles le mirent sur la voie et l'aidèrent fort à répondre à la

L'ORIGINE DES BAINS DE MER. 353

grave question que lui adressait le duc de Newcastle.

De sa réponse il fit un livre important et curieux : *de Tabe glandulari, seu de usu aquæ marinæ*, 1750.

Il y dit un mot de génie : « Il ne s'agit pas de guérir, mais de refaire et créer. »

Il se propose un miracle, mais un miracle possible : faire des chairs, créer des tissus. C'est dire assez qu'il travaille sur l'enfant de préférence, qui, quoique compromis de race, peut encore être refait.

C'était l'époque où Bakewell venait d'inventer la viande. Les bestiaux dont jusque-là on ne tirait guère que du lait, allaient donner désormais une nourriture plus généreuse. Le fade régime lacté devait être délaissé par ceux qui de plus en plus se lançaient dans l'action.

Russell, de son côté, à point, dans ce petit livre, inventa la mer, je veux dire, la mit à la mode.

Le tout se résume en un mot, mais ce mot est à la fois une médecine et une éducation : 1° il faut boire l'eau de mer, s'y baigner et manger toute chose marine où sa vertu est concentrée; 2° il faut vêtir très-peu l'enfant, le tenir toujours en rapport avec l'air. — De l'air, de l'eau, rien de plus.

Le dernier conseil était bien hardi. Tenir l'enfant presque nu, sous un climat humide et variable, c'était se résigner d'avance à sacrifier les faibles. Les forts survécurent, et la race, perpétuée par eux seuls, en fut d'autant plus relevée. Ajoutez que les affaires, le mouvement, la navigation, enlevant l'enfant aux écoles et l'émancipant de bonne heure, il fut quitte de l'éducation assise et de la vie de cul-de-jatte, que l'Angleterre réserva aux seuls enfants de ses lords, aux nobles élèves d'Oxford et de Cambridge.

---

Dans son livre ingénieux, éclairé du seul instinct populaire, Russell était loin de deviner qu'en un siècle toutes les sciences viendraient lui donner raison, et que chacune révélant quelque aspect nouveau du sujet, en la mer on découvrirait toute une thérapeutique.

Les plus précieux éléments de l'animalité terrestre sont richement dans la mer, entiers et invariables, salubres, vivants, en dépôt pour refaire la vie.

Donc, la science a pu dire à tous : « Venez ici, nations, venez, travailleurs fatigués, venez, jeunes femmes épuisées, enfants punis des vices de vos pères ; — approchez, pâle humanité, — et dites-moi tout franchement, en présence de la mer, ce qu'il vous faudrait pour vous relever. Ce principe réparateur, quel qu'il soit, il se trouve en elle. »

La base universelle de vie, le mucus embryonnaire, la vivante gelée animale où l'homme naquit et renaît, où il prit et reprend sans cesse la moelleuse consistance de son être, la mer l'a tellement, ce trésor, que c'est la mer elle-même. Elle en fait, en enveloppe ses végétaux, ses animaux, la leur donne prodiguement. Sa générosité fait honte à l'économie de la terre. Elle donne; sachez donc recevoir. Sa richesse nourricière va vous allaiter par torrents.

« Mais, disent-ils, nous sommes atteints dans ce qui fait le soutien et comme la charpente de l'homme. Nos os plient, courbés, déjetés, par la trop faible nourriture qui ne fait que tromper la faim; ils sont ramollis, chancellent. » Eh bien, le calcaire qui leur manque abonde tellement dans la mer, qu'elle en comble ses coquilles, ses madrépores constructeurs, jusqu'à faire des continents. Ses poissons le font voyager par bancs et par grandes flottes, si grandes, qu'échouées aux rivages, ce riche aliment sert d'engrais.

Et vous, jeune femme maladive qui, sans oser même vous plaindre, descendez vers le tombeau, qui ne le voit? vous fondez, vous vous écoulez de vous-même. Mais la puissance tonique, la salubre tonicité qui rassure tout tissu vivant, elle est triplement dans la mer. Elle l'a répandue dans ses eaux iodées à la surface ; elle l'a dans son varech, qui s'en imprègne incessamment ; elle l'a, tout animalisée, dans sa plus féconde tribu, les gades (morues, etc.). La morue et ses millions d'œufs suffirait à elle seule pour ioder toute la terre.

Est-ce la chaleur qui vous manque ? La mer l'a, et la plus parfaite, cette chaleur insensible que tous les corps gras recèlent, latente, mais si puissante, que si elle n'était répandue, balancée, équilibrée, elle fondrait toutes les glaces, ferait du pôle un équateur.

Le beau sang rouge, le sang chaud, c'est le triomphe de la mer. Par lui elle a animé, armé d'incomparable force, ses géants, tellement au-dessus de toute création terrestre. Elle a fait cet élément ; elle peut bien, pour vous, le refaire, vous roser, vous relever, pauvre fleur penchée, pâlie. Elle en regorge, en surabonde. Dans ces enfants de la mer, le sang lui-même est une mer, qui, au premier coup, roule et fume, empourpre au loin l'Océan.

Voilà le mystère révélé. Tous les principes qui, en toi, sont unis, elle les a divisés, cette grande personne impersonnelle. Elle a les os, elle a ton sang, elle a ta séve et ta chaleur, chaque élément représenté par tel ou tel de ses enfants.

Et elle a ce que tu n'as guère, le trop-plein et l'excès de force. Son souffle donne je ne sais quoi de gai, d'actif, de créateur, ce qu'on pourrait appeler un héroïsme physique. Avec toute sa violence, la grande génératrice n'en verse pas moins l'âpre joie, l'alacrité vive et féconde, la flamme de sauvage amour dont elle palpite elle-même.

## II

### CHOIX DU RIVAGE

La terre est son médecin; chaque climat est un remède. La médecine, de plus en plus, sera une émigration.

Une émigration prévoyante. On agira pour l'avenir; on ne restera pas inerte, à couver des maux incurables, mais on ira au-devant par l'éducation, l'hygiène, surtout par des voyages, — non rapides et étourdis, nuisibles, comme ceux d'aujourd'hui, mais calculés habilement pour profiter des secours, des vivifications puissantes que la nature a partout en réserve.

La Jouvence de l'avenir se trouvera dans ces deux choses: *une science de l'émigration*, un art de *l'acclimatation*. L'homme est jusqu'ici un captif, comme l'huître sur le rocher. S'il émigre quelque peu hors de sa zone tempérée, ce n'est que pour mourir. Il ne sera libre et homme que quand cet art spécial l'aura fait véritablement l'habitant de sa planète.

Peu de maladies guérissent dans les circonstances et les lieux où elles naissent et qui les ont faites. Elles tiennent à certaines habitudes que ces lieux perpétuent et rendent invincibles. Nulle réforme (physique ou morale) pour qui reste obstinément dans son péché originel.

La médecine, éclairée par toutes les sciences auxiliaires, en viendra à nous donner des méthodes, des directions, pour nous conduire avec prudence dans cette voie nouvelle. Les transitions surtout ont besoin d'être ménagées. Peut-on, sans préparation, sans quelque modification de vie, de régime, être brusquement transféré d'un climat tout intérieur (Paris, Lyon, Dijon, Strasbourg) dans un climat maritime? Peut-on, sans avoir longtemps respiré l'air de la côte, commencer les bains de mer? Peut-on, sans quelque habitude de prudente hydrothérapie, commencée dans l'intérieur, aller braver, au grand air, la constriction nerveuse, l'horripilation d'une eau froide qu'on garde sur soi au retour, et souvent sous un grand vent? Ces questions préalables attireront de plus en plus l'attention des médecins.

L'extrême rapidité des voyages en chemin de fer est une chose antimédicale. Aller, comme on fait, en vingt heures, de Paris à la Méditerranée, en traversant d'heure en heure des climats si différents, c'est la chose la plus imprudente pour une personne nerveuse. Elle arrive ivre à Marseille, pleine d'agitation, de vertige. — Quand madame de Sévigné mettait un mois pour aller de Bretagne en Provence, elle franchissait peu à peu et par degrés ménagés la violente opposition de ces deux climats. Elle passait insensiblement de la zone maritime de l'ouest dans celle de l'est, dans le climat tout terrestre de Bourgogne. Puis, cheminant lentement sur le haut du Rhône en Dauphiné, elle affrontait avec moins de peine les grands vents, Valence, Avignon. Enfin, se reposant à Aix, dans la Provence intérieure, hors du Rhône et hors des côtes, elle s'y faisait Provençale de poitrine, de respiration. Alors, seulement alors, elle approchait de la mer.

---

La France a l'avantage admirable d'avoir les deux mers. De là des facilités d'alterner selon les saisons, les tempéraments, les degrés de la maladie, entre la tonicité salée de la Méditerranée, et la tonicité plus moite, plus douce (n'étaient les tempêtes), que nous offre l'Océan.

Sur chacune des deux mers, il y a une échelle

graduée de stations, plus ou moins douces, plus ou moins fortifiantes. Il est très-intéressant d'observer cette double gamme, et le plus souvent de la suivre, en allant du faible au fort.

Celle de l'Océan, qui part des eaux fortes et fortifiantes, ventées, agitées, de la Manche, s'adoucit extrêmement au midi de la Bretagne, s'humanise encore en Gironde et trouve une grande douceur au bassin fermé d'Arcachon.

Celle de la Méditerranée, pour ainsi dire circulaire, a sa note la plus haute dans le climat sec et vif de Provence et de Gênes. Elle s'amollit vers Pise ; elle s'équilibre en Sicile, obtient à Alger un degré remarquable de fixité. Au retour, grande douceur à Valence et à Majorque, aux petits ports du Roussillon, si bien abrités du nord.

---

La Méditerranée est belle surtout par deux caractères : son cadre si harmonique, et la vivacité, la transparence de l'air et de la lumière. C'est une mer bleue très-amère, très-salée. Elle perd par évaporation trois fois plus d'eau qu'elle n'en reçoit par les fleuves. Elle ne serait plus que sel, et deviendrait d'une âcreté comparable à la mer Morte, si des courants inférieurs, comme celui de Gibraltar, ne la tempéraient sans cesse par les eaux de l'Océan.

Tout ce que j'ai vu de ses rivages était beau, mais un peu âpre. Rien de vulgaire. La trace des feux souterrains qu'on y trouve partout, ses sombres rochers plutoniques, ne sont jamais ennuyeux, comme les longues dunes de sable ou les sédiments aqueux des falaises. Si les fameux bois d'orangers semblent un peu monotones, en revanche, aux coins abrités, la végétation africaine, les aloès et les cactus, dans les champs des haies exquises où dominent le myrte et le jasmin, enfin des landes odorantes, sauvagement parfumées, tout vous charme. Sur votre tête, il est vrai, le plus souvent de chauves et stériles montagnes vous suivent à l'horizon. Leurs longs pieds, leurs vastes racines, qui se continuent dans la mer, se distinguent jusqu'au fond des eaux. « Il me semblait que ma barque, dit un voyageur, nageât entre deux atmosphères, eût de l'air dessus et dessous. » Il décrit le monde varié de plantes et d'animaux qu'il contemplait sous ce cristal dans les parages de Sicile. Moins heureux, sur la mer de Gênes, dans une eau aussi transparente, je ne voyais que le désert. Les sèches roches volcaniques du rivage, avec leurs marbres noirs, ou d'un blanc encore plus lugubre, me représentaient au fond du brillant miroir des monuments naturels, comme des sarcophages antiques, des églises renversées. J'y croyais voir parfois tels aspects des cathédrales de Florence ou de Pise. Parfois aussi, il me semblait voir des sphinx silencieux, des monstres innommés encore, baleines? éléphants? je ne sais, des chimères et d'étranges songes; mais, de vie réelle, aucune.

Telle qu'elle est, cette belle mer, avec ces climats puissants, elle trempe admirablement l'homme. Elle lui donne la force sèche, la plus résistante; elle fait les plus solides races. Nos hercules du Nord sont plus forts peut-être, mais certainement moins robustes, moins acclimatables partout, que le marin provençal, catalan, celui de Gênes, de Calabre, de Grèce. Ceux-ci, cuivrés et bronzés, passent à l'état de métal. Riche couleur qui n'est point un accident de l'épiderme, mais une imbibition profonde de soleil et de vie. Un sage médecin de mes amis envoyait ses clients blafards, de Paris, de Lyon, prendre là des bains de soleil; lui-même s'y exposait sur un rocher des heures entières. Il ne défendait que sa tête, et pour tout le reste acquérait le plus beau teint africain.

Les malades vraiment malades iront en Sicile, à Alger, à Madère, aux Canaries. Mais la régénération des faibles, des fatigués, des pâles populations urbaines, se fera peut-être mieux dans les climats moins égaux. Elle doit être attendue surtout des pays qui ont donné la plus haute énergie du globe, — l'acier du genre humain, la Grèce, — et la race de silex, fine aiguisée, indestructible, des Colomb et des Doria, des Masséna, des Garibaldi.

———

Nos ports de l'extrême Nord, Dunkerque, Boulogne, Dieppe, à la rencontre des vents et des courants de la Manche, sont encore une fabrique d'hommes qui les fait et les refait. Ce grand souffle et cette grande mer, dans leur éternel combat, c'est à ressusciter les morts. On y voit réellement des renaissances inattendues. Qui n'a pas de lésions graves est remis en un moment. Toute la machine humaine joue, bon gré, mal gré, fortement ; elle digère, elle respire. La nature y est exigeante et sait bien la faire aller. Les végétaux si robustes qui verdoient jusqu'à la côte sous les plus grands vents de mer nous font honte de nos langueurs. Chacun des petits ports normands est une percée dans la falaise où l'infatigable nord-ouest (le *Norouais*, en bon normand) souffle et siffle et nous ravive. Tout cela, bien entendu, moins violent à l'entrée de la Seine, sous les pommiers d'Honfleur et de Trouville. La bonne rivière, en sortant, incline mollement à gauche et y porte les influences d'un aimable et doux caractère.

On a vu plus haut la mer véhémente, souvent terrible, de Granville, Saint-Malo, Cancale. C'est là la meilleure école où doivent aller les jeunes gens. Là est le défi de la mer à l'homme, la lutte où les forts deviennent très-forts. La grande gymnastique navale doit se faire dans ces parages entre Normands et Bretons.

---

S'il s'agissait, au contraire, d'une vie entamée, fragile, d'un enfant faible et maladif, ou d'une femme trop aimée, fatiguée du travail d'amour, nous chercherions un lieu plus doux pour abriter ce trésor. Une plage tout à fait paisible et une eau déjà moins froide, sans aller beaucoup au Midi, c'est celle qu'on trouve au milieu des petites îles ou presqu'îles endormies du Morbihan. Tous ces îlots font entre eux un labyrinthe mêlé plus que celui où jadis un roi cacha sa Rosamonde. Confiez la vôtre à cette mer discrète. Personne n'en saura rien que les vieilles pierres druidiques, qui, seules avec quelques pêcheurs, habitent ces lieux sauvages et doux. — « Mais, dit-elle, de quoi y vit-on ? — Surtout de pêche, madame. — Et de quoi encore ? — De pêche. » Ce n'est pas loin de Saint-Gildas, l'abbaye où les Bretons disent qu'Héloïse vint rejoindre Abailard. Ils y vécurent de peu de chose, du régime sobre et solitaire de Robinson, de Vendredi.

Des lieux plus civilisés, aimables, charmants, se trouvent en allant au Midi : Pornic, Royan et Saint-Georges, Arcachon, etc.

J'ai parlé ailleurs de Saint-Georges, la douce plage aux senteurs amères. Arcachon est aussi très-doux dans ses pinadas résineuses qui ont si bonne odeur de vie. Sans l'invasion mondaine de cette grande et riche Bordeaux, sans la foule qui, à certains jours, afflue et se précipite, c'est bien là qu'on aimerait à cacher ses chers malades, les tendres et délicats objets pour qui l'on craint le choc du monde. Ce lieu, tant qu'il fut contenu dans son bassin intérieur, avait le contraste d'offrir un calme profond, absolu, à deux pas d'une mer terrible. Hors du phare, le furieux golfe de Gascogne. Au dedans, une eau somnolente et la langueur d'un flot muet qui ne fait guère plus de bruit que n'en peut faire le petit pied sur le coussin élastique de la molle algue marine dont on affermit un sable trop mou.

Dans un climat intermédiaire, qui n'est ni Nord, ni Midi, ni Bretagne, ni Vendée, j'ai vu, revu avec plaisir, l'aimable et sérieux abri de Pornic, ses bons marins, ses jolies filles, charmantes sous leurs bonnets pointus. C'est un petit lieu reposé, qui, ayant devant lui la longue île (presqu'île plutôt) de Noirmoutiers, ne reçoit qu'une mer oblique, indirecte et bien ménagée. Cette mer est à peine entrée qu'elle s'humanise ; elle file, de sa vague ridée, du lin, ce semble, ou de la moire. Dans ce bassin de quelques lieues, elle s'en est creusé de petits, des anses étroites à pentes douces pour les femmes ou des baignoires pour les enfants. Ces jolies plages sablées, que de respectables rochers séparent et cachent aux indiscrets, amusent de leurs petits mystères. On y voit quelque vie marine, mais bien plus pauvre qu'autrefois. L'abri sert, mais il nuit aussi. Le monde des eaux ne reçoit pas dans ce bassin trop tranquille une riche alimentation, et il le délaisse. De moins en moins cette mer tire le grand flot de l'Océan. Elle met la sourdine à ses bruits. On ne les entend qu'affaiblis. Demi-silence d'un grand charme. Nulle part ailleurs je n'ai trouvé avec une plus grande douceur la liberté de rêverie, la grâce des mers mourantes.

# III

## L'HABITATION

Qu'on permette à un ignorant, qui a cependant acquis de l'expérience à ses dépens, de donner quelques conseils sur les points dont les livres ne parlent pas, et dont les médecins se préoccupent rarement jusqu'ici. Pour que ces conseils soient moins vagues, je les adresse à une personne malade qui voudrait se diriger. Est-ce une personne fictive? Point du tout. Celle à qui je parle, je l'ai réellement rencontrée, et plus d'une fois dans ma vie.

Voici une jeune dame malade, ou près de l'être. affaiblie, un enfant plus faible encore. On a traversé l'hiver, le printemps, fort péniblement. Cependant nulle lésion grave. Faiblesse, anémie seulement; rien qu'une difficulté de vivre. On les envoie à la mer pour y passer tout l'été.

Grande dépense pour une fortune médiocre et peu aisée. Pénible dérangement pour une maîtresse de maison. Dure séparation, surtout pour des époux très-unis. On négocie. On voudrait faire adoucir la sentence. Un mois ne suffirait-il pas? Mais le très-sage médecin insiste. Il croit qu'un court séjour nuit souvent plus qu'il ne sert. L'impression brusque, violente des bains, sans préparation, est très-propre à ébranler les santés les plus robustes. Toute personne raisonnable doit s'acclimater d'abord, respirer : le mois de juin est excellent pour cela ; — juillet et août pour les bains ; — septembre et parfois même octobre délassent des grandes chaleurs, adoucissent l'excitation qu'a produite l'âcreté saline, consolident les résultats, et même par leurs grands vents frais aguerrissent contre les froids de l'hiver.

Peu d'hommes sont libres tout l'été. C'est beaucoup si le mari pourra rejoindre sa femme un mois ou deux, en août, septembre. Quelque disposé qu'il soit à lui sacrifier tout intérêt secondaire, pour elle-même il doit rester. Il est, dans la vie serrée de l'homme de labeur, des chaînes qu'il ne pourrait rompre qu'au grand détriment de la famille. Donc il faut qu'elle parte seule. Et les voilà divorcés !

Seule? Elle ne l'a jamais été. Elle serait plus rassurée si elle suivait une famille d'amis riches, qui s'en va complète, mari, femme, enfants, domestiques. — Si j'osais donner mon avis, je dirais : « Qu'elle parte seule. »

Ce départ en compagnie, d'abord gai et agréable, a souvent des suites tout autres. On s'incommode, on se brouille, et l'on revient ennemis, — ou (pis encore) trop amis. Le désœuvrement des bains a trop souvent des résultats imprévus, qu'on regrette toute la vie. Le moindre inconvénient qui, selon moi, n'est pas petit, c'est que des gens qui, séparés, auraient mieux senti la mer, et en auraient rapporté une bonne et grande impression, vont, s'il leur faut vivre ensemble, continuer la vie de la grande ville (frivolité, vulgarité, fausse gaieté, etc.). Seul, on s'occupe, et on pense. Ensemble, on jase, on médit. Ces amis riches et mondains traîneront la jeune dame à leurs amusements. Elle en aura l'agitation, une existence plus trouble, et plus antimédicale que celle qu'elle avait à Paris. Elle manquera tout à fait le but. Réfléchissez-y, madame. Soyez courageuse et prudente. C'est dans une solitude sérieuse, dans la petite vie innocente que vous aurez là avec votre enfant, vie, s'il le faut, enfantine, mais pure, mais noble, poétique, c'est, dis-je, dans une telle vie que vous trouverez vraiment le renouvellement désiré. La justice délicate et tendre qui vous fait craindre le plaisir, quand un autre qui reste au logis travaille pour la famille, elle vous comptera, croyez-le. La mer vous en aimera mieux, si vous ne voulez d'amie qu'elle. En ce repos, elle vous prodiguera son trésor de vie, de jeunesse. L'enfant croîtra comme un bel arbre, et vous fleurirez dans la grâce. Vous reviendrez jeune, adorée.

———

Elle se résigne. Elle part. La station est indiquée. Elle est connue. On apprécie par l'analyse chimique la valeur réelle des eaux. Mais il y a une infinité de circonstances locales qu'on ne devine pas de loin. Rarement le médecin les connaît. L'homme, si occupé, de la grande ville, n'a guère eu l'occasion ni le loisir d'étudier ces localités.

Pour quelques-unes, importantes, on a publié des guides, qui ne sont pas sans mérite. On y voit les maladies innombrables dont on peut guérir dans la station recommandée. Mais peu, très-peu spécifient la chose essentielle qu'on y cherche, l'originalité du lieu ; ils n'osent en dire nettement le fort et le faible, la place que ce lieu occupe dans l'échelle des stations. C'est un éloge général, et tellement général, qu'il est fort peu instructif.

Quelle est l'exposition précise? Si vous regardez la carte, la côte est tournée au midi. Mais cela n'apprend rien du tout. Il peut se faire que telle courbe particulière du terrain place votre habitation sous une influence très-froide, que, par exemple, un torrent qui débouche à la côte, un vallon caché, perfide, vous souffle le vent du Nord, ou que, par un pli de terrain, le vent d'Ouest s'engouffre et vous noie de ses torrents.

Y a-t-il des marais dans le voisinage? Presque toujours on peut dire : Oui. Mais la différence est grande si les marais sont salés, renouvelés, assainis par la mer, — ou des marais dormants d'eau douce qui, après les sécheresses, donnent des émanations fiévreuses.

La mer est-elle très-pure, ou mêlée? et dans quelle proportion? Grand mystère qu'on craint d'éclaircir. Mais, pour les personnes nerveuses, pour les novices qui commencent la série des bains de mer, les plus doux sont les meilleurs. Une mer un peu mêlée, un air moins salé et moins âcre, une plage moins désolée qui offre les agréments de la campagne, ce sont les meilleures circonstances.

Un point grave et capital, c'est le choix de l'habitation. Qui vous dirigera? Personne. Il faut voir, observer soi-même. Vous tirerez fort peu de lumière de ceux qui ont visité le pays, qui même y ont séjourné. Ils le louent ou ils le blâment, moins selon son vrai mérite que selon les plaisirs qu'ils y ont trouvés, les amis qu'ils y ont laissés. Ils vous adressent à ces amis, qui vous reçoivent à merveille. Et, au bout de quelques jours, vous voyez les inconvénients. Vous vous trouvez habiter la maison la moins commode, parfois malsaine et dangereuse. N'importe, vous êtes lié. Vous blesseriez la personne qui vous a envoyé là, et cette famille aimable, bonne, hospitalière, qui vous a reçu.

« Eh bien, je resterai libre. Mais, en arrivant, s'il se trouve un médecin honnête, estimé, je le prierai de m'éclairer. » — Honnête ! ce n'est pas assez ; il faudrait qu'il fût intrépide, héroïque, pour parler franchement là-dessus. Il se brouillerait à mort avec tous les habitants. Ce serait un homme perdu. Il serait au ban du pays. Il vivrait seul comme un loup, heureux encore si quelque soir on ne lui faisait un mauvais parti.

---

J'ai l'horreur des constructions absurdement légères, que la spéculation nous fait pour un climat si variable. Ces maisonnettes de carton sont les piéges les plus dangereux. Comme on vient aux grandes chaleurs, on accepte ce bivouac. Mais souvent on y reste en septembre, et parfois même en octobre, dans le grand vent, sous les pluies.

Les propriétaires du pays, pour eux, bien portants, se bâtissent de bonnes et solides maisons, très-bien garanties. Et pour nous, pauvres malades, ils font des maisons en planches, d'absurdes chalets (non feutrés de mousse, à la suisse), mais ouverts, où rien ne joint. C'est trop se moquer de nous.

Dans ces villas, d'apparence luxueuse, au fond misérables, rien de prévu. Des salons, des pièces d'apparat en vue de la mer, mais nulle d'intérieur agréable. Rien de ce doux confortable dont une femme a besoin. Elle ne sait où se retirer. Elle vit comme en demi-tempête, et subit à chaque instant de brusques passages de température.

D'autre part, la maison solide du pêcheur, du bourgeois même, est souvent basse et humide, incommode, inconvenante par certaines dispositions. Souvent elle n'a pas de plafond double, épais, mais un simple plancher de bois, par où passe et monte l'air d'un froid rez-de-chaussée. De là, rhumes et rhumatismes, gastrites et vingt maladies.

Quel que soit votre choix, madame, entre ces deux habitations, savez-vous bien ce que je veux pour vous avant toute chose? Riez, si vous voulez, n'importe. Quoique nous soyons en juin, c'est une très-bonne cheminée, et à l'épreuve du vent. Dans notre beau pays de France, avec son froid nord-ouest, avec son pluvieux sud-ouest, qui, cette année, a régné seulement neuf mois sur douze, il faut pouvoir faire du feu en tout temps. Il faut, par un soir humide, quand votre enfant revient grelottant et ne peut reprendre chaleur avant le coucher, il faut un moment de feu clair.

Deux choses en tout logis doivent être prévues d'abord : le feu et l'eau ; — une eau passable, chose assez rare près de la mer. Si elle est tout à fait mauvaise, essayez de suppléer par la bière ou quelque boisson du pays, qui vous dispense de l'eau.

Que ne puis-je bâtir pour vous d'une parole la villa de l'avenir, telle que je l'ai dans l'esprit! Je ne parle pas de la maison de faste, du château, que les riches voudront se faire à la mer. Je parle de l'humble maison des médiocres fortunes. C'est un art nouveau à créer, dont on ne paraît pas se douter. Ce qu'on essaye est copié de types en contradiction avec nos climats et la vie des côtes. Ces kiosques, accidentés d'ornements légers, sont bons pour des lieux abrités, mais ici ils font trembler : on croit que le vent va les emporter. Les chalets qui, dans la Suisse, étendent des toits immenses pour se défendre des neiges et serrer les foins, ont le grave inconvénient d'ôter trop de lumière. Le soleil (dans nos mers du Nord) ne doit pas être écarté, mais très-précieusement recueilli. Quant aux imitations de chapelles, d'églises gothiques, si incommodes comme logement, laissons ces joujoux ridicules.

Le premier problème, à la mer, c'est une grande solidité, une fermeté, une épaisseur de murs qui exclue le tremblement, le roulis qu'on sent partout dans leurs frêles constructions, une assise rassurante, qui, dans les plus grandes tempêtes, donne à la femme timide la sécurité, le sourire, et ce bonheur du contraste qui fait dire : « Qu'on est bien ici ! »

Le second point, c'est que le côté de la maison qui regarde la terre soit si parfaitement abrité, qu'on puisse y oublier la mer, et qu'à côté de ce grand mouvement on y trouve le plus grand repos.

Pour répondre à ces deux besoins, je préférerais la forme qui donne le moins de prise au vent, la forme demi-circulaire, celle d'un croissant, dont la partie convexe me donnerait sur la mer un panorama varié, verrait le soleil tourner tout autour de fenêtre en fenêtre et le recevrait à toute heure.

Le concave de ce demi-cercle, l'intérieur, serait protégé par les cornes du croissant, de manière à embrasser le joli petit parterre de la maîtresse de maison. A partir de ce parterre, l'abaissement progressif du sol permettrait de faire un jardin d'une certaine étendue, garanti des vents de mer. Souvent un pli de terrain en neutralise l'influence.

« Flore fuit la mer, » nous dit-on. Ce qu'elle fuit, c'est la négligence de l'homme. Je vois d'ici à Étretat, devant une très-forte mer, au plus haut de la falaise, et au plus grand vent, une ferme avec un verger et des arbres admirables. Quelle précaution a-t-on prise? Un simple remblai de cinq pieds de haut, en laissant venir dessus toute végétation fortuite, un buisson. Derrière ce remblai a poussé une ligne d'ormes assez forts qui ont abrité tout le reste. Telles localités de Bretagne auraient pu aussi me servir d'exemple. Qui ne sait tout ce que Roscoff produit de fruits, de légumes, jusqu'à en fournir à bas prix la Normandie même ?

Pour revenir à l'édifice, je le veux fort peu élevé. Seulement un rez-de-chaussée, avec un premier étage pour les chambres à coucher. Point de haut grenier, mais quelques chambres basses, qui isolent le premier du toit.

Donc, la maison sera petite. En revanche, qu'elle soit épaisse, qu'elle ait deux lignes de chambres, un appartement sur la mer et un autre vers la terre.

Le rez-de-chaussée, vers la terre, serait un peu abrité par le premier étage qui déborderait de quatre ou cinq pieds seulement. Cela ferait dans ce croissant intérieur une sorte de galerie pour le mauvais temps. Les chambres du bas seront la salle à manger, une petite pièce peut-être pour les livres (voyages, histoire naturelle), une autre pour la baignoire. Je n'entends nullement une vraie bibliothèque, ni une luxueuse salle de bains. L'essentiel, le très-simple, le commode, et rien de plus.

J'aimerais, dans les jours violents où la plage n'est pas tenable pour une faible poitrine, j'aimerais à voir la dame, assise bien à l'abri, lire, travailler, dans son parterre. Elle y aurait un peu de vie, fleurs, volière, un petit bassin qu'on remplirait d'eau de mer, et où elle pourrait chaque jour rapporter ses découvertes, les petites curiosités que lui donneraient les pêcheurs.

Pour la volière, j'aimerais mieux que ce fût la libre volière que j'ai conseillée ailleurs, celle où les oiseaux viennent chercher la protection de la nuit et un peu de nourriture. On la ferme sur eux le soir pour les garder de la chouette, et on la leur ouvre au matin. Ils reviennent fort exactement. Je crois même que si la volière était grande et qu'on y plaçât l'arbre qui leur est ordinaire, ils y couveraient volontiers, sous votre protection, et vous confieraient leurs petits.

Vie sérieuse, vie charmante. Quelle grâce de solitude est dans ce petit entr'acte de la vie, dans ce court veuvage! La situation est nouvelle. Plus de ménage, plus d'affaires. Avec l'enfant, elle est seule bien plus qu'elle ne serait sans lui. Si elle n'avait avec elle le petit compagnon, une compagne lui viendrait, la rêverie, menant les vains songes. Mais cet innocent gardien, l'enfant, ne le permet pas. Il l'occupe, il la fait parler. Il rappelle la maison. Avec lui, elle a toujours ce sentiment que quelqu'un travaille là-bas pour eux et compte aussi les jours.

Fleurissez, pure, aimable fleur. Plus jeune aujourd'hui que jamais, vous vous retrouvez demoiselle, libre, et de liberté bien douce, sous la garde de votre enfant.

## IV

PREMIÈRE ASPIRATION DE LA MER

C'est un grand et brusque passage de quitter Paris en ce beau moment pour la plage déserte ; Paris alors éblouissant de ses jardins magnifiques et de ses marronniers en fleurs. Juin serait très-beau à la côte si l'on s'y trouvait à deux, avant l'invasion de la foule. Mais, lorsque l'on y vient seul, le tête-à-tête avec la mer et la noble société de cette grande solitaire, ne sont pas sans quelque tristesse.

Aux premières visites qu'on fait à la plage, l'impression est peu favorable. C'est monotone, et c'est sauvage, aride. La grandeur inusitée du spectacle fait, par contraste, sentir qu'on est faible et petit ; le cœur est un peu serré. La délicate poitrine qui respirait dans une chambre, et qui tout à coup se trouve en cette chambre de l'univers, au soleil et au grand vent, éprouve de l'oppression. L'enfant joue; va, vient, court. Elle s'asseoit, et, immobile, elle frissonne à ce souffle froid. La tiédeur du nid délaissé lui revient à la pensée. Cependant l'enfant s'amuse. Cela la console un peu.

Tout cela changera, madame. Affermissez-vous. L'impression sera tout autre, lorsque, connaissant mieux la mer, vous la sentirez si peuplée. La constriction pénible que vous sentez à la poitrine disparaîtra par l'habitude. Il faut se faire à cet air frais, mais salé et âpre, qui ne rafraîchit nullement. Il faut s'y faire lentement, ne pas vouloir expressément l'aspirer. Peu à peu, n'y songeant plus, dans les recoins abrités, en jouant avec votre enfant, vous respirerez librement, et vous vous dilaterez. Mais pour les commencements, restez peu de temps à la plage. Dirigez vos promenades vers l'intérieur du pays.

La terre, votre amie d'habitude, vous rappelle. Les forêts de pins rivalisent avec la mer en émanations salubres. Les leurs, toutes résineuses, sont tonifiantes comme elles, et elles n'en ont pas l'âcreté. Elles pénètrent tout notre être, nous entrent par tous les pores, modifient le sang, l'assainissent, nous parfument d'un subtil arome. Aux landes, derrière les pins, les simples et les herbes un peu dures que vous foulez vous prodiguent des senteurs,—non fades, enivrantes, comme celle des dangereuses roses, — mais agréablement amères. Asseyez-vous au milieu d'elles, et comme elles, bien abritée, par ce léger pli de terrain. Ne dirait-on pas qu'on est ici à cent lieues de la mer? Aspirez-les, ces purs esprits, l'âme de ces sauvages fleurs, vos sœurs par la pureté. Cueillez-en, s'il le faut, madame. Elles ne demandent pas mieux. Un peu rudes, mais si suaves ! elles ont ce singulier mystère dans leur parfum virginal, de calmer et d'affermir. Ne craignez pas de les cacher dans votre sein, sur votre cœur.

---

N'oublions pas de remarquer que ces landes abritées sont brûlantes à certaines heures. Elles absorbent, elles concentrent les rayons du soleil. La faible femme y sécherait. La jeune fille, riche de vie, s'enflammerait, bouillonnerait, aurait de redoutables fièvres. Sa tête se perdrait de mirages étonnants et dangereux. Pour y aller, il faut choisir des jours couverts, moites et doux ; ou bien se lever de bonne heure, quand tout est frais, quand le thym garde un peu de sa rosée, lorsque le lapin agile erre encore et fait tous ses tours.

Mais revenons à l'Océan. Aux heures où il se retire, il manifeste lui-même et vous offre en quelque sorte la riche vie qu'il nourrit en lui. Il faut le suivre pas à pas, avancer sur le sable humide, qui alors enfonce peu. N'ayez peur. Le flot amolli tout au plus veut baiser vos pieds. Si vous regardez, vous verrez que ce sable n'est pas mort, qu'ici et là s'agitent nombre de retardataires que le reflux a surpris. Des petits poissons s'y cachent, sur certaines plages. A l'embouchure des rivières, 'anguille frétille dessous, et fait de petits tremblements de terre. Le crabe, trop acharné au repas ou au combat, a voulu, mais un peu tard, rejoindre la mer. Sa fuite laisse à la surface une mosaïque étrange, le zigzag de sa marche oblique. Où cette ligne finit, vous le découvrez blotti qui attend la marée prochaine. Le solen (manche de couteau) a plongé, mais sa retraite est trahie par l'entonnoir qu'il réserve pour respirer. La vénus l'est par un fucus attaché à sa coquille qui dépasse à la surface et révèle son logis. Les ondulations du sol vous dénoncent les galeries des annélides guerrières; leur arsenal vous charmerait, et l'iris (vue au microscope) de leurs changeantes couleurs.

Le plus beau coup de théâtre se fait aux grandes marées. L'Océan qui monta beaucoup, d'autant plus, au reflux, recule. Il découvre alors, il livre des espaces immenses, inconnus. Le mystérieux fond de la mer, sur lequel on fait tant de rêves, apparaît. Vous surprenez là, dans le mouvement, dans la vie, dans le secret de leurs retraites, des populations étonnées qui se croyaient bien à l'abri, et qui, jamais, presque jamais, n'avaient été sous le soleil, encore moins sous les yeux de l'homme.

Rassurez-vous, peuple effrayé. C'est ici l'œil curieux, mais compatissant, d'une femme. Ce n'est pas la main du pêcheur. Que veut celle-ci? Rien que vous voir, vous saluer, vous montrer à son enfant, et vous laisser à votre élément naturel, en vous souhaitant bonne santé et toute prospérité.

Parfois il n'est pas nécessaire d'errer bien loin. On trouve tout en un point. L'Océan s'amuse à faire dans le rocher creusé des océans en miniature qui n'en sont pas moins complets, un monde de quelques pieds carrés. On s'asseoit, et l'on regarde. Plus on regarde longtemps, plus on voit des vies, d'abord inaperçues, qui se détachent. On y resterait indéfiniment, si le maître, le souverain impérieux de la plage, ne vous en chassait par le flux.

Demain, on y retournera. C'est l'école, c'est le muséum, l'intarissable amusement pour l'enfant et pour la mère. Là, la pénétrante finesse de la femme, et son tendre cœur, tout d'abord saisissent et devinent. La maternité lui dit tout, comment la vie va se créant, s'enfantant. Voulez-vous savoir pourquoi son instinct si vite lui révèle la création, pourquoi elle entre de plain-pied (comme quelqu'un rentrerait chez soi) dans le mystère de la nature? Elle est la nature elle-même.

Au fond de l'eau onctueuse, de petites algues, petites, mais grasses et nourrissantes, d'autres plantes lilliputiennes de fins et jolis dessins, sont là, prairie patiente, pour alimenter leurs bestiaux, les mollusques, qui broutent dessus. Patelle et buccin, turbot, moules violettes, tellines roses ou lilas, tous, gens tranquilles, attendront. Mieux garanties, les balanes, dans leur ville fortifiée, ferment leurs quadruples volets. Demain, ils y seront encore. Est-ce à dire qu'en leur inertie ils ne rêvent pas le mouvement? qu'ils n'aient pas la confuse idée et l'amour de l'inconnu? de quelqu'un de bienveillant qui viendra à certaines heures les rafraîchir et les nourrir?... Oh! ils y songent, ils attendent. Veufs du grand époux l'Océan, ils savent qu'il va revenir vers la terre et la caresser. D'avance, ils regardent vers lui, et ceux qui ont des maisons fixes ont bien soin de tenir la porte en ce sens et prête à ouvrir. S'il est un peu violent, tant mieux, ils n'en sont que plus aises, trop heureux de ce flot vivant qui va puissamment les bercer.

« Vois, mon enfant, à notre approche, ces immobiles ont resté seuls. Mais d'autres, plus vifs, avaient fui. Les voilà qui se rassurent. La crevette sautillante, de ses palpes fines et légères, irise l'eau; elle se charge de faire la vague et la tempête à la mesure d'un tel océan. L'araignée de mer, lente et incertaine, se livre par sa craintive audace : elle remonte à la lumière, à la surface tiède. Un personnage prudent, tapi au fond du goëmon, sous les corallines violettes, le crabe s'avance curieux, et après un coup d'œil furtif, se replonge dans sa forêt.

« Mais que vois-je? et qu'est ceci? Une grosse coquille immobile prend vie, entreprend d'avancer... Oh! ceci n'est pas naturel. La fraude est grossière. L'intrus se trahit par ses étranges culbutes... Qui ne vous reconnaîtrait, beau masque, sire Bernard l'Ermite, crabe rusé qui voulez faire l'innocent mollusque. Votre mauvaise conscience vous trouble et vous agite trop. »

Au rivage de notre océan, étrangères à ces mouvements, les fleurs animées épanouissent leur corolle. Près de la lourde anémone, de charmantes petites fées, des annélides, apparaissent et se produisent au soleil. D'un tube tortueux surgit un disque, une ombrelle blanche ou lilas, et parfois de couleur de chair. Rejetée un peu de côté, elle a dégagé d'elle-même un objet qui n'a rien de comparable dans le monde végétal. Pas une n'est semblable à sa sœur; toutes sont inimitables par le délicat velouté.

En voici une, sans ombrelle, qui laisse flotter une nuée de filets légers, floconneux, à peine teintée d'un gris d'argent; cinq filets s'échappent plus longs, richement colorés de cerise. Ils ondulent, se nouent, se dénouent, s'enchevêtrent aux cheveux d'argent, en faisant sous l'eau de charmants mirages. Ce n'est rien pour nos sens grossiers; c'est beaucoup pour celle où la vie nerveuse, le fin génie maladif de la femme vibre à toute chose. A ces couleurs rougissantes, pâlissantes, tour à tour, elle se sent et se reconnaît, elle sent la flamme de la vie, qui flamboie, brille et s'éteint. Attendrissante vision! Elle replonge ses regards au charmant petit océan, et elle y voit mieux la Nature, mère féconde, mais si sévère, qui, à se dévorer soi-même, semble trouver une âpre joie.

Elle resta bien rêveuse, oppressée de cette pensée. La femme ne serait pas la femme, c'est-à-dire le charme du monde, si elle n'avait un don touchant : *La tendresse pour toute vie, la pitié et ses belles larmes.*

Elle ne pleurait pas encore, mais était si près de pleurer! L'enfant le vit. Étant déjà, comme ils sont, attentifs, de sens rapide, il se tut. Ils revinrent silencieux.

C'était l'aimable premier jour où, pour lui, elle commença à épeler avec son cœur la langue de la nature. Et cette langue du premier coup lui avait adressé des mots d'un mystère si émouvant, que le pauvre cœur fut atteint.

Le jour baissait. L'oiseau de mer attardé forçait de rames, regagnait la terre et son nid. En remontant par la falaise et le jardin déjà obscur, un premier cri d'oiseau de nuit, aigu, sinistre, s'entendit. Mais la volière de refuge était bien fermée, les oiseaux dormaient la tête sous l'aile. Elle s'en assura elle-même, elle vit tout en sûreté. Son cœur s'allégea d'un soupir, et elle embrassa son fils.

## V

BAINS. — RENAISSANCE DE LA BEAUTÉ


Si, comme disent certains médecins français, les bains de mer n'ont qu'une action mécanique, ne donnent au sang aucun principe nouveau, et *ne sont qu'une simple branche de l'hydrothérapie*, — il faut avouer que c'est, des formes de l'hydrothérapie, la plus dure, la plus hasardeuse. Du moment que cette eau, si riche de vie, n'en donne pas plus que de l'eau claire, il est insensé de faire de telles expériences en plein air, à tous les hasards du vent, du soleil, de mille accidents.

Quiconque voit sortir de l'eau la pauvre créature qui prend un de ses premiers bains, qui la voit pâle, hâve, effrayante, avec un frisson mortel, sent la dureté d'un tel essai, tout ce qu'il a de danger pour certaines constitutions. Soyez sûr que personne n'ira affronter une chose si pénible, si l'on peut chez soi suppléer, sans danger, par une douce et prudente hydrothérapie.

Ajoutez que l'impression, comme si elle n'était assez forte, s'aggrave pour la femme nerveuse de la présence de la foule. C'est une cruelle exhibition devant un monde critique, devant les rivales charmées de la trouver laide une fois, devant les hommes légers, sottement rieurs et sans pitié, qui observent, la lorgnette en main, les tristes hasards de toilette d'une pauvre femme humiliée.

Pour endurer tout cela, il faut que la malade ait foi, une foi forte à la mer, qu'elle croie qu'aucun autre remède ne servirait, qu'elle veuille à tout prix *s'imbiber* des vertus de ses eaux.

« Pourquoi pas? disent les Allemands. Si le premier moment du bain vous *contracte* et ferme vos pores, le second, la réaction de chaleur qui vient ensuite, les rouvre, dilate la peau, et la rend fort susceptible d'*absorber* la vie de la mer. »

Les deux opérations se font presque toujours en cinq ou six minutes. Au delà, le bain nuit souvent.

Du reste, il ne faut arriver à cette violente émotion des bains froids que préparé par l'usage des bains tièdes qui facilitent l'absorption. Notre peau, qui, tout entière, se compose de petites bouches, et qui à sa façon absorbe et digère comme l'estomac, a besoin de s'habituer à cette forte nourriture, à boire le *mucus* de la mer, ce lait salé qui est sa vie, dont elle fait et refait les êtres. Dans la succession graduée des bains chauds, tièdes et presque froids, la peau prendra cette habitude, ce besoin ; elle en prendra soif, et boira de plus en plus.

Pour la rude cérémonie des premiers bains froids, il faut du moins éviter l'odieux regard des foules. Qu'elle se fasse en lieu sûr, sans témoin que l'indispensable, une personne dévouée, qui secoure au besoin, qui veille, soutienne, frictionne au dur moment du retour avec de très-chaudes laines, donne un léger cordial d'une boisson chaude, où l'on met quelques gouttes d'élixir puissant.

« Mais, dira-t-on, le danger est moindre sous les yeux de tous. Nous sommes loin de Virginie, qui, dans un extrême péril, aima mieux se noyer que de prendre un bain. » — Erreur. Nous sommes plus nerveux que nous ne fûmes jamais. Et l'impression dont je parle est si vive et si révoltante, j'entends pour certaines personnes, qu'elle peut entraîner des effets mortels, anévrisme, apoplexie.

J'aime le peuple, et je hais la foule ; surtout la foule bruyante des viveurs, qui viennent attrister la mer de leur gaieté, de leurs modes, de leurs ridicules. Quoi! la terre n'est pas assez grande? Il faut que vous veniez ici faire la guerre aux pauvres malades, vulgariser la majesté de la mer, la sauvage et la vraie grandeur !

J'eus le malheureux hasard de passer un jour du Havre à Honfleur sur un bateau chargé, surchargé de ces imbéciles. Dans cette traversée si courte, ils eurent le temps de s'ennuyer et organisèrent un bal. Je ne sais qui (un maître de danse?) avait sa pochette en poche, et jouait des contredanses devant l'Océan. Il est vrai qu'on n'entendait rien. A peine une petite note aigre grinçait à travers la basse solennelle, formidable, qui grondait autour de nous.

Je conçois bien la tristesse de la dame qui voit en juillet sa chère solitude troublée par cette invasion, tant de fats, tant d'incroyables, de causeuses, de curieuses. La liberté a cessé. La demeure la plus écartée a toute la nuit l'écho des élégantes guinguettes, de café, de casino. Le jour, des nuées d'agréables, en gants jaunes et bottes vernies, papillonnent sur la plage. Une personne seule est remarquée. Seule? Pourquoi? On se le demande. On approche, on veut par l'enfant entamer conversation ; on lui ramasse des coquilles. Bref, la dame, embarrassée, excédée, reste chez elle ou ne sort que le matin. Là-dessus, mille commentaires malveillants. Il lui en revient quelque chose. Elle n'est pas sans inquiétude. Ces importuns qu'elle écarte sont parfois des gens influents, qui pourraient nuire à son mari.

Nulle part plus qu'aux bains de mer on n'est imaginatif. Les nuits de juillet et d'août, ardentes et de peu de sommeil, sont agitées de tout cela. Si au matin elle s'endort, elle n'en est pas plus tranquille. Les bains, loin de rafraîchir, ajoutent l'irritation saline à la chaleur caniculaire. De la jeunesse, elle a repris non la force, mais le bouillonnement. Faible encore, et toute nerveuse, elle est d'autant plus troublée de cet orage intérieur.

Intérieur, mais non caché. La mer, l'impitoyable mer, amène et révèle à la peau toute cette excitation qu'on voudrait garder secrète. Elle la trahit par des rougeurs, de légères efflorescences. Toutes ces petites misères, dont souffrent encore plus les enfants, et que les mères aiment en eux comme un retour de santé, elles en sont humiliées, quand elles les ont elles-mêmes. Elles craignent d'en être moins aimées. Tant elles connaissent peu l'homme ! Elles ignorent que le grand attrait, le plus vif aiguillon d'amour, c'est moins la beauté que l'orage.

« Mais, s'il allait me trouver laide ! » C'est ce qu'elle dit chaque matin en se regardant au miroir. Elle craint, tout en le désirant, l'arrivée de celui qu'elle aime. Elle se sent pourtant bien seule, elle a peur sans savoir pourquoi, au milieu de cette foule. Elle n'ose plus s'écarter, se promener à distance. Son agitation va croissant. Elle prend fièvre, elle s'alite... A peine vingt-quatre heures après, elle le voit auprès d'elle.

Qui l'a averti? Non pas elle. Mais, de sa grosse écriture, une petite main a écrit : « Mon cher papa, venez vite. Maman est au lit. Elle a dit l'autre jour : S'il était là ! »

Il a paru. Elle est guérie. Voilà un homme bienheureux ! Heureux de la voir remise, heureux d'être nécessaire, heureux de la voir si belle. Elle a bruni, mais qu'elle est jeune ! quelle vie dans son charmant regard ! quel doux rayonnement de santé dans la soie de ses beaux cheveux qui ondoient indépendants !

---

Est-ce un conte que l'on vient de lire? Cette renaissance si prompte de vie, de beauté, de tendresse, cette charmante aventure de retrouver dans sa femme une jeune maîtresse émue, si heureuse du retour, ce miracle, est-ce une fiction! Point du tout. C'est l'agréable spectacle qu'on a très-souvent. S'il est rare chez les riches, il ne l'est point dans les familles laborieuses et captives de leurs devoirs. Leurs séparations forcées sont pénibles; les échappées, qui permettent enfin de se réunir, ont un charme qu'on ne cache point; on n'y rougit pas d'être heureux.

Quand on connaît la tension prodigieuse de la vie moderne pour les hommes de travail (c'est-à-dire pour tout le monde, moins quelques oisifs), on est trop heureux d'observer ces scènes de joie où la famille réunie dilate un moment son cœur. Ceux qui n'en ont pas diront que c'est *bourgeois*, prosaïque. La forme importe peu, quand le fond est si touchant. Le négociant soucieux qui, d'échéance en échéance, a sauvé encore la barque où est la destinée des siens, la victime administrative, l'employé qu'usent l'injustice et la tyrannie des bureaux, ces captifs ont quitté leur chaîne, et, dans ce repos trop court, une aimable et tendre famille voudrait leur faire tout oublier. La mère, l'enfant, y sont habiles. De leur gaieté, de leurs caresses, des distractions de la mer, ils s'emparent de l'esprit chagrin, éveillent en lui d'autres pensées.

C'est leur triomphe ; ils le mènent ; lui font visiter *leur* plage, contempler *leur* mer, jouissent de son admiration. Car tout cela est à *eux*. L'Océan où ils se baignent, ils en ont pris possession et se plaisent à lui en faire part.

La femme redevient tout aimable, bienveillante à cette foule même qui jusqu'ici l'inquiétait. Elle se sent si bien près de lui, tellement dans son harmonie ! Elle est plus qu'en sécurité, elle est brave ; elle est familière avec la mer, avec la vague. Elle assure qu'elle va nager : « elle veut dompter la mer. » Ambition un peu bien forte. Elle est tout d'abord primée par son concurrent, son enfant, tout autrement leste et hardi. Se croyant tenue, elle nage. Autrement, elle a peur, enfonce...

Elle se dédommagera à force de bains. Car elle est tombée amoureuse de la mer ; elle en est jalouse. Cette mer, en effet, ne fait pas de médiocres passions. Je ne sais quelle ivresse électrique est en elle, qu'on voudrait tout absorber.

# VI

## LA RENAISSANCE DU CŒUR ET DE LA FRATERNITÉ

Trois formes de la nature étendent et grandissent notre âme, la font sortir d'elle-même et voguer dans l'infini.

Le variable océan de l'air, avec sa fête de lumière, ses vapeurs et son clair-obscur, sa fantasmagorie mobile de créations capricieuses, si promptement évanouies.

Le fixe océan de la terre, son ondulation que l'on suit du haut des grandes montagnes, les soulèvements qui témoignent de sa mobilité antique, la sublimité des sommets, de leurs glaces éternelles.

Enfin l'océan des eaux, moins mobile que le premier, et moins fixe que le second, docile aux mouvements célestes dans son balancement régulier.

Ces trois choses font la gamme où l'infini parle à notre âme. Toutefois, notons la différence :

La première est si mobile, que nous l'observons à peine : elle trompe, elle leurre, elle amuse; elle disperse et rompt nos pensées. C'est par moment l'espoir immense, un jour subit dans l'infini ; on va voir jusqu'au fond de Dieu... Non, tout s'enfuit ; le cœur est chagrin, trouble et plein de doute. Pourquoi m'avoir fait entrevoir ce sublime songe de lumière? je ne puis plus l'oublier, et le monde en reste obscur.

Le fixe océan des montagnes ne fuit pas ainsi. Au contraire. Il nous arrête à chaque pas, nous impose une très-dure et salutaire gymnastique. La contemplation s'y achète par la plus violente action. Cependant l'opacité de la terre, comme la transparence de l'air, souvent nous trompe et nous égare. Qui ne sait que Ramond, dix ans, chercha en vain le Mont-Perdu, qu'on voit et qu'on ne peut atteindre?

Grande, très-grande différence entre les deux éléments : la terre est muette, et l'Océan parle. L'Océan est une voix. Il parle aux astres lointains, répond à leur mouvement dans sa langue grave et solennelle. Il parle à la terre, au rivage, d'un accent pathétique, dialogue avec leurs échos; plaintif, menaçant tour à tour, il gronde ou soupire. Il s'adresse à l'homme surtout. Comme il est le creuset fécond où la création commença et continue dans sa puissance, il en a la vivante éloquence ; c'est la vie qui parle à la vie. Les êtres qui, par millions, milliards, naissent de lui, ce sont ses paroles. La mer de lait dont ils sortent, la féconde gelée marine, avant même de s'organiser, blanche, écumante, elle parle. Tout cela ensemble, mêlé, c'est la grande voix de l'Océan.

Que dit-il ? *Il dit la vie*, la métamorphose éternelle. Il dit l'existence fluide. Il fait honte aux ambitions pétrifiées de la vie terrestre.

Que dit-il ? *Immortalité*. Une force indomptable de vie est au plus bas de la nature. Combien plus au plus haut, dans l'âme !

Que dit-il ? *Solidarité*. Acceptons le rapide échange qui, dans l'individu, existe entre ses éléments divers. Acceptons la loi supérieure qui unit les membres vivants d'un même corps : humanité. Et, au-dessus, la loi suprême qui nous fait coopérer, créer, avec la grande Ame, associés (dans notre mesure) à l'aimante Harmonie du monde, solidaires dans la vie de Dieu.

La mer, très-distinctement, dans ses voix que l'on croit confuses, articule ces graves paroles. Mais l'homme n'entend pas aisément quand il arrive au rivage assourdi par les bruits vulgaires, las, surmené, prosaïsé. Le sens de la haute vie, même chez le meilleur, a baissé. Il est en garde contre elle. Qui aura prise sur lui? La Nature? Non pas encore. Adouci par la famille, par l'innocence de l'enfant, par la tendresse de la femme, l'homme reprend d'abord intérêt aux choses de l'humanité. On voit là que les âmes ont des sexes et sentent très-diversement. Elle, elle est plus touchée de la mer, de la poésie de l'infini; mais lui, de l'homme de mer, de ses dangers, de son drame de chaque jour, de la flottante destinée de sa famille. Quoique la femme soit tendre aux misères individuelles, elle ne donne pas aux classes un aussi sérieux intérêt. Tout homme laborieux qui vient à la côte fixe son attention principale sur la vie des hommes de travail, pêcheurs, marins, cette vie rude, hasardeuse, de grand péril, de peu de gain.

Je le vois, pendant que la femme se lève et qu'on habille l'enfant, se promener sur la grève. Par une froide matinée, après une nuit de grande pluie, une à une, les barques reviennent; tout est trempé, morfondu; les habits de ces gens dégouttent. Les jeunes enfants aussi ont passé la nuit en mer. Que rapporte-t-on? Pas grand'chose. On revient en vie pourtant. Au vent violent de cette nuit, les bateaux embarquaient des lames. On a vu de près la mort. Grande occasion pour l'homme qui se plaignait tant hier, de revenir sur lui-même, de dire : « Mon sort est plus doux. »

Le soir, par le couchant douteux, où des nuages cuivrés montent sur une mer sinistre, il les voit déjà repartir. « N'aurons-nous pas de mauvais temps? leur dit-il. — Monsieur, il faut vivre. » Ils partent, avec eux leurs enfants. Leurs femmes, plus que sérieuses, suivent des yeux, et plus d'une fait tout bas quelques prières. Qui ne s'y joindrait? L'étranger fait des vœux lui-même; il dit : « La nuit sera mauvaise. On voudrait les voir revenus. »

Ainsi la mer ouvre le cœur. Et les plus durs y sont pris. Quoi qu'on fasse, on se retrouve homme. Ah! on n'en a que trop sujet! Toutes les formes de misères s'y trouvent chez des populations braves, intelligentes, honnêtes, qui sont incomparablement les meilleures de notre pays. J'ai beaucoup vécu à la côte. Toute vertu héroïque, qu'on noterait dans l'intérieur comme chose rare, est la vie commune. Et, ce qui est curieux, nul orgueil! Tout l'orgueil en France est pour la vie militaire.

Hors de là, les plus grands dangers ne comptent pas ; on trouve tout simple de les braver chaque jour, et sans jamais s'en vanter. Je n'ai jamais vu des hommes plus modestes (j'allais dire timides) que nos pilotes de Gironde, qui, de Royan, de Saint-Georges, vont intrépidement sans cesse au grand combat de Cordouan. Là, comme à Granville (et partout), les femmes seules parlaient, criaient, réglaient tout, faisaient les affaires. Ces braves gens, une fois à terre, ne soufflaient mot, aussi paisibles que leurs vaillantes épouses étaient bruyantes et superbes, exerçant sur les enfants toute l'autorité paternelle. Le mari suivait à la lettre le mot du poëte romain : « Heureux de n'être rien chez moi ! »

Leurs dames, fort intéressées avec l'étranger et dans toute la vie commune, n'avaient pas moins, il faut le dire, dans les grandes circonstances, un cœur royal, magnifique et généreux. A Saint-Georges, elles donnaient tous leurs draps pour la charpie des blessés de Solférino. A Étretat, trois Anglais s'étant brisés presque à la côte, dans un endroit inaccessible, toute la population se précipita au secours, et, tant qu'ils furent en péril, se désespéra ; hommes et femmes donnèrent tous les signes d'une violente sensibilité. Sauvés, on les recueillit avec des cris, avec des larmes. Ils furent hébergés, rhabillés, comblés d'amitiés, de dons. (Avril 1859.'

O le bon peuple de France! Et combien pourtant jusqu'ici il a la vie triste et dure! Dans le régime des *classes* (qui du reste est si utile et nous donne une si grande force), il faut qu'il quitte à chaque instant les avantages du commerce pour la marine de l'État, très-sévère, et de plus en plus. La manœuvre, il y a quarante ans, s'y faisait encore en chantant. Aujourd'hui, elle est muette. (Jal, *Arch.*, II, 522.) Dans la marine du commerce, les grandes pêches ont cessé. Les primes de la baleine ne profitaient qu'aux armateurs. (Boitard, *Dict.*, art. *Cétacés*, *Baleine.*) La morue a diminué, le maquereau faiblit, le hareng s'éloigne. Un très-précieux petit livre (*Histoire de Rose Duchemin par elle-même*) donne un tableau saisissant de cette misère. Le spirituel Alphonse Karr, qui a écrit sous la dictée de cette femme de pêcheur, a eu le tact excellent de n'y changer pas un seul mot.

Étretat n'est pas proprement un port. Fort bas, au niveau de la mer, il en est défendu uniquement par une montagne de galets, barrière dont la tempête est le seul ingénieur, y poussant, y ajoutant de nouvelles jetées de cailloux. Aucun abri. Donc il faut, selon l'ancien et rude usage celtique, que chaque barque qui arrive soit remontée sur le quai, tirée par une corde qui se roule sur un cabestan. Le cabestan, à quatre barres, est fort péniblement tourné par la famille du pêcheur, sa femme, ses filles et leurs amies ; car les garçons sont en mer. On comprend la difficulté. La lourde barque, en montant, heurte de galet en galet, d'obstacle en obstacle, et ne les franchit que par sauts. Chaque saut et chaque secousse retentit à ces poitrines de femmes, et ce n'est point une figure de dire que ce retour si dur se fait sur leur chair froissée, sur leur sein, leur propre cœur.

Je fus d'abord attristé, blessé. Mon premier élan était de me mettre aussi de la partie et d'aider. La chose eût paru singulière, et je ne sais quelle fausse honte m'arrêta. Mais, chaque jour, j'assistais, au moins de mes vœux. Je venais, je regardais. Ces jeunes et charmantes filles (rarement jolies, mais charmantes) n'avaient point le court jupon rouge de l'ancien costume des côtes, mais de longues robes ; elles étaient pour la plupart affinées de race et d'esprit, et plusieurs fort délicates ; elles tenaient de la demoiselle. Courbées sur cette œuvre rude filiale, et, partant, relevée), elles n'étaient pas sans grâce ni fierté ; leur jeune cœur, dans ce très-pénible effort, ne donnait à la faiblesse pas une plainte, pas un soupir.

Ce petit quai de galets, très-petit, est encore

trop grand. J'y voyais nombre de barques aban-
données, inutiles. La pêche est devenue stérile. Le
poisson a fui. Étretat languit, périt, près de Dieppe
languissante. De plus en plus, il est réduit à la
ressource des bains; il attend sa vie des baigneurs,
du hasard des logements, qui, tantôt loués, tantôt vides, rapportent un jour, et l'autre appau-
vrissent. Ce mélange avec Paris, le Paris mondain,
quelque cher que celui-ci paye, est un fléau pour
le pays.

Nos populations normandes, qui découvrirent
l'Amérique, qui, dès le quatorzième siècle, con-
quirent la côte d'Afrique, de moins en moins aiment
la mer. Beaucoup tournent désormais le dos à la
côte et regardent vers l'intérieur. Le descendant
de celui qui jadis lança le harpon se résigne au
métier de femme, devient un cotonnier blême de
Montville ou de Bolbec.

C'est à la science, à la loi, d'arrêter cette décadence. La première, par sa direction habile, si elle
est fermement suivie, créera l'économie de la
mer et reconstituera la pêche, école de la marine. La seconde, moins exclusivement influen-
cée de l'intérêt de la terre, gardera dans le marin la fleur du pays, élite à part, nullement comparable aux grandes masses dont nous tirons le
soldat, et qui sera le vrai soldat dans telles cir

constances, qui trancheraient le nœud du monde.

Telle était ma rêverie sur ce petit quai d'Étretat dans le sombre été de 1860, où la pluie tombait à flots, pendant que le dur cabestan grinçait, que la corde criait, que la barque montait lentement.

Elle traîne aussi, celle du siècle, et elle a peine à monter. Il y a lenteur, il y a fatigue, comme en 1730. Il serait bon qu'on aidât et qu'on se mît à la barre. Mais plusieurs perdent le temps, jouent aux coquilles, aux cailloux.

On dit que Scipion, le vainqueur de Carthage, et Térence, captif échappé de ce naufrage d'un monde, ramassaient des coquilles au bord de la mer, bons amis dans l'indifférence et dans l'abandon du passé. Ils y goûtaient ce bonheur d'oublier, d'effacer la vie, de redevenir enfants. Rome ingrate, Carthage détruite, leurs deux patries, leur pesaient peu, ne laissant guère trace à leur âme, pas plus que la ride du flot.

Nous, ce n'est pas là notre vœu. Nous ne voulons pas être enfants. Nous ne voulons pas oublier, mais de persévérante ardeur, aider la manœuvre pénible de ce grand siècle fatigué. Nous voulons remonter la barque, et pousser de nos fortes mains au cabestan de l'avenir.

## VII

VITA NUOVA DES NATIONS

Pendant que j'achevais ce livre, en décembre 1860, la ressuscitée, l'Italie, notre glorieuse mère à tous, m'envoie de belles étrennes. Une nouvelle, une brochure, m'arrivent de Florence.

C'est un pays d'où il nous vient souvent de grandes nouvelles : en 1300, celle de Dante; en 1500, celle d'Amerigo; en 1600, Galilée. Quelle sera donc aujourd'hui la nouvelle de Florence !

Oh! bien petite en apparence! Mais qui sait? immense par les résultats! C'est un discours de quelques pages, un opuscule médical; le titre n'a rien qui attire; il éloignerait plutôt. Et pourtant il y a là un germe de conséquence incalculable, et qui peut changer le monde.

En regard du titre, je vois le portrait de deux enfants, l'un mort et l'autre mourant aux hôpitaux de Florence. L'auteur est le médecin, qui (chose rare) avait tellement pris à cœur ses petits malades, pauvres enfants inconnus, qu'il a voulu écrire sa douleur et ses regrets.

Le premier, de sept ou huit ans, de fine et austère noblesse, dans l'amertume, ce semble, d'un grand destin inachevé, a sur l'oreiller une fleur. Sa mère, trop pauvre pour lui donner autre chose, lui en apportait en venant le voir; il les gardait avec tant de soin, tant de religion, qu'on lui a laissé celle-ci.

L'autre, plus petit, dans la grâce attendrissante de son âge de quatre ou cinq ans, visiblement va mourir; ses yeux flottent dans le dernier rêve. Ces enfants avaient témoigné de la sympathie l'un pour l'autre. Sans pouvoir parler, ils aimaient à se voir, à se regarder, et le compatissant médecin les avait fait placer en face l'un de l'autre. Il les a rapprochés dans la gravure comme ils l'ont été en mourant.

C'est une chose tout italienne. On se garderait bien ailleurs de se montrer faible et tendre; on craindrait le ridicule. En Italie, point.. Le docteur écrit devant le public tout comme s'il était seul. Il s'épanche sans réserve avec une abondance, une sensibilité féminine qui fait sourire et pleurer. Il faut avouer aussi que la langue y fait beaucoup, langue charmante de femmes et d'enfants, si tendre, et pourtant brillante, jolie dans la douleur même. C'est une pluie de larmes et de fleurs.

Puis il s'arrête et s'excuse. S'il a parlé ainsi, ce n'est pas sans cause. « C'est que ces enfants ne seraient pas morts *si on avait pu les envoyer à la mer.* » Conclusion : il faudrait établir à la côte un hospice d'enfants.

Voilà un homme bien habile. Il a pris le cœur. Tout suivra. Les hommes sont attentifs, touchés, les dames en pleurs. Elles prient, elles veulent, elles exigent. On ne peut rien leur refuser. Sans attendre le gouvernement, une libre société fonde sur-le-champ les *Bains d'enfants* à Viareggio.

On connaît cette belle route, ce demi-cercle enchanteur que fait la Méditerranée quand on a quitté l'âpreté de Gênes, qu'on a dépassé la rade magnifique de la Spezzia, et qu'on s'enfonce sous les oliviers virgiliens de la Toscane. A mi-chemin de Livourne, une côte conquise sur la mer offre le petit port solitaire que consacre désormais la charmante fondation.

Florence a eu l'initiative de la charité sur toute l'Europe, des hospices avant l'an 1000. En 1287, quand la divine Béatrix inspira Dante, son père fonda celui de S. Maria Nuova. Luther, dans son voyage, peu favorable à l'Italie, n'admire pas moins ses hôpitaux, les belles dames italiennes qui, voilées, sans gloriole, allaient y servir les malades.

———

La nouvelle fondation sera pour l'Europe un modèle. Nous devons cela aux enfants. La vie d'enfer que nous menons, cette vie de travail terrible et d'excès plus meurtriers, c'est sur eux qu'elle retombe.

On ne peut se dissimuler la profonde altération dont sont visiblement atteintes nos races de l'Occident. Les causes en sont nombreuses. La plus frappante, c'est l'immensité, la rapidité croissante de notre travail. Elle est forcée pour la plupart, imposée par le métier. Mais ceux même à qui le métier ne commande pas ne se précipitent pas moins. Je ne sais quelle ardeur d'aller de plus en plus vite est maintenant dans le tempérament, l'humeur, l'âcreté du sang. Tous les siècles furent paresseux, stériles, si on les compare. Nos résultats sont immenses. Nous versons de notre cerveau un merveilleux fleuve de sciences, d'arts, d'inventions, d'idées, de produits, dont nous inondons le globe, le présent, même l'avenir. Mais à quel prix tout cela ? Au prix d'une effusion épouvantable de force, d'une dépense cérébrale qui d'autant énerve la génération. Nos œuvres sont prodigieuses et nos enfants misérables.

Notez que ce grand effort, cette excessive production, c'est le fait d'un petit nombre. L'Amérique fait peu, l'Asie rien. Et dans l'Europe elle-même tout se fait par quelques millions d'hommes de l'extrême Occident. Les autres rient de les voir s'user et croient les remplacer. Pauvres barbares, pensez-vous donc que tel Russe ou tel pionnier des États-Unis de l'Ouest sera demain un artiste, un mécanicien d'Angleterre ou un opticien de Paris ? Nous sommes tels par l'affinement et l'éducation des siècles. Une longue tradition est en nous. Qu'adviendra-t-il si nous mourons ? Nul n'est prêt pour nous succéder.

Ce travail exterminateur, ce suicide de fécondité, s'il nous plaît de l'accepter pour l'intérêt du genre humain, nous ne pouvons en conscience vouloir y perdre nos enfants et les enterrer avec nous. Et c'est pourtant ce qui arrive. Ils naissent tout préparés ; ils ont nos arts dans le sang, mais aussi notre fatigue. D'effrayante précocité, ils savent, ils peuvent, ils feraient. Mais ils ne font rien ; ils meurent.

L'enfance de l'homme, comme celle des plantes et de toute chose, a besoin de repos, d'air, de douce liberté. Ici tout lui est contraire, nos mérites autant que nos vices. Tout semblerait combiné pour étouffer les enfants. Les aimons-nous? Oui, sans doute. Et cependant nous les tuons. Une société si agitée, si violente, c'est (qu'elle le sache ou non) une vraie guerre à l'enfance.

Il est des moments surtout dans son développement, des crises où elle tient à un fil. La vie a l'air d'hésiter, de se demander : « Durerai-je ? » A ces moments décisifs, notre contact, le séjour des villes et la vie des foules, pour ces créatures chancelantes, c'est la mort. Ou (pis encore) c'est l'entrée d'une longue carrière de maladies. Un misérable commence qui, tombant, se relevant, retombant, les trois quarts du temps se traînera à la charge de la charité publique.

Il faut couper court à cela. Il faut prévoir. Il faut tirer l'enfant de ce milieu funeste, l'ôter à l'homme, le donner à la Nature, lui faire aspirer la vie dans les souffles de la mer. L'enfant malade y guérirait. L'enfant trouvé y grandirait. Affermi, fortifié, plus d'un y prendrait une vocation maritime; au lieu d'un ouvrier débile, d'un habitué d'hôpital, l'État aurait un robuste et hardi marin.

Du reste, pourquoi l'État? Florence nous a prouvé que cœur royal vaut royauté. La femme est une royauté. Il lui appartient d'ordonner.

Si j'étais une belle jeune dame, je sais bien ce que je ferais. J'aurais ma magnificence, mon luxe, et je dirais un jour, dans ces moments où l'amour atteste, proteste, jure, éprouve le besoin de donner, je dirais : « Je vous prends au mot. Mais ne croyez pas m'amuser avec les présents ordinaires. Je hais vos gros cachemires d'aujourd'hui qu'on fait dans l'Inde sur les dessins de Londres. Je fais peu de cas des diamants. Les diamants vont courir les rues. M. Berthelot, qui refait la nature en partie double, qui crée tant de choses vivantes, bien plus aisément encore va nous prodiguer les diamants.

« J'aime le solide. Je veux une bonne maison à la côte, un peu abritée et bien soleillée, pour loger cinquante enfants. Il n'y faut pas grand mobilier. Une fois établis là, ils ne mourront pas de faim. Il n'y aura pas une dame allant à la mer qui n'y aide avec grande joie. Si les Béatrix de Florence ont fondé de telles maisons, pourquoi pas celles de France? Est-ce que nous sommes moins belles, et vous autres moins amoureux?

« Si la mer m'a embellie, comme vous me le dites du matin au soir, vous lui devez de donner un souvenir à son rivage. Et, si vous m'aimez, je suppose que vous devez être heureux d'être encore ici de moitié, de créer ensemble une chose, de commencer avec moi ce petit monde d'enfants près de la grande nourrice. Qu'elle garde un gage durable de tendresse et de pur amour! qu'elle témoigne, par une œuvre vive, que nous fûmes, devant l'infini, unis d'une sainte pensée. »

---

Une femme ainsi commencerait. Et une autre continuerait, la mère commune, la France. Nulle institution plus utile ; nuls sacrifices mieux placés. Mais il n'en faudrait pas beaucoup. Il suffirait d'y transférer quelques établissements de l'intérieur. Ce serait un allégement. Car tel de ces établissements est d'immense dépense en pure perte ; il pourrait être défini une fabrique de malades qui toute la vie mendieront de nouveaux secours.

Les Romains ne savaient pas ce que c'est que marchander en ce qui touche la santé publique et la vie de tous. Quand on voit leur munificence, leurs travaux pour amener des eaux salubres même aux villes secondaires, leurs prodigieux aqueducs, leurs Pont-du-Gard, etc., les thermes immenses où la foule venait se baigner gratis (tout au plus pour une obole), on sent leur haute sagesse. Ils eurent aussi les piscines d'eau de mer, où l'on nageait. Ce qu'ils firent pour une plèbe oisive et improductive, hésiterions-nous à le faire pour sauver la race de ces créatures uniques qui font tout le progrès du globe?

Je ne parle pas ici des enfants seuls, mais de tous. Chaque ville a aujourd'hui dans son sein une autre ville encombrée, c'est l'hôpital, où le travailleur défaillant vient, revient sans cesse. Il coûte ainsi énormément, à qui? aux autres travailleurs, qui, en dernière analyse, portent toute dépense publique. Il meurt jeune, laisse les siens à leur charge. Il serait bien plus aisé de prévenir que de guérir. L'homme pour qui l'on peut beaucoup, c'est moins le malade que celui qui va le devenir, qui est au bout de ses forces. Dix jours de repos à la mer le remettraient, conserveraient un solide travailleur. Le transport, le très-simple abri d'un si court séjour d'été, une table publique à bas prix, coûteraient infiniment moins qu'un long séjour d'hôpital. Et l'homme serait sauvé, la famille et les enfants; un homme souvent irréparable; car, je l'ai dit, chacun d'eux est la production tardive d'une longue tradition d'industrie; il est lui-même une œuvre d'art, de l'art humain, si inconnu, où l'humanité va s'élevant, se formant, comme puissance de création.

Qui me donnera de voir cette élite de la terre, cette foule du peuple inventeur, créateur et fabricateur, qui sue et s'use pour le monde, reprendre incessamment ses forces à la grande piscine de Dieu! Toute l'humanité en profite; elle fleurit du labeur énorme de ceux-ci. Elle leur doit toute jouissance, toute élégance, toute lumière. Elle prospère de leurs bienfaits, vit de leur moelle et de leur sang. Qu'on donnât à ceux-ci la rénovation de nature, l'air, la mer, un jour de repos, ce serait une justice, un bienfait encore pour le genre humain, à qui ils sont si nécessaires, et qui, demain, par leur mort, se trouvera orphelin.

Ayez pitié de vous-mêmes, pauvres hommes d'Occident. Aidez-vous sérieusement, avisez au salut commun. La Terre vous supplie de vivre; elle vous offre ce qu'elle a de meilleur, la Mer, pour vous relever. Elle se perdrait en vous perdant. Car vous êtes son génie, son âme inventive. De votre vie, elle vit, et, vous morts, elle mourrait.

# NOTES

« Le gros animal, la Terre, qui a pour cœur un aimant, a à sa surface un être douteux, électrique et phosphorescent, plus sensible que lui-même, infiniment plus fécond.

« Cet être, qu'on nomme la Mer, est-ce un parasite du grand animal ? Non. Elle n'a pas une personnalité distincte et hostile. Elle féconde, vivifie la Terre de ses vapeurs. Elle semble être la Terre même en ce qu'elle a de plus productif, autrement dit son organe principal de fécondité. »

Voilà des rêves allemands. Est-ce à dire que tout y soit rêve ? Plus d'un grand esprit, sans aller jusque-là, semble admettre pour la Terre, pour la Mer, une sorte de personnalité obscure. Ritter et Lyell ont dit : « La Terre se travaille elle-même. Serait-elle impuissante pour s'organiser ? Comment supposer que la force créatrice qu'on trouve en tout être du globe soit refusée au globe même ? »

Mais comment le globe agit-il ? comment aujourd'hui s'accroît-il ? Par la Mer et la vie marine.

La solution de ces hautes questions supposerait une étude profonde de sa physiologie, que l'on n'a pas faite encore. Cependant, depuis vingt ans, tout gravite de ce côté :

1º On a étudié le côté irrégulier, extérieur, des mouvements de la mer, cherché la *loi des tempêtes ;*

2º On a approfondi les mouvements propres à la Mer,

*ses courants*, le jeu de ses artères et de ses veines dont les premières lancent l'eau salée de l'équateur aux pôles, les secondes la ramènent dessalée du pôle à l'équateur ;

3° La troisième question, la plus intérieure, dont la nouvelle chimie donnera l'éclaircissement, c'est celle de la nature propre du *mucus* marin, de ce gluant gélatineux qu'offre partout l'eau de mer, et qui paraît être un liquide vivant.

C'est tout récemment que la sonde de Brooke, et spécialement les sondages du câble transatlantique, ont commencé à révéler le *fond* de la mer.

*Est-elle peuplée* dans ses profondeurs? On le niait ; Forbes, James Ross, y ont trouvé partout la vie.

Avant ces belles découvertes, qui n'ont pas vingt années de date, on ne pouvait entreprendre le livre de la Mer. Celui de M. Hartwig en fut le premier essai.

Pour moi, j'étais encore loin de cette idée, lorsqu'en 1845, préparant mon livre *le Peuple*, je commençai en Normandie l'étude de la population des côtes. Dans les quinze dernières années, ce sujet vaste et difficile a été grandissant pour moi et m'a suivi de plage en plage.

Le 1er livre, *un Regard sur les Mers*, n'est, comme ce titre l'indique, qu'une promenade préalable. Toutes les matières importantes reviendront dans les livres suivants.

J'en excepte deux, les *Marées* et les *Phares*. Ici, mon guide principal a été M. Chazallon ; son important *Annuaire*, qui compte aujourd'hui vingt volumes. Le premier est de 1839. Si l'on donnait une couronne civique à celui qui sauve une vie humaine, combien n'en eût-il pas reçu ! Jusqu'à lui, les erreurs sur les marées étaient énormes. Par un travail immense, il a rectifié les observations pour près de cinq cents ports, de l'Adour à l'Elbe. — Son Annuaire donne sur les phares les renseignements les plus précis. Rapprochez-en l'exposé clair et agréable que M. de Quatrefages (*Souvenirs*) a fait du système d'éclairage de Fresnel et Arago. L'admirable invention des phares à éclipses est due à Descroizilles et à Lemoine, tous deux de Dieppe. (V. M. Ferey.)

Pour les noms divers de la Mer (p. 3), voir Ad. Pictet, *Origines indo-européennes*. — Sur l'eau, Introduction de l'*Annuaire des eaux de France* (par Deville); Aimé, *Annales de chimie*, II, V, XII, XIII, XV; Morren, *ibidem*, I, et Acad. de Bruxelles, XIV, etc. — Sur la salure de la mer, Chapmann, cité par Tricaut, *Ann. d'hydrographie*, XIII, 1857; et Thomassy, *Bulletin de la Société géographique*, 4 juin 1860.

Page 19. *S. Michel en grève*. Je n'ai bien compris cette plage et les questions qui s'y rattachent qu'en lisant dans la *Revue des Deux Mondes* les très-beaux articles de M. Baude, si instructifs, pleins de faits, pleins d'idées.

Je parle ailleurs de ses vues excellentes sur la pêche.

En parlant de la Bretagne (ch. III, p. 25), j'aurais dû remercier le livre de Cambry, qui m'en a donné jadis la première impression. Il faut le dire dans l'édition que Souvestre a enrichie (et doublée, on peut le dire) de ses notes et notices excellentes, qui faisaient dès lors prévoir *les Derniers Bretons*. Dans plusieurs petits romans, admirables de vérité, Souvestre a donné les meilleurs tableaux que l'on ait de nos côtes de l'Ouest, spécialement pour le Finistère, et aussi pour les parages voisins de la Loire. J'aurais été heureux de citer quelque chose d'un si agréable écrivain (d'un ami si regrettable). Mais je me suis interdit dans ce petit livre toute citation littéraire.

Le mot remarquable d'Élie de Beaumont (ch. iv, p. 31) se trouve en tête d'un article qui est un grand livre, son article *Terrains*, dans le Dictionnaire de M. d'Orbigny.

Chap. vii, p. 70. Ce que je dis de Royan et Saint-Georges, on le retrouvera bien mieux dit dans les charmants livres de Pelletan, dans sa *Naissance d'une ville*, et dans son *Pasteur du Désert*. Ce pasteur est, comme on sait, le grand-père de Pelletan, le ministre Jarousseau, admirable et héroïque pour sauver ses ennemis. La petite maison qui subsiste est un temple de l'humanité.

**NOTES DU LIVRE II.** *Genèse de la Mer.* — Chap. i. *Fécondité.* — Sur le Hareng, voir l'anonyme hollandais, trad. par de Reste, tome I; Noël de la Morinière, dans ses très-bons ouvrages, imprimés et inédits : Valenciennes, Poissons; etc.

Chap. ii. *Mer de lait.* — Bory de Saint-Vincent, *Dict. classique*, articles *Mer* et *Matière*; Zimmermann, *le Monde avant l'homme*. Ce beau livre populaire est dans les mains de tout le monde. — A la p. 121, je suis l'ouvrage de M. Bronn, que l'Académie des sciences a couronné. — Sur l'innocuité des plantes de la mer, voir la Botanique de Pouchet, livre de premier ordre. Pour les plantes qui se font animaux, Vaucher, *Conferves*, 1803; Decaisne et Thuret, *Annales des sc. nat.*, 1845, tomes III, XIV, XVI, et *Comptes de l'Acad.*, 1853, tome XXXVI; articles de Montagne, Dict. d'Orb. — Sur les volcans, voir Humboldt, *Cosmos*, IV<sup>e</sup> partie, et Ritter, trad. par Élisée Reclus, *Revue germ.*, 30 novembre 1859.

Chap. iii. L'*Atome*. J'ai cité dans le texte les maîtres,

Ehrenberg, Dujardin, Pouchet (*Hétérogénie*). La génération spontanée vaincra à la longue.

Chap. iv, v, vi, etc. Pour monter dans tout ce livre à la vie supérieure, j'ai pris pour fil conducteur l'hypothèse de la métamorphose, sans vouloir sérieusement construire une *chaîne des êtres*. L'idée de métamorphose ascendante est naturelle à l'esprit, et nous est en quelque sorte imposée fatalement. Cuvier lui-même avoue (fin de l'Introduction aux Poissons) que, si cette théorie n'a pas de valeur historique, « elle en a une logique. » —Sur l'*éponge*, voir Paul Gervais, Dict. d'Orb., V, 325; Grant, dans Chenu, 307, etc. — Sur les *polypes, coraux, madrépores* (ch. iv et v), outre Forster, Péron, Darwin, consulter aussi Quoy et Gaimard ; Lamouroux, Polypes flexibles; Milne Edwards, Polypes et ascidies de la Manche, etc. Voir aussi sur le calcaire les deux géologies de Lyell.

Chap. vi. *Méduses, physalies*, etc. Voir Ehrenberg, Lesson, Dujardin, etc. Forbes montre par les analogies végétales que ces métamorphoses animales sont un phénomène très-simple : *Ann. of the Natural History*, déc. 1844. Lire aussi ses excellentes dissertations : *Medusæ*, in-4°, 1848.

Chap. vii. *L'Oursin*. Voir spécialement les curieuses dissertations où M. Caillaud a consigné sa découverte.

Chap. viii. *Coquilles, nacre, perle* (*Mollusques*). — L'ouvrage capital est la *Malacologie de Blainville*. Sur la perle, Mœbius de Hambourg, *Revue germ.*, 31 juillet 1858. J'ai consulté très-utilement sur ce sujet notre célèbre joaillier, M. Froment Meurice. — Si j'ai parlé de la perle comme parure essentielle de la femme, c'est qu'on a découvert l'art de faire des perles naturelles. Toute femme, je n'en doute pas, pourra bientôt en porter.

Chap. ix. *Le Poulpe.* — Cuvier, Blainville, Dujardin, *Ann. des sciences nat.*, 1re série, tome V, p. 214, et IIe série, tomes III, XVI et XVIII; Robin et Second, Locomotion des Céphalopodes, *Revue de zoologie*, 1849, p. 533.

Chap. x. *Crustacés.* — Outre l'ouvrage capital et classique de M. Milne Edwards, j'ai consulté d'Orbigny et divers voyageurs. Voir le bel Atlas de Dumont d'Urville.

Chap. xi. *Poisson.* — L'Introduction de Cuvier, Valenciennes, article *Poisson* (Dict. d'Orbigny); c'est tout un livre, savant et excellent. Sur l'anatomie, voir la célèbre dissertation de Geoffroy. Ce que j'ai dit sur les nids de poisson, je le dois à MM. Coste et Gerbe.

Chap. xii et xiii. *Baleines, amphibies, sirènes.* — Lacépède est ici éloquent et instructif. Rien de meilleur que les articles de Boitard (Dict. d'Orbigny).

NOTES DU LIVRE III. *Conquêtes de la mer.* — Tout ce livre est naturellement sorti de la lecture des voyageurs, depuis la primitive histoire de Dieppe (Vitet, Estancelin), jusqu'aux découvertes récentes. Voir surtout Kerguelen, John Ross, Parry, Weddell, Dumont d'Urville, James Ross, et Kane; Biot, *Journal des Savants*, et l'abrégé judicieux, lumineux, que M. Laugel a donné de ces voyages (*Revue des Deux Mondes*). Sur la pêche, outre le grand ouvrage de Duhamel, voir Tiphaigne, *Histoire économique des mers occidentales de France*, 1760.

Chap. iii. *Loi des tempêtes*; ajoutez aux livres cités dans le texte l'excellent résumé de M. F. Julien (Courants, etc.), et le curieux système de M. Adhémar, sur un déplacement de la mer qui se ferait tous les dix mille ans.

NOTES DU LIVRE IV. *Renaissance par la mer.* — Dès 1725. Marsigli semble avoir soupçonné l'iode. En 1730, un ouvrage anonyme, *Comes domesticus*, recommande les bains de mer.

La bibliographie de la mer serait infinie. Toutes les bibliothèques m'ont fourni des secours. Je me plais à citer, entre autres bons livres, les Manuels et Guides de MM. Guadet, Roccas, Cochet, Ernst, etc. J'en ai trouvé de très-rares (comme Russell) à l'École de médecine, beaucoup de spéciaux, d'étrangers au Dépôt de la marine (par exemple, *la Méditerranée* de Smith, 1854); je ne puis assez reconnaître l'obligeance de M. le directeur, celle de M. le bibliothécaire, qui m'a souvent indiqué des livres peu connus.

Sur la dégénérescence des races, voir Morel (1857); Magnus Huss, Alcoholismus (1852), etc.

Je dois la connaissance de la brochure du docteur Barellay (*Ospizi marini*) à mon illustre ami Montanelli, et aux charmants articles de M. dall' Ongaro.

Mon savant ami, le docteur Lortet, de Lyon, en recevant la première édition de cet ouvrage, m'écrit : « Pour les enfants étiolés, j'ai obtenu de bons résultats d'une exposition prolongée à la lumière (une lumière vive, excitante). Il faudrait une plage méditerranéenne, que l'enfant y vécût nu, n'ayant que la tête couverte et le caleçon, qu'il se roulât dans la mer, dans le sable chaud. A proximité, un hangar, une sorte de serre, qui, fermée de fenêtres pour les jours froids, n'en recevrait pas moins le soleil. »

*P.-S.* J'apprends avec bonheur que l'administration parisienne de l'Assistance publique crée en ce moment un établissement de ce genre. Qu'il me soit permis d'exprimer mes vœux :

Le premier, c'est qu'on ne centralise pas les enfants dans un même lieu; qu'on ne fasse pas un Versailles, une fondation fastueuse, mais plusieurs petits établissements dans des stations différentes, où les jeunes malades soient répartis selon la différence des maladies et des tempéraments.

Mon second vœu, c'est que cette création, pour être durable, profite à l'État, loin de lui être onéreuse ; que les enfants trouvés que l'on y placerait, les convalescents valides, les malades rétablis, soient employés, selon les lieux, aux travaux les moins fatigants des ports et de la navigation, aux métiers qui s'y rattachent, qu'ils y prennent l'habitude et le goût de la vie marine. Lorsque des populations malheureusement trop nombreuses de pêcheurs et de matelots tournent le dos à la mer et se font industrielles, il faut suppléer à cette désertion. Il faut faire des hommes tout neufs, qui n'aient pas entendu débattre dans la cabane paternelle les profits de la vie prudente, abritée, de l'intérieur.

Il faut que l'adoption de la France crée un peuple de marins qui, voué d'avance à son métier héroïque, le préfère à tout ; qui, dès les premières années, bercé par la Mer, n'aime que cette grande nourrice et ne la distingue pas de la Patrie elle-même.

FIN

# TABLE DES MATIÈRES

### Livre Iᵉʳ. — Un Regard sur les mers.

| | |
|---|---|
| I. La mer vue du rivage. | 3 |
| II. Plages, grèves et falaises. | 13 |
| III. Plages, grèves et falaises (suite). | 21 |
| IV. Cercle des eaux, cercles de feux. Fleuves de la mer. | 31 |
| V. Le pouls de la mer. | 45 |
| VI. Les tempêtes. | 59 |
| VII. La tempête d'octobre 1859. | 69 |
| VIII. Les phares. | 87 |

### Livre II. — La Genèse de la mer.

| | |
|---|---|
| I. Fécondité. | 101 |
| II. La mer de lait. | 111 |
| III. L'atome. | 125 |
| IV. Fleur de sang. | 137 |
| V. Les faiseurs de mondes. | 149 |
| VI. Fille des mers. | 161 |
| VII. Le piqueur de pierres. | 175 |
| VIII. Coquilles, nacre, perles. | 185 |
| IX. L'écumeur de mer (poulpe, etc.). | 199 |
| X. Crustacés. La guerre et l'intrigue. | 207 |
| XI. Le poisson | 219 |
| XII. La baleine. | 235 |
| XIII. Les sirènes. | 247 |

## TABLE DES MATIÈRES.

### Livre III. — Conquête de la mer.

|    |    |
|----|----|
| I. Le harpon | 263 |
| II. Découverte des trois océans | 273 |
| III. La loi des tempêtes | 289 |
| IV. Les mers des pôles | 303 |
| V. La guerre aux races de la mer | 319 |
| VI. Le droit de la mer | 331 |

### Livre IV. — La Renaissance par la mer.

|    |    |
|----|----|
| I. L'origine des bains de mer | 345 |
| II. Choix du rivage | 359 |
| III. L'habitation | 369 |
| IV. Première aspiration de la mer | 381 |
| V. Bains. — Renaissance de la beauté | 391 |
| VI. La renaissance du cœur et de la fraternité | 399 |
| VII. *Vita nuova* des nations | 409 |
| Notes | 419 |

FIN DE LA TABLE

---

PARIS. — IMP. SIMON RAÇON ET COMP., RUE D'ERFURTH, 1.

# NOUVEAUX OUVRAGES EN VENTE

## Format In-8°

**COMTE DE PARIS**
HISTOIRE DE LA GUERRE CIVILE EN AMÉRIQUE. T. I et II. 2 volumes.. 15 »
ATLAS POUR SERVIR A L'HISTOIRE DE LA GUERRE CIVILE EN AMÉRIQUE. 1re et 2e livraisons............... 15 »

**JULES SIMON**
SOUVENIRS DU 4 SEPTEMBRE. Origine et chute du second empire. 2e édit. 1 volume...................... 6 »
— Le gouvernement de la défense nationale. 2e édition. 1 volume... 6 »

**ERNEST RENAN**
L'ANTECHRIST. 3e édit. 1 volume.... 7 50

**Vte D'HAUSSONVILLE** *député*
LES ÉTABLISSEMENTS PÉNITENTIAIRES EN FRANCE ET AUX COLONIES. 1 vol. 7 50

**J. H. MERLE D'AUBIGNÉ**
HISTOIRE DE LA RÉFORMATION EN EUROPE AU TEMPS DE CALVIN, t. VI. 1 volume...................... 7 50

**ARSÈNE HOUSSAYE**
LES MAINS PLEINES DE ROSES, PLEINES D'OR ET PLEINES DE SANG. 2e éd. 1 v. 6 »

**LOUIS REYBAUD** *de l'Institut*
LE FER ET LA HOUILLE, nouvelles études sur le régime des manufactures. 1 volume...................... 7 50

**VICTOR HUGO**
POUR UN SOLDAT, brochure......... » 30
MES FILS, brochure............... 1 »

**L. DE VIEL-CASTEL** *de l'Acad. franç.*
HISTOIRE DE LA RESTAURATION. T. XVII 1 volume...................... 6 »

---

## Format gr. in-18
### A 3 FR. 50 C. LE VOLUME

**AL. DUMAS FILS** *de l'Acad. franç.*
THÉRÈSE. 6e édition................ 1

**J. AUTRAN** *de l'Acad. franç.*
LA LÉGENDE DES PALADINS............ 1

**C.-A. SAINTE-BEUVE**
PREMIERS LUNDIS.................. 3

**D. NISARD** *de l'Acad. française*
LES QUATRE GRANDS HISTORIENS LATINS. 1
PORTRAITS ET ÉTUDES D'HISTOIRE LITTÉRAIRE...................... 1

**THÉOPHILE GAUTIER**
PORTRAITS ET SOUVENIRS LITTÉRAIRES. 1

**COMTE MIOT DE MÉLITO**
MÉMOIRES (1788-1815). 2e édition...... 3

**A. DE PONTMARTIN**
NOUVEAUX SAMEDIS. Tome XII........ 1

**HENRY MURGER**
DONA SIRÈNE.................... 1
LES ROUERIES DE L'INGÉNUE........ 1

**JULIETTE LAMBERT**
RÉCITS DU GOLFE JUAN.............. 1

**CLAUDE VIGNON**
ÉLISABETH VERDIER................ 1

**MÉRY**
HÉVA. *Nouv. édition*............... 1

**A. LAUGEL**
GRANDES FIGURES HISTORIQUES........ 1

**VICTOR HUGO**
QUATREVINGT-TREIZE. 13e *édition*..... 2

**OUIDA**
DEUX PETITS SABOTS................ 1

**JULES SANDEAU**
JEAN DE THOMMERAY — LE COLONEL EVRARD. 3e *édition*............... 1

**PRUDENCE DE SAMAN**
GERTRUDE. — DERN. ENCHANTEMENTS.. 1

**L. VITET** *de l'Acad. française*
LE COMTE DUCHATEL avec un portrait d'après Ingres, gravé par Flameng. 1
ÉTUDES PHILOSOPHIQUES ET LITTÉRAIRES avec notice de *M. Guizot*..... 1

**AMÉDÉE ACHARD**
DROIT AU BUT. 2e *édition*............ 1
LA CAPE ET L'ÉPÉE................. 1
NELLY, *nouvelle édition*............. 1

**ALPHONSE KARR**
PROMENADES AU BORD DE LA MER..... 1
LE CREDO DU JARDINIER............. 1
PLUS ÇA CHANGE................... 1

**L'AUTEUR DE JOHN HALIFAX**
UNE EXCEPTION (a noble life), 3e *édit*... 1

**TH. B. ALDRICH**
MARJORIE DAW.................... 1

**HENRI RIVIÈRE**
LA FAUTE DU MARI................. 1

**GEORGE SAND**
MA SOEUR JEANNE. 5e *édition*........ 1
AUTOUR DE LA TABLE. *Nouvelle édition*. 1

**PROSPER MÉRIMÉE** *de l'Acad. franç.*
LETTRES A UNE INCONNUE, avec étude de *H. Taine*. 7e *édition*......... 2
ÉTUDES SUR LES ARTS AU MOYEN AGE. 1

**HECTOR MALOT**
LE MARI DE CHARLOTTE. 4e *édition*.... 1
LA FILLE DE LA COMÉDIENNE, 3e *édit*.. 1
L'HÉRITAGE D'ARTHUR, 3e *édition*...... 1

**ARSÈNE HOUSSAYE**
LA BELLE RAFAELLA. 2e *édition*....... 1
LES AMOURS DE CE TEMPS-LA. 2e *édition*. 1

**LOUIS ULBACH**
LES CINQ DOIGTS DE BIROUK......... 1
PAULINE FOUCAULT, *Nouv. édition*.... 1

**CH. MONSELET**
LES AMOURS DU TEMPS PASSÉ........ 1

**ÉDOUARD CADOL**
MADAME ÉLISE. 2e *édition*.......... 1

www.ingramcontent.com/pod-product-compliance
Lightning Source LLC
Chambersburg PA
CBHW050905230426
43666CB00010B/2032